AMÉLIE VIOUX
de commentairecompose.fr

Le livre du site N°1 du bac de français

1re générale

RÉUSSIS ton BAC de FRANÇAIS 2021 !

Amélie Vioux
Professeure créatrice de commentairecompose.fr
Le bac de français facile et efficace

hachette
ÉDUCATION

SOMMAIRE

ISBN : 978-2-01-711756-8

Achevé d'imprimer en Espagne par Macrolibros - Dépôt légal: juillet 2020 - Édition 02 - 14/5840/9

AVANT-PROPOS

Mon site commentairecompose.fr reçoit de nombreux visiteurs chaque mois et compte des milliers d'abonnés.

Chaque jour, des élèves et leurs parents m'écrivent des quatre coins de la France pour me remercier d'avoir mis en ligne des cours simples et des conseils pragmatiques qui leur font gagner des points au bac de français.

Pourquoi un livre maintenant ?

Commentairecompose.fr a grandi et son contenu s'est étoffé. Pour toi qui es en Première, il n'est pas toujours évident de savoir par où commencer ni de repérer sur mon site les conseils les plus importants.

Ces dernières années, de plus en plus d'élèves m'ont ainsi demandé de réaliser un « livre de commentairecompose.fr » pour les aider à saisir rapidement l'essentiel.

C'est dans cette perspective que j'ai écrit cet ouvrage.

Tu y trouveras des explications claires et simples sur mes méthodes pour l'écrit et l'oral, sur les œuvres au programme, ainsi que de nombreuses astuces inédites qui n'ont jamais été publiées sur mon site.

Et ce n'est pas tout.

Tu te poses certainement des questions sur la façon d'organiser au mieux ton travail : comment faire une fiche ? Comment mémoriser un cours ? Comment être moins stressé(e) le jour de l'examen ?, etc.

Ces questions n'ont pas le temps d'être abordées en cours alors qu'elles sont au cœur de ta réussite.

J'ai donc décidé d'y consacrer une section entière dans cet ouvrage. Ces conseils t'aideront à travailler plus sereinement et à réussir tes études sur le long terme.

Si tu as des questions ou si tu souhaites simplement m'écrire, n'hésite pas à m'envoyer un email sur amelie@commentairecompose.fr. Je lis et prends en compte tous vos messages.

Je te souhaite une bonne lecture et toute la réussite possible pour le mois de juin !

Amélie

1

LE BAC DE FRANÇAIS : COMMENT ÇA SE PASSE ?

1 La réforme du bac de français : qu'est-ce qui change ?

Pas mal de choses !

Parmi les changements majeurs à retenir :

- L'écriture d'invention et la question sur corpus à l'écrit sont supprimées. L'épreuve écrite se resserre désormais autour de deux exercices au choix : **le commentaire et la dissertation.**
- À chacun des quatre objets d'étude (poésie, littérature d'idées, récit, théâtre) sont désormais associés **une œuvre intégrale et un parcours** qui seront travaillés plus en profondeur durant l'année.
- **À l'oral,** tu présenteras **au minimum vingt textes** pour la première partie de l'épreuve (l'explication linéaire).
- L'entretien à l'oral de français porte désormais sur l'une des **œuvres intégrales lues dans l'année :** tu devras la présenter avant de répondre aux questions de l'examinateur sur cette œuvre.

Les objectifs de la réforme sont clairs :

1 Te faire lire des œuvres intégrales

Entre les quatre œuvres intégrales associées à chaque objet d'étude et les lectures cursives, **tu vas donc lire au moins huit œuvres intégrales** dans l'année. Pas de panique ! Je te rappelle que certaines œuvres (comme les pièces de théâtre) sont courtes. Et je te donne plein de conseils dans cet ouvrage pour organiser tes lectures.

2 T'amener à réussir les exercices littéraires « classiques » que sont la dissertation et le commentaire

Tu as désormais **4 heures** pour réussir une dissertation ou un commentaire, contre 3 heures auparavant. Tu bénéficies donc désormais du temps nécessaire pour réaliser ces exercices avec succès.

3 T'apprendre à développer un point de vue personnel sur une œuvre et à défendre ce point de vue

Lors de la seconde partie de l'oral, tu présenteras à l'examinateur l'une des œuvres étudiées en classe ou choisies au titre des lectures cursives obligatoires.

On attend de toi que tu sois capable de défendre un point de vue personnel et argumenté sur l'œuvre que tu as choisie.

4 Renforcer ton expression écrite et orale

C'était déjà le cas avant, mais le nouveau programme insiste encore davantage sur l'exigence de **maîtrise de la langue** par les élèves. Signe de ce changement : tu as désormais **une question de grammaire à l'oral.**

Le mémo d'Amélie

- **À l'écrit, il n'y a plus que deux exercices** proposés : la dissertation et le commentaire.
- **8 œuvres intégrales au minimum** seront travaillées dans l'année (4 œuvres au programme et 4 œuvres au titre des lectures cursives).
- **À l'oral, tu présenteras au moins 20 textes** pour la première partie, et l'entretien portera sur **l'œuvre intégrale de ton choix.**

2 Quel est le programme pour l'année 2020-2021 ?

Le programme de français comprend **quatre objets d'étude** et propose **douze œuvres intégrales et parcours** (trois par objet d'étude).

Ton professeur vous fera étudier **une œuvre intégrale et son parcours par objet d'étude,** soit quatre œuvres et parcours au total puisqu'il y a quatre objets d'étude.

La liste des œuvres et parcours est renouvelée par quart tous les ans.

Voici les 12 œuvres et parcours au programme du bac 2021 :

Objet d'étude : La poésie du XIXe au XXIe siècle

- Hugo, *Les Contemplations*, livres I à IV
Parcours associé : « Les Mémoires d'une âme »
- Baudelaire, *Les Fleurs du Mal*
Parcours associé : Alchimie poétique : la boue et l'or
- Apollinaire, *Alcools*
Parcours associé : Modernité poétique ?

Objet d'étude : La littérature d'idées du XVIe au XVIIIe siècle

- Montaigne, *Essais*, « Des Cannibales » (I, 31) et « Des coches » (III, 6)
Parcours associé : « Notre monde vient d'en trouver un autre »
- La Fontaine, *Fables* (livres VII à XI)
Parcours associé : Imagination et pensée au XVIIe siècle.
- Montesquieu, *Lettres persanes*
Parcours associé : Le regard éloigné

Objet d'étude : Le roman et le récit du Moyen Âge au XXIe siècle

- Mme de La Fayette, *La Princesse de Clèves*
Parcours associé : Individu, morale et société
- Stendhal, *Le Rouge et le Noir*
Parcours associé : Le personnage de roman, esthétiques et valeurs
- Yourcenar, *Mémoires d'Hadrien*
Parcours associé : Soi-même comme un autre

LE BAC 2021

Objet d'étude : Le théâtre du XVIIe au XXIe siècle

- Molière, *Le Malade imaginaire*
  Parcours associé : Spectacle et comédie
- Marivaux, *Les Fausses Confidences*
  Parcours associé : Théâtre et stratagème
- Lagarce, *Juste la fin du monde*
  Parcours associé : Crise personnelle, crise familiale

Ton professeur t'indiquera l'œuvre qu'il a choisie pour chaque objet d'étude.

Par exemple, pour l'objet d'étude « Le roman et le récit du Moyen Âge au XXIe siècle », ton professeur choisira d'étudier en classe *La Princesse de Clèves* de Mme de La Fayette ou *Le Rouge et le Noir* de Stendhal ou les *Mémoires d'Hadrien* de Marguerite Yourcenar.

Le programme ne se cantonne pas à ces quatre œuvres. Les objets d'étude restent larges (par exemple « Le théâtre du XVIIe siècle au XXIe siècle » ou « Le roman et le récit du Moyen Âge au XXIe siècle »). Tu continueras donc aussi en classe à étudier l'histoire et les genres littéraires.

Aux œuvres au programme s'ajoutent également 4 œuvres au titre des lectures cursives obligatoires (une par objet d'étude), à sélectionner parmi celles qui te seront proposées par ton professeur.

Le mémo d'Amélie

Le programme de Première comprend 4 objets d'étude.

Pour chaque objet d'étude, ton professeur choisira, parmi les œuvres fixées par le programme national, une œuvre intégrale et son parcours associé.

Il te proposera également un choix de lectures cursives.

Tu auras donc au final 8 œuvres à lire et à étudier dans l'année.

3 L'épreuve écrite : comment ça se passe ?

Coup d'œil sur l'épreuve écrite

Coefficient : 5

Durée : 4 heures

Exercice : au choix, un commentaire ou une dissertation

Note : 20 points

L'épreuve écrite de 4 heures t'offre le choix entre deux exercices :

- **Le commentaire d'un texte littéraire** en lien avec l'un des objets d'étude (mais non issu des œuvres au programme).
- **Un sujet de dissertation portant sur l'une des œuvres au programme et son parcours,** auquel tu devras répondre en te fondant sur ta connaissance de l'œuvre intégrale et des textes étudiés en classe, ainsi que sur ta culture et tes lectures personnelles.
- Trois sujets de dissertation seront proposés à l'examen, un en rapport avec chacune des trois œuvres au programme de l'un des objets d'étude. Tu pourras donc choisir celui en lien avec l'œuvre intégrale étudiée dans ta classe.

À ce stade, voici déjà trois conseils.

1. **Compte tenu du barème (20 points, coefficient 5),** travaille dès le début de l'année la méthode du commentaire et de la dissertation. Cet ouvrage est là pour t'aider.

2. **Les deux exercices proposés sont très différents.** Entraîne-toi aux deux travaux d'écriture, et si tu as une préférence pour l'un des deux, n'hésite pas à t'y entraîner plus assidûment les derniers mois qui précèdent l'épreuve.

3. **Le sujet de dissertation est étroitement lié à l'une des œuvres intégrales au programme.** Pour répondre, tu devras t'appuyer sur l'œuvre intégrale, mais aussi sur les textes étudiés en classe et sur tes lectures personnelles.

Le mémo d'Amélie

L'épreuve écrite dure 4 heures et te donne le choix entre deux exercices :

- **Un commentaire sur un texte en lien avec l'objet d'étude (mais non issu d'une des œuvres intégrales au programme).**
- **Une dissertation, en lien avec l'une des œuvres au programme et son parcours, à laquelle tu répondras en t'appuyant sur l'œuvre au programme, les textes étudiés en classe et tes lectures personnelles.**

4 L'épreuve orale : comment ça se passe ?

Coup d'œil sur l'épreuve orale

Coefficient : 5

Durée : 20 minutes d'épreuve et 30 minutes de préparation

Contenu : la première partie (12 minutes) consiste en une lecture du texte, une explication linéaire et une question de grammaire. La seconde partie (8 minutes) consiste en une présentation d'une œuvre intégrale et un entretien avec l'examinateur sur cette œuvre.

Note : 20 points (12 points pour la première partie, 8 points pour la seconde partie).

L'épreuve orale se fonde sur le « descriptif des activités » réalisé par ton professeur.

Ce descriptif précise :

- **Pour chaque objet d'étude, au moins cinq textes à présenter pour la première partie de l'épreuve** (trois extraits pour chaque œuvre intégrale et deux extraits pour le parcours associé).
- **L'œuvre que tu as choisie** pour l'entretien.

Ton oral en lui-même dure 20 minutes. Tu auras 30 minutes pour le préparer.

À ton entrée en salle d'examen, l'examinateur t'accueille et te donne une fiche sur laquelle figurent :

- Le texte de ton descriptif retenu (si le texte est long, l'examinateur peut te demander d'étudier uniquement un passage du texte d'une vingtaine de lignes).
- Une question de grammaire qui vise l'analyse syntaxique d'une phrase ou d'une partie de phrase du texte retenu.

Tu as alors 30 minutes de préparation.

Une fois tes 30 minutes écoulées, ton oral de 20 minutes commence et se déroule en deux temps.

A L'exposé sur un texte de ton descriptif (12 minutes)

Cette première partie de l'oral comprend trois étapes.

1 La lecture du texte à voix haute (2 points)

Après avoir présenté le texte en le situant dans l'œuvre ou le parcours, tu en proposeras une lecture à voix haute. Cette lecture est notée sur 2 points.

2 L'explication linéaire (8 points)

Tu feras ensuite une explication linéaire du texte retenu. Cette explication est notée sur 8 points.

3 La question de grammaire (2 points)

Tu répondras à la question de grammaire sur une phrase ou partie de phrase du texte étudié. La question de grammaire porte sur la négation, l'interrogation ou les propositions subordonnées conjonctives circonstancielles. Elle est notée sur 2 points.

B La présentation d'une œuvre intégrale et l'entretien avec l'examinateur (8 minutes)

La seconde partie de l'oral est notée sur 8 points et porte sur une œuvre que tu as choisie parmi celles lues dans l'année.

Durant l'année, tu vas en effet choisir une œuvre parmi celles étudiées en classe ou proposées par ton professeur au titre des lectures cursives obligatoires.

Cette seconde partie de l'oral se déroule en deux temps.

1 La présentation synthétique de l'œuvre choisie

Tu vas **présenter brièvement l'œuvre** retenue et exposer **les raisons de ton choix :** pourquoi as-tu choisi cette œuvre parmi celles lues dans l'année ?

Cette courte présentation n'est qu'un point de départ pour l'entretien qui constitue l'essentiel de l'épreuve.

2 L'entretien avec l'examinateur

Ton examinateur va rebondir sur ta présentation en te posant quelques questions.

Tu vas être amené(e) à étoffer ta réflexion sur l'œuvre, argumenter ton point de vue, défendre ton choix de lecture.

On attend de toi un véritable **engagement vis-à-vis de ta lecture** et une capacité à dialoguer avec l'examinateur.

Une fois cet entretien fini, ton oral est terminé !

Le mémo d'Amélie

L'épreuve orale de 20 minutes se déroule en deux temps :

- **La lecture à voix haute du texte retenu, son explication linéaire et ta réponse à la question de grammaire.**
- **La présentation d'une œuvre issue de tes lectures cursives ou des œuvres étudiées en classe et l'entretien avec l'examinateur.**

5 Quel sujet choisir à l'écrit ?

À l'écrit, tu as le choix entre un commentaire et une dissertation.

Quel sujet choisir ?

Même si tu as une préférence pour l'un ou l'autre exercice, je te conseille dans un premier temps d'aborder ces deux sujets sans préjugés, en essayant de faire de ton mieux.

Puis, vers décembre-janvier, évalue si l'un de ces exercices te correspond mieux ou te semble plus accessible.

Entraîne-toi alors plus intensément sur l'exercice que tu préfères durant les derniers mois qui précèdent l'épreuve.

Pour t'aider à y voir plus clair, voici les avantages et dangers de chacun de ces deux sujets.

A Le commentaire

1 Ses avantages

Le risque de hors-sujet n'existe pas puisque tu as un texte qui te sert de support et auquel tu dois systématiquement te référer.

La réussite du commentaire repose avant tout sur la méthode et la maîtrise des outils d'analyse que tu utilises déjà tout au long de l'année pour préparer l'oral (champs lexicaux, figures de style, syntaxe...). Le commentaire est donc un **exercice qui t'est plus familier.**

Le commentaire ne nécessite pas une culture littéraire aussi étendue que la dissertation. On te demande d'analyser un seul extrait avec les outils d'analyse à ta disposition. C'est un **exercice pratique.**

2 Le danger du commentaire

Tu dois **éviter la paraphrase,** qui consiste à répéter ce que dit le texte au lieu de l'analyser. Mais la paraphrase n'est pas une fatalité. Je t'explique comment l'éviter dans cet ouvrage.

B La dissertation

1 Ses avantages

La dissertation est un **exercice argumentatif** dans lequel tout le monde peut progresser.

Pour t'entraîner, suis ma méthode expliquée dans ce livre et abonne-toi à mes vidéos sur commentairecompose.fr.

Si tu as travaillé ta **culture littéraire** tout au long de l'année, la dissertation est un exercice qui te permet de la mettre en valeur.

2 Le danger de la dissertation

Le danger n° 1, c'est le **hors-sujet,** qui peut prendre deux formes :

- **L'élève glisse vers une autre question** que la question posée.
- **L'élève prend le sujet de dissertation comme un prétexte pour réciter son cours.** Il « plaque » ses connaissances sans problématiser le sujet et sans chercher à y répondre par sa réflexion personnelle.

La dissertation requiert une **culture littéraire solide.** En plus des quatre œuvres au programme, tu dois absolument mobiliser d'autres lectures pour répondre (textes étudiés en classe et lectures personnelles).

Le mémo d'Amélie

Privilégie le commentaire si tu n'es pas à l'aise avec l'argumentation et si tu as du mal à mobiliser ta culture littéraire.

Privilégie la dissertation si tu aimes argumenter et si tu as une bonne culture littéraire fondée sur les quatre œuvres au programme mais aussi sur les autres textes étudiés en classe et tes lectures personnelles.

6 Comment m'organiser dans l'année ?

Le programme de français est étendu mais pas insurmontable !

Voici le mode d'emploi pour t'organiser au mieux dans l'année.

A Lis les œuvres intégrales dès le début de l'année

Tu as au moins huit œuvres intégrales à lire : quatre œuvres au programme et quatre lectures complémentaires.

N'attends pas le dernier trimestre pour t'y mettre, au risque d'y passer tes nuits et d'arriver à l'examen avec des cernes de panda. **Lis au moins une œuvre par mois.**

Fais une **fiche de lecture** sur chaque œuvre immédiatement après l'avoir lue : c'est le meilleur moyen de l'ancrer dans ta mémoire. Je te montre comment faire tes fiches dans le chapitre « Comment faire une fiche de lecture ? », p. 214.

Si tu as du mal à lire une œuvre intégrale jusqu'au bout, va voir mes conseils p. 230.

B Entraîne-toi à l'écrit toute l'année

L'écrit du bac de français n'est pas un examen théorique où l'on te demande de restituer un cours.

C'est un **examen pratique** dans lequel tu mets en application tes connaissances dans le cadre d'un exercice (dissertation ou commentaire).

Or c'est la méhode et les entraînements qui te permettent de réussir l'épreuve (et non l'apprentissage par cœur).

Profite de chaque opportunité offerte par les bacs blancs et les devoirs maison pour t'entraîner.

C Répartis ta préparation pour l'oral sur l'année

Les textes à présenter à l'oral font l'objet d'une étude en classe avec ton professeur. Sois le (la) plus attentif(ve) possible en cours. Ce sera autant de travail en moins à effectuer tout(e) seul(e) chez toi !

Le week-end ou pendant les vacances scolaires, fiche les textes étudiés durant le trimestre et apprends tes fiches avec la méthode de réactivation des connaissances que je t'explique p. 227.

Si tu réalises ce travail régulièrement, tu seras beaucoup plus serein(e) au mois de juin.

Le mémo d'Amélie

Voici comment t'organiser efficacement tout au long de l'année :

- **Lis les œuvres intégrales au fur et à mesure** (une œuvre par mois) et fiche tes lectures cursives dès que tu les as terminées (aide-toi de ma méthode de fichage p. 214).
- **Fais sérieusement tous tes bacs blancs et devoirs :** ce sont autant d'opportunités de t'entraîner et de progresser pour l'écrit.
- **Pour l'oral, réalise au fur et à mesure tes fiches sur les textes à présenter** et apprends-les en suivant mes conseils du chapitre 6 « Au secours, je suis stressé(e) ! », p. 217.

2

ŒUVRES ET PARCOURS DU PROGRAMME

Poésie

œuvre 1 *Les Contemplations*, Hugo
Parcours : « Les Mémoires d'une âme »

Hugo

Fiche d'identité de l'œuvre

Titre : *Les Contemplations*

Auteur : Victor Hugo

Date : 1856

Mouvement littéraire : Le romantisme.

Thèmes principaux : La nature, la religion, l'amour, le deuil, la misère et la pauvreté.

Particularités de l'écriture : Une écriture lyrique à laquelle Victor Hugo donne une dimension universelle, faisant de l'expérience individuelle l'écho d'une expérience collective.

Parcours associé : « Les Mémoires d'une âme ».

A Qui est Victor Hugo ?

Victor Hugo est une figure littéraire incontournable du XIXe siècle en raison de son œuvre d'une exceptionnelle richesse qui englobe **tous les genres** (roman, théâtre, poésie, essai...), **tous les registres et tous les sujets** – la littérature, l'art, la religion, la politique, l'histoire, la philosophie.

Chef de file du mouvement romantique, il revendique la liberté de l'art et théorise le drame romantique qui rompt avec les règles du théâtre classique.

Victor Hugo marque également l'histoire par son **engagement politique** en faveur des plus démunis et son combat contre l'injustice, la peine de mort ou encore le travail des enfants.

B Pourquoi me fait-on étudier *Les Contemplations* (livres I à IV) ?

Les Contemplations forment un recueil d'une grande richesse puisqu'elles font voir **vingt-six années de la vie de Victor Hugo.**

Comme le poète l'indique dans sa préface, il s'agit des « Mémoires d'une âme », une sorte d'autobiographie poétique organisée en deux parties, « Autrefois » (livres I à III) et « Aujourd'hui » (livres IV à VI), la césure se situant en 1843, l'année de la mort de sa fille Léopoldine alors âgée de 19 ans.

Les livres I à IV permettent de retracer le début de cet itinéraire (I – « Aurore » ; II – « L'âme en fleur » ; III – « Les luttes et les rêves ») jusqu'à la mort de Léopoldine (IV – « Pauca meæ »).

C Comment résumer *Les Contemplations* (livres I à IV) ?

L'étude des *Contemplations* dans le cadre de ce parcours porte sur trois livres de la partie « Autrefois » et un livre de la partie « Aujourd'hui ».

1 « Autrefois » (1830-1843)

Livre I – « Aurore »

Ce livre se concentre sur la **jeunesse de Victor Hugo,** son goût précoce pour l'écriture (« Le poète s'en va dans les champs ») et la libération du langage par l'écriture poétique (« Réponse à un acte d'accusation »).

Les premiers émois amoureux sont évoqués (« Lise », « Vere novo », « Vieille chanson du jeune temps », « Elle était déchaussée, elle était décoiffée ») ainsi que le bonheur de contempler la nature (« Le firmament est plein de la vaste clarté », « La vie aux champs », « Unité »).

Livre II – « L'âme en fleur »

L'amour est le thème principal de ce deuxième livre : « Tout conjugue le verbe aimer », dit le premier vers du poème « Premier mai ». Victor Hugo évoque les **amours de jeunesse** (« Hier au soir », « Nous allions au verger », « Mon bras pressait ta taille frêle »), le tourment amoureux (« Tu peux comme il te plaît me faire jeune ou vieux »), la jalousie (« Paroles dans l'ombre »), la puissance mystique de l'amour (« Il fait froid », « Aimons toujours ! aimons encore », « Après l'hiver », « Je respire où tu palpites »).

Quelques poèmes sur la **fragilité de la vie et de l'amour** apportent une **touche plus sombre** à cet ensemble (« Crépuscule », « Un soir que je regardais le ciel »).

Livre III – « Les luttes et les rêves »

C'est dans ce livre que Victor Hugo évoque **son combat contre la misère sociale, la guerre, la tyrannie,** fléaux engendrés par une société humaine injuste et égoïste. Ce livre préfigure le roman *Les Misérables* car on y trouve déjà le portrait des miséreux – femmes, enfants, ouvriers, prostituées – plongés dans une précarité révoltante.

2 Aujourd'hui (1843-1855)

Livre IV – « Pauca meæ »

Ce livre est consacré au **deuil de Léopoldine,** décédée en 1843. Victor Hugo explore la douleur et les étapes du deuil, de l'abattement à la révolte, puis à l'acceptation. L'évocation de souvenirs de la jeune Léopoldine adoucit parfois la peine (« Elle avait pris ce pli dans son âge enfantin », « Quand nous habitions tous ensemble », « Elle était pâle, et pourtant rose », « Ô souvenirs ! printemps ! aurore ! »).

D Quels sont les thèmes importants dans *Les Contemplations* ?

1 La nature

La nature est une véritable **source d'inspiration** pour le poète. Dans *Les Contemplations*, et notamment dans la partie « Autrefois », il s'agit d'une **nature calme, sereine, joyeuse,** souvent printanière. Hugo explore la beauté du monde minéral, végétal, animal pour en montrer la pureté et la poésie comme dans « Les oiseaux ». Même le crépuscule du soir, généralement symbole de mélancolie ou de regret, est porteur d'espoir comme dans « Hier au soir ». Le poète perçoit en effet l'**unité de la nature,** comme le montre le poème « Unité » dans lequel la marguerite se fait le miroir du soleil.

2 La religion

Les Contemplations ont aussi un sens mystique : il s'agit de l'**itinéraire spirituel** de Victor Hugo, qui veut **« contempler Dieu »** comme annoncé dans sa préface. Le poète s'interroge sur le destin humain, le sens de la mort. Il partage ses doutes et son désespoir suite au décès de sa fille. Il trouve la foi et le réconfort dans la nature qui le convainc que tout est ordonné par une intelligence supérieure et animé d'un langage universel. L'espérance retrouvée est particulièrement visible dans « Pauca meæ » où Léopoldine survit à la mort en devenant « ange » ou « étoile ».

3 L'amour

L'amour est central dans *Les Contemplations*. Il prend la forme de l'**amour de la nature** qui ramène le poète à l'**amour de Dieu.** L'amour, ce sont aussi les **amours de jeunesse,** placées sous le signe de la pureté et de la rêverie, et surtout l'**amour filial** entre Victor Hugo et Léopoldine, dont la disparition est une perte irréparable pour le poète.

4 Le deuil

La poésie lumineuse de Victor Hugo est **assombrie par le deuil de sa fille Léopoldine.** La date de ce décès – 1843 – est le **pivot du recueil** et marque une fracture dans la vie de l'auteur. Dans la partie IV « Pauca meæ », Victor Hugo explore les étapes de son deuil : le silence, l'abattement, la révolte, le désespoir, l'acceptation. Le deuil est rendu supportable par l'évocation des souvenirs heureux et de l'harmonie familiale passée comme dans « Elle avait pris ce pli » ou « Elle était pâle, et pourtant rose ».

5 La misère et la pauvreté

Le livre III des *Contemplations* semble être une version poétique anticipée des *Misérables* : on y retrouve en effet les personnages qui peupleront le célèbre roman de Victor Hugo quelques années plus tard. Dans « ? », Victor Hugo, par ce titre inhabituel, met l'accent sur l'attitude d'incrédulité face à la montée des injustices.

E Quelles sont les particularités de l'écriture de Victor Hugo ?

L'écriture de Victor Hugo est une **écriture lyrique** qui relève du **mouvement romantique.**

Le lyrisme correspond à l'**expression personnelle de sentiments** (joie, amour, sentiment de la nature, mélancolie, désespoir, révolte...). *Les Contemplations*, qui donnent à voir vingt-six années de la vie du poète, explorent toute la **palette des émotions,** notamment celle du deuil, émotion fondatrice pour Victor Hugo. La **forme exclamative et les interjections** soulignent cette spontanéité et l'expression sans fard des sentiments. Les **nombreuses antithèses et les oxymores** (clarté/obscurité, vie/mort) expriment le **mystère du monde** mais aussi la foi en un **univers unifié** où les contraires se répondent.

Le lyrisme de Victor Hugo tend à l'universel : à travers l'évocation de ses sentiments, le poète devient le miroir du lecteur et interroge le sens de la vie : « Quand je vous parle de moi, je vous parle de vous », écrit-il dans sa préface.

De manière plus inattendue, *Les Contemplations* sont aussi marquées par une écriture satirique. Dans « Vers 1820 » (I, 16), Victor Hugo se moque des vieux pédagogues ; dans « Réponse à un acte d'accusation » (I, 7), il caricature la doctrine classique.

Le parcours : « Les Mémoires d'une âme »

Introduction

Dans la préface, Victor Hugo définit *Les Contemplations* comme « les Mémoires d'une âme ».

Pour comprendre cette expression, il faut commencer par s'interroger sur le sens du mot « Mémoires ».

Les Mémoires sont un genre littéraire dans lequel l'auteur fait le récit rétrospectif des événements publics auxquels il a participé ou dont il a été témoin.

On voit donc apparaître deux critères constitutifs du genre des Mémoires :
– une dimension autobiographique : l'auteur fait le récit de sa propre vie ;
– une dimension historique : les Mémoires racontent la rencontre d'une histoire individuelle et d'une histoire collective.

Nous allons voir que l'on retrouve bien ces deux dimensions dans *Les Contemplations* de Victor Hugo.

Pour aller plus loin, regarde ma vidéo sur le romantisme :
https://commentairecompose.fr/romantisme/

Pense aussi à lire mes commentaires de poèmes de Victor Hugo sur **commentairecompose.fr** pour enrichir ta compréhension de cette séquence !

Les Contemplations constituent bien les Mémoires d'une âme en raison de leur **dimension autobiographique.**

Le recueil est structuré selon une logique biographique : il fait état de deux époques, « Autrefois » et « Aujourd'hui », la césure se situant en 1843, date de la mort par noyade de Léopoldine.

Victor Hugo raconte d'abord sa **jeunesse** (« Aurore »), ses **amours** (« L'âme en fleur »), son **combat contre la misère sociale et la pauvreté** (« Les Luttes et les rêves »), puis **la mort et le deuil** de sa fille Léopoldine (« Pauca maea »).

Cette autobiographie poétique est renforcée par l'**ancrage temporel** précis puisque Victor Hugo date ses poèmes, d'une date parfois fictive mais qui permet de retracer symboliquement les étapes de l'itinéraire spirituel du poète.

Le recueil est donc placé **sous le signe de la mémoire :** il est le miroir de la vie du poète.

Au-delà, le recueil est le **miroir d'une âme.**

Le poète ne vise en effet pas seulement à relater des événements mais procède à une véritable **introspection** pour consigner « toutes les impressions, tous les souvenirs, toutes les réalités, tous les fantômes vagues, riants ou funèbres, que peut contenir une conscience » (préface).

Il part des événements de la vie quotidienne pour en comprendre l'essence :

- **Des amours de jeunesse,** il tire un regard poétique et émerveillé sur le monde.
- **Des pédagogues poussiéreux,** il tire un désir de changer la poésie française.
- **Du spectacle de la misère,** il tire une révolte sur l'ordre du monde.

Toutes ces impressions, tous ces mouvements de l'âme sont consignés dans *Les Contemplations*.

Mais *Les Contemplations* relèvent aussi du genre des Mémoires au sens où elles sont le point de rencontre entre l'**histoire individuelle et l'histoire collective.**

La partie III **« Des Luttes et des rêves »** est emblématique de l'**engagement** de Victor Hugo et de sa volonté de témoigner des événements du XIXe siècle. Il porte un regard critique sur la société du XIXe siècle dont la première révolution industrielle ne tient pas ses promesses et crée au contraire de la **précarité et des inégalités :** travail des enfants, rachitisme, ignorance, prostitution (voir « Melancholia », III, 2).

Les Contemplations sont donc les Mémoires d'une âme, celle de Victor Hugo, mais aussi et surtout les Mémoires d'une âme collective, celle du peuple français au cœur du XIXe siècle.

Prolongement artistique

Caspar David Friedrich, *Voyageur contemplant une mer de nuages*, 1817

La peinture de Caspar David Friedrich reflète le **romantisme** des *Contemplations*.

Comme le voyageur de ce tableau, le **poète contemple la nature sublime.** Il se situe en **hauteur,** au-dessus des nuages, pour montrer la **vocation spirituelle** de l'art.

L'art, comme la peinture de Friedrich ou la poésie de Victor Hugo, permet d'exprimer la beauté de la nature et les impressions qu'elle laisse sur l'âme.

Poésie

œuvre 2 *Les Fleurs du Mal*, Baudelaire
Parcours : Alchimie poétique : la boue et l'or

Baudelaire

Fiche d'identité de l'œuvre

Titre : *Les Fleurs du Mal*

Auteur : Charles Baudelaire

Date : 1857

Mouvement littéraire : Baudelaire est un poète au carrefour de plusieurs mouvements littéraires : le romantisme, le symbolisme, le Parnasse.

Thèmes principaux : Le spleen et l'Idéal, la femme, la ville, le bizarre.

Particularités de l'écriture : Une écriture qui s'inscrit dans des formes fixes très travaillées (comme le sonnet) mais qui surprend par ses multiples enjambements et son goût pour les contrastes violents.

Parcours associé : Alchimie poétique : la boue et l'or.

A Qui est Charles Baudelaire ?

Né en 1821, Charles Baudelaire est un enfant difficile qui ne supporte pas le nouvel époux de sa mère, le commandant Aupick. Une fois le baccalauréat en poche, le jeune Baudelaire mène une **vie dissipée** dans le Quartier latin de Paris. Pour l'éloigner de cette vie de débauche, sa famille l'oblige à faire un **voyage aux Indes** en paquebot, mais Baudelaire rentre à Paris au bout de dix mois.

Il devient **critique d'art et critique littéraire.** Ses rencontres amoureuses sont déterminantes et influencent son œuvre : il s'éprend de la mûlatresse (femme métisse) Jeanne Duval, de l'actrice Marie Daubrun, de Mme Sabatier qui tient un salon parisien.

Les Fleurs du Mal publié en 1857 fait l'objet d'un **procès :** Baudelaire est condamné en correctionnelle pour **« immoralité ».**

Atteint de la syphilis, Baudelaire s'isole et meurt en 1867 à l'âge de 46 ans.

B Pourquoi me fait-on étudier *Les Fleurs du Mal* ?

Les Fleurs du Mal est un recueil fascinant car il se situe **au carrefour de toutes les influences poétiques du XIXe siècle :** le romantisme, le symbolisme et le Parnasse.

Sur le plan de la forme, le recueil *Les Fleurs du Mal* peut sembler classique – recours à des formes fixes comme le sonnet, utilisation de l'alexandrin –, mais Baudelaire **change la musique du vers** en multipliant les enjambements, rejets et contre-rejets.

Sur le fond, c'est un recueil qui a choqué la bourgeoisie bien-pensante de l'époque par sa volonté de **mêler le beau et le sordide, la sensualité et le mal.**

Ce n'est qu'en 1949 que la Cour de cassation réhabilite Baudelaire et autorise la publication des six pièces condamnées en 1857.

C Comment résumer *Les Fleurs du Mal* ?

Les six sections des *Fleurs du Mal* retracent l'itinéraire de Baudelaire, le cheminement de son âme qui vit une véritable **descente aux enfers.**

Dès le premier poème de l'œuvre, « Au lecteur », Baudelaire explique que le monde est un enfer. Tout au long du recueil, il explore cet enfer :

1 **Dans « Spleen et Idéal »,** il décrit son tiraillement entre le spleen, qui est une profonde angoisse existentielle, et l'Idéal.

2 **Dans « Tableaux parisiens »,** il tente de se rapprocher de l'autre dans la ville, mais cette tentative de rapprochement aboutit à un échec. Baudelaire met en avant le sentiment de solitude dans la grande ville.

3 **Dans « Le Vin »,** il se tourne vers les « paradis artificiels » : l'alcool et les drogues.

4 **Dans « Fleurs du Mal »,** il décrit le vice et la débauche qui mènent au dégoût de soi.

5 **La section « Révolte »** exalte Satan, mais Baudelaire nous montre que pactiser avec le diable est inutile.

6 **Dans « La Mort »,** Baudelaire dépeint son aspiration à mourir. La mort est présentée comme l'ultime remède, le secours suprême (voir par exemple, « Recueillement »).

ŒUVRES ET PARCOURS

D Quels sont les thèmes importants des *Fleurs du Mal* ?

1 Le spleen et l'Idéal

Le **spleen,** mot emprunté à l'anglais et qui signifie humeur noire, est le mal-être baudelairien. Il s'agit d'un dégoût de tout, d'un **état dépressif et morbide** ressenti par le poète. À ce spleen, Baudelaire oppose l'**Idéal,** un monde invisible fait de **douceur** et de **volupté.**

Pour comprendre ce qu'est l'Idéal chez Baudelaire, il faut faire un petit détour par la philosophie. Il existe en effet un courant philosophique – celui de Platon – qu'on appelle le courant idéaliste. Selon cette philosophie, le monde qui nous entoure n'est qu'un vulgaire **reflet d'un monde idéal,** d'un monde des idées. Baudelaire s'inscrit dans ce courant idéaliste. Il considère que le monde dans lequel nous vivons est un chaos au-delà duquel existe **une unité, un sens, un monde d'ordre et de beauté : l'Idéal.** Cet Idéal prend de multiples visages : l'enfance, l'ailleurs exotique, le voyage, les femmes, l'ivresse.

2 La femme

La femme aimée est une inspiratrice pour Baudelaire, une **muse** aux multiples visages : mère, amante, déesse, diablesse. On retrouve dans *Les Fleurs du Mal* l'influence des trois rencontres amoureuses de Baudelaire :

- **Jeanne Duval,** une mûlatresse (une femme métisse) qui représente la sensualité et l'exotisme.
- **Mme Sabatier,** qui tenait un salon littéraire et qui inspira à Charles Baudelaire une passion spirituelle.
- **Marie Daubrun** qui joua pour Baudelaire le rôle de sœur et d'amante.

La femme incarne souvent l'Idéal, la douceur, la sensualité, l'exotisme, mais aussi la souffrance et la trahison, prenant même parfois les traits d'un bourreau, comme dans « Le Vampire ».

3 La ville

Baudelaire est fasciné par la **ville,** et s'inscrit donc à **contre-courant** du **mouvement romantique** qui puise son inspiration dans la **nature.**

Dans la ville, il s'intéresse aux **plus démunis :** les vieillards et vieilles femmes, les aveugles, les prostituées et les mendiants dont il révèle la beauté cachée derrière la détresse.

La ville est aussi le lieu de la **solitude :** celle des plus démunis, laissés-pour-compte de la société, et celle du poète exilé dans la ville, qui fait l'expérience de la solitude dans la multitude.

E Quelles sont les caractéristiques de l'écriture de Baudelaire ?

Le travail de Baudelaire sur la **forme est remarquable :** maîtrise du sonnet et de l'alexandrin, quatrains aux rimes riches, sonorités suggestives grâce à de nombreuses allitérations. Tout en respectant les formes traditionnelles, **le poète change la musique du vers** en multipliant les enjambements, rejets et contre-rejets, pour en tirer des effets nouveaux.

On note aussi un **goût du contraste** qui s'exprime dans l'**alliance de termes contradictoires.** Baudelaire précise dans le poème « Au lecteur » qui ouvre le recueil : « Aux objets répugnants nous trouvons des appas ». Il célèbre ainsi une charogne en décomposition dans « Une charogne » ou transforme la beauté en laideur dans « Les Métamorphoses du vampire ». À cet égard, le **titre du recueil** est significatif : il s'agit d'**extraire la beauté du mal.**

Le parcours : Alchimie poétique : la boue et l'or

Introduction

Le libellé de ce parcours peut te sembler énigmatique… C'est qu'il reprend les termes de Baudelaire lui-même à propos de sa poésie !

On retrouve en effet cette expression dans les **« Bribes »** des *Fleurs du Mal* (les « Bribes » sont des fragments de poèmes que Baudelaire souhaitait certainement utiliser un jour) : **« J'ai pétri de la boue et j'en ai fait de l'or. »**

On retrouve aussi cette expression dans un **projet d'épilogue** pour *Les Fleurs du Mal* rédigé en 1861 : « Comme **un parfait chimiste** et comme une âme sainte. Car j'ai de chaque chose extrait la quintessence. **Tu m'as donné ta boue et j'en ai fait de l'or.** »

Baudelaire compare donc sa poésie à de l'alchimie, une pratique occulte destinée à réaliser la transmutation des métaux vils (plomb) en métaux nobles (l'or).

Cette transformation transparaît d'ailleurs dès le titre *Les Fleurs du Mal* qui suggère une transformation du mal en fleur.

Charles Baudelaire est l'un des auteurs que j'ai le plus étudiés sur commentairecompose.fr : tu as donc de quoi approfondir ce parcours sur mon site ! Je te conseille de lire en particulier mes commentaires des poèmes suivants : « Élévation », « Les Aveugles », « Une charogne », « L'Ennemi », « Hymne à la beauté », « Le Serpent qui danse », « Le Vampire », « Recueillement ».

Le titre *Les Fleurs du Mal* suggère un processus de transformation du mal en fleur, de la boue en or. Mais quel est ce « mal », quelle est cette « boue », et en quoi Baudelaire les transforme-t-il ?

Baudelaire est tout d'abord un **alchimiste du temps** qu'il transforme en éternité.

Chez Baudelaire, le **temps est destructeur,** c'est le temps de Chronos qui finit par dévorer ses enfants. Dans « L'Ennemi », Baudelaire définit ainsi le temps : « Ô douleur ! ô douleur ! Le temps mange la vie / Et l'obscur Ennemi qui nous ronge le cœur / Du sang que nous perdons croît et se fortifie ! »

Mais ce temps qui emporte tout est **transformé en éternité** par l'écriture poétique. C'est le sens de l'Idéal que le poète parvient à atteindre dans un poème comme « Harmonie du soir » où le chaos du temps est transcendé par une harmonieuse éternité.

Baudelaire est aussi un **alchimiste de la société dont il sublime la laideur.**

Dans « Tableaux parisiens », Baudelaire donne à la ville une noblesse et une dignité poétiques qu'elle n'avait pas auparavant. Baudelaire valorise ceux qui sont à la marge, généralement exclus de l'espace poétique : les vieillards, les aveugles, « la servante au grand cœur ». Il sublime la ville et les petites gens par son écriture poétique.

Baudelaire **transforme également le spleen en inspiration poétique.**

Dans « Spleen LXXVIII » (« Quand le ciel bas et lourd... »), la mélancolie emporte le poète dans le désespoir. Dans « Alchimie de la douleur », le processus de transformation est même inversé : « je change l'or en fer », ce qui suggère l'échec du poète. Mais Baudelaire lutte contre le spleen en le transformant en **inspiration poétique.**

Baudelaire **transforme enfin le brouillard en clarté :** par le travail poétique, il parvient à **comprendre le sens des choses.**

Dans « Élévation », le poète montre que la puissance de l'esprit permet de mieux comprendre « Le langage des fleurs et des choses muettes ». Dans « Correspondances », il décode les signes cachés de la nature pour en comprendre le sens : « La Nature est un temple où de vivants piliers / Laissent parfois sortir de confuses paroles. » Baudelaire transforme ainsi l'invisible en sens.

Prolongement artistique

Dessin de Baudelaire représentant Jeanne Duval

Jeanne Duval est l'une **des muses** de Baudelaire qu'il rencontre en 1842 et avec laquelle il noue une relation tumultueuse faite de ruptures et de réconciliations.

Ce dessin suggère toute **l'ambiguïté de la figure féminine** dans *Les Fleurs du Mal*. Jeanne Duval représente **l'Idéal à travers l'exotisme** que dégagent son visage et sa sensualité que l'on retrouve dans « Parfum exotique », « Le Serpent qui danse » ou « La Chevelure ». Mais elle a aussi **un regard inquiétant** comme dans « Sed non satiata » :

« Par ces deux grands yeux noirs, soupiraux de ton âme,
Ô démon sans pitié, verse-moi moins de flamme ; »

Cette femme séduisante mais fuyante incarne aussi **l'animalité** avec le nœud dans les cheveux qui rappelle des oreilles de chat.

Poésie

œuvre 3 *Alcools*, Apollinaire
Parcours : Modernité poétique ?

Apollinaire

Fiche d'identité de l'œuvre

Titre : *Alcools*

Auteur : Guillaume Apollinaire

Date : 1913

Mouvement littéraire : Apollinaire fait la synthèse d'influences multiples (romantisme, symbolisme, cubisme). Il est l'un des précurseurs du surréalisme.

Thèmes principaux : L'amour malheureux, le temps qui passe, la modernité, le mythe, le voyage.

Particularités de l'écriture : Une écriture fluide et innovante obtenue par la suppression de la ponctuation, l'utilisation du vers libre et le recours à des images insolites.

Parcours associé : Modernité poétique ?

A Qui est Guillaume Apollinaire ?

Né d'une mère polonaise et d'un père italien, Guillaume Apollinaire grandit à Monaco puis à Nice avant de s'installer à Paris à l'âge de 20 ans. **Il voyage également en Allemagne et en Autriche.**

Alcools, publié en 1913, est son recueil majeur et **marque la poésie du XXe siècle** par ses **audaces poétiques** comme les juxtapositions d'images surprenantes (par exemple « soleil cou coupé » dans « Zone ») et l'absence de ponctuation qui libère le vers.

Apollinaire continue à explorer toutes les ressources de l'écriture dans *Calligrammes* où chaque poème forme un dessin. Blessé à la tête par un éclat d'obus en 1916, il meurt deux ans plus tard, en 1918, emporté par la grippe espagnole.

B Pourquoi me fait-on étudier *Alcools* ?

Alcools, publié en 1913, est un recueil qui fait la **synthèse entre tradition et modernité.** En effet, Apollinaire puise ses thèmes dans la **poésie lyrique traditionnelle** et utilise des **sources bibliques et mythologiques.** Mais il fait aussi preuve d'une **« esprit nouveau »** en faisant entrer le monde contemporain dans la poésie (la ville industrielle, le quotidien…), en créant des **images insolites et en supprimant toute ponctuation** de son recueil. En cela, Guillaume Apollinaire est le **précurseur des surréalistes.**

C Comment résumer *Alcools* ?

Alcools réunit des poèmes composés entre 1898 et 1913 : c'est donc un recueil très **hétéroclite** qui donne à voir **seize ans d'écriture poétique d'Apollinaire.**

On pourrait penser que ces poèmes sont organisés de façon chronologique, mais ce n'est pas le cas. Apollinaire les a triés et organisés pour en dégager des thématiques.

Ainsi, le poème « Zone », qui ouvre le recueil et qui constitue un hymne à la modernité et une déclaration d'amour à la ville industrielle, est en réalité le dernier poème écrit par Apollinaire. En inscrivant « Zone » en tête du recueil, Guillaume Apollinaire marque sa volonté de placer son œuvre sous le **signe de la modernité.**

Apollinaire a rassemblé ses textes sous plusieurs thématiques, notamment :

- **La section « Rhénanes »** inspirée par son voyage en Allemagne et son amour malheureux pour Annie Playden.
- **Les six poèmes « À la Santé »** qui évoquent la courte incarcération d'Apollinaire.
- **La section « Marie »** qui évoque ses amours avec l'artiste peintre Marie Laurencin.

La grande diversité des poèmes d'*Alcools* en rend la synthèse difficile. Certains critiques ont d'ailleurs qualifié ce recueil de **« fourre-tout »** composé de pièces disparates.

Mais c'est peut-être là que réside la cohérence du recueil. **À l'image d'une peinture cubiste, *Alcools* juxtapose des pièces a priori disparates** et pourtant liées entre elles par **le lyrisme, l'émotion et la fluidité** qui découlent de l'absence de ponctuation.

D Quels sont les thèmes importants dans *Alcools* ?

1 L'amour

L'amour dans *Alcools* est souvent **malheureux,** comme dans « Le Pont Mirabeau » ou « La Chanson du mal-aimé » où le poète chante son désespoir après le départ de la femme aimée. Le poète est toujours dans l'**attente de l'amour heureux,** comme le montre le poème « L'Adieu » : « Et souviens-toi que je t'attends ».

2 Le souvenir et le temps

La fuite du temps, thème lyrique traditionnel, est omniprésente dans *Alcools* à travers deux éléments : l'**élément liquide qui s'écoule** (comme dans « Le Pont Mirabeau ») et les **saisons qui se succèdent** (comme dans « Automne malade » ou « Mai »).

La Seine qui passe sous le « Pont Mirabeau » et **le Rhin** dans la section « Rhénanes » évoquent l'**écoulement inéluctable du temps.** Cet écoulement du temps linéaire et fatal est source de lyrisme et de tragique car le poète ne parvient pas à le retenir.

L'automne, saison dominante dans le recueil, est aussi la saison du temps qui passe, la saison de la **mélancolie.** On voit cette dernière se déployer dans « Les Colchiques », « Automne », « Rhénane d'automne », « Automne malade ».

3 Le mythe

Apollinaire puise son inspiration dans les **sources bibliques et mythologiques.** Derrière le temps linéaire qui passe, il existe donc dans la poésie d'Apollinaire un **temps cyclique, celui du mythe** qui vient s'incarner dans le monde moderne comme les « nixes nicettes » dans « Automne malade » ou les légendes allemandes dans « Nuit rhénane » ou « La Loreley ».

4 Le voyage

Le thème du voyage et du mouvement est central dans *Alcools*, comme le montrent des poèmes comme « Le Voyageur », « L'Émigrant de Landor Road », « Hôtels », le cycle des « Rhénanes » ou encore l'attrait pour les « Saltimbanques » qui sont en **mouvement perpétuel.**

D'ailleurs, dans *Alcools*, **le poète va de ville en ville :** il commence son périple à Paris (« Zone »), débarque en Amérique (« Annie »), évoque l'Allemagne (section « Rhénanes »), etc.

Cette itinérance du poète s'accompagne d'**une écriture changeante, qui va de style en style,** du romantisme au symbolisme en passant par l'esthétique cubiste.

5 La modernité

Dans *Alcools*, Apollinaire se fait le chantre de la modernité. Il célèbre la **ville industrielle** et les innovations techniques comme **l'aviation et les automobiles.** Il fait également entrer les objets prosaïques et quotidiens dans la poésie car, pour Apollinaire, tout est potentiellement poétique : « Te voici à Marseille au milieu des pastèques », « Les laitiers font tinter leur bidon dans les rues » (« Zone »).

E Quelles sont les particularités de l'écriture d'Apollinaire ?

Apollinaire marque le lecteur par la **fluidité de ses vers et ses innovations poétiques.**

La fluidité s'obtient dans un premier temps de façon formelle par la **suppression de la ponctuation** qui permet de lire les vers de plusieurs manières. Elle se trouve aussi dans le **vers libre** qui ne respecte de fait plus les règles de la versification traditionnelle. Enfin, la fluidité apparaît dans les **assonances et allitérations** qui remplacent parfois les rimes et créent de nouvelles associations de mots par des rapprochements phoniques. Les **images insolites** fleurissent également, annonçant le surréalisme.

Le parcours : Modernité poétique ?

Introduction

Ce que tu dois immédiatement remarquer dans ce parcours, c'est le **point d'interrogation final :** ce parcours n'affirme pas la modernité poétique d'Apollinaire, il la questionne.

Apollinaire est en effet souvent présenté comme le chantre de la modernité qui révolutionne la poésie en 1913 avec son recueil *Alcools*, faisant fi des codes de la poésie traditionnelle par son usage du vers libre, son absence de ponctuation et ses images insolites.

Mais le parcours t'invite à nuancer cette représentation que nous avons d'Apollinaire.

En effet, Guillaume Apollinaire puise aussi son inspiration dans les **mythes et le lyrisme traditionnel.** Il n'est donc pas en rupture avec les traditions : il offre plutôt un **pont entre l'ancien et le nouveau,** une voie entre la tradition et la modernité.

Pour aller plus loin, profite des nombreux commentaires des poèmes d'*Alcools* que j'ai rédigés sur commentairecompose.fr : ils enrichiront ta compréhension de ce parcours !

Lorsque Apollinaire publie *Alcools* en 1913, l'Europe est dans une **effervescence culturelle** remarquable.

Elle est engagée dans la **deuxième révolution industrielle** marquée par l'automobile, la chimie, le pétrole et l'électricité, c'est-à-dire la production d'énergie qui permet **la mobilité et la vitesse.**

D'un point de vue artistique, le **fauvisme et le cubisme,** avec notamment *Les Demoiselles d'Avignon* de **Picasso** en 1908, sont de véritables **révolutions esthétiques.** Ces peintures véhiculent une autre vision du monde.

Fidèle à cet « esprit nouveau » – terme employé par le poète lui-même –, Guillaume Apollinaire avec *Alcools* **bouleverse les codes poétiques traditionnels** et se fait le **chantre de cette modernité et de l'univers urbain.**

Pour Apollinaire, la poésie doit refléter le monde issu de la deuxième révolution industrielle, un **monde de l'énergie, de la vigueur, de la rapidité,** d'où l'apparition dans ses poèmes de l'« automobile », de l'« avion », d'un univers qui symbolise le mouvement.

La **modernité poétique** entre aussi dans la syntaxe, avec la **suppression de la ponctuation et les néologismes** comme « nixes nicettes » (« Automne malade ») ou « argyraspides » (« La Chanson du mal-aimé »).

Quant au recueil, il semble **une transposition littéraire d'une peinture cubiste** dans la mesure où Apollinaire rassemble des poèmes disparates permettant d'envisager toutes les facettes de son aventure poétique.

Mais cette modernité n'est pas une rupture avec la tradition poétique.

L'écriture d'Apollinaire est enracinée dans la tradition poétique et notamment dans la tradition lyrique qu'il renouvelle.

Apollinaire revendique lui-même de multiples influences quand il dit à propos d'*Alcools* : « Vous le classerez dans l'école poétique qui vous plaira, je ne prétends faire partie d'aucune, mais il n'en est aucune également à laquelle je ne me sente attaché. »

On retrouve en effet dans l'écriture d'Apollinaire des influences nombreuses :

- **L'influence du romantisme** à travers les thèmes de l'automne (la saison romantique par excellence), de la nostalgie et du temps qui passe.
- **L'influence du symbolisme** dans des poèmes comme « Le Larron », « Lul de Faltenin », « L'Ermite », « Signe ». Ces poèmes sont polysémiques, souvent hermétiques et contiennent des **signes qu'il convient de décoder.**
- **L'influence de Baudelaire** puisque le titre *Alcools* évoque l'ivresse assimilée par Baudelaire à l'inspiration poétique (une section des *Fleurs du Mal* s'intitule « Le Vin »).

- **L'influence de Verlaine,** évidente dans « Les Colchiques » ou dans les poèmes de la section « À la Santé » qui font songer aux poèmes écrits par Verlaine en prison.
- **L'influence des mythes germaniques** qu'Apollinaire se réapproprie dans la section « Rhénanes ».

Pour Apollinaire, la poésie ne doit donc pas être « résolument moderne » mais plutôt faire la **jonction entre l'ancien et le nouveau,** comme le montrent les métaphores dans « Zone » entre l'avion et la croix du Christ, l'autobus et un animal « mugissant ».

Prolongement artistique

Portrait de Guillaume Apollinaire par Louis Casimir Ladislas Marcoussis, 1921

Marcoussis réalise, comme Picasso avant lui, **le portrait d'Apollinaire** dans une esthétique cubiste. C'est dire si *Alcools*, en dépit d'influences multiples, est placé sous l'égide du cubisme. Cette **influence cubiste** est évidente dans le poème « Cortège » :

« Le cortège passait et j'y cherchais mon corps
Tous ceux qui survenaient et n'étaient pas moi-même
Amenaient un à un les morceaux de moi-même
On me bâtit peu à peu comme on élève une tour
Les peuples s'entassaient et je parus moi-même
Qu'ont formé tous les corps et les choses humaines »

L'identité du poète est constituée de morceaux disparates qui viennent s'agréger pour constituer son visage.

ŒUVRES ET PARCOURS

Littérature d'idées

œuvre 4

Essais, « Des Cannibales » et « Des coches », Montaigne
Parcours : « Notre monde vient d'en trouver un autre. »

Montaigne

Fiche d'identité de l'œuvre

Titre : *Essais*, « Des Cannibales » (I, 31) ; « Des coches » (III, 6)

Auteur : Michel de Montaigne

Date : 1580 pour les livres I et II, 1588 pour le livre III

Mouvement littéraire : L'humanisme.

Thèmes principaux : La curiosité, la nature, la culture, le colonialisme, le bon gouvernement.

Particularités de l'écriture : Une écriture érudite, empreinte de culture grecque et latine, mouvante, variée, qui se laisse porter par son sujet.

Parcours associé : « Notre monde vient d'en trouver un autre. »

A Qui est Montaigne ?

Né en **1533,** Montaigne a vécu sous Henri II et connu l'atrocité des **guerres de Religion.**

D'abord magistrat, période pendant laquelle il noue **une amitié indéfectible** avec **Étienne de La Boétie,** il se retire en 1571 pour se consacrer à la réflexion et à l'écriture.

Ses *Essais* sont **l'œuvre de toute une vie :** il en commence la rédaction en 1572 et ne l'achève qu'à sa mort en 1592. Montaigne y aborde tous les sujets : la médecine, la vie publique, l'éducation, l'amitié, la mort, les guerres de Religion, la découverte du Nouveau Monde, le colonialisme et y mêle intimement sa vie personnelle à travers des anecdotes qui lui permettent de porter un regard sur l'évolution du monde.

B Pourquoi me fait-on étudier les *Essais* ?

Montaigne invente une **forme littéraire nouvelle :** l'essai. Il ne s'agit pas d'une autobiographie, mais plutôt d'un autoportrait dans lequel l'auteur livre sa **pensée en mouvement** et ses réflexions sur toutes sortes de sujets. Dans un contexte de guerres de Religion, Montaigne se démarque par une **pensée à contre-courant de son époque :** il prône la tolérance et dénonce la cruauté, la colonisation et la torture.

C Comment résumer « Des Cannibales » et « Des coches » ?

Les *Essais* de Montaigne comportent 107 chapitres répartis en trois livres qui abordent des sujets très variés. Les deux chapitres qui font l'objet de ce parcours (« Des Cannibales » I, 31 et « Des coches » III, 6) mènent une réflexion sur la **découverte du Nouveau Monde, le colonialisme et la relativité des valeurs et des mœurs.**

Dans le chapitre **« Des Cannibales »** (I, 31), Montaigne montre que l'on appelle **« barbare »** ce qui ne correspond pas à nos propres mœurs et pire encore, ce qui est proche de la nature. Or pour lui, les **civilisations** dont on découvre l'existence, proches de la nature sont des sociétés vertueuses qui connaissent le **respect des anciens,** de **l'honneur** et de la **fidélité.** Leurs coutumes anthropophages pour se venger de leurs ennemis peuvent sembler barbares, mais **les Européens pratiquent quant à eux la torture,** autrement plus barbare.

À la fin du chapitre, Montaigne raconte sa **rencontre avec trois Indiens** venus à Paris. Ces derniers s'étonnent du système politique français fondé sur la monarchie héréditaire et sur l'acceptation par le peuple des inégalités.

Le chapitre **« Des coches »** (III, 6) évoque tout d'abord la peur que Montaigne éprouve dans les **transports.** L'auteur passe alors en revue les modes de déplacement des rois dans différentes civilisations et **critique les dépenses publiques des souverains** pour les jeux et les fêtes. Il en arrive à évoquer le **Nouveau Monde** (« Notre monde vient d'en trouver un autre »), promis au progrès selon lui alors que le nôtre est menacé de décadence. Montaigne **condamne la colonisation** et **les massacres** perpétrés contre les indigènes. Il clôt son chapitre par un bref paragraphe qui revient au sujet initial (« Et pour en revenir à nos voitures »).

D Quels sont les thèmes importants dans « Des Cannibales » et « Des coches » ?

1 La curiosité

Montaigne est animé d'une curiosité conforme à l'esprit humaniste. Il est **avide de connaissances nouvelles** sur les civilisations qui entourent l'Europe.

Pour écrire ces deux chapitres, il a lu des **récits d'expéditions,** notamment les récits de Lopez de Gomara, le secrétaire de Cortés. Il est allé à la **rencontre de trois Indiens** à Rouen, rencontre dont il relate l'entrevue dans « Des Cannibales ». La description précise des coutumes et mœurs des Cannibales, de leur boisson que Montaigne est allé jusqu'à goûter montre une curiosité insatiable envers tout ce qui est nouveau, inhabituel.

2 La barbarie

Dans « Des Cannibales », Montaigne nous invite à **repenser la notion de barbarie** en la définissant d'abord comme « ce qui ne fait pas partie de ses usages ». Il dénonce ainsi les **préjugés ethnocentristes** des Européens qui considèrent leur société meilleure que les autres par rejet de ce qui est différent. Puis il opère un retournement en montrant que **la barbarie** réside plutôt dans **les artifices** qui dénaturent l'homme et dans le goût des Européens pour **la torture** et la **violence.**

3 La nature

Source de **perfection** et de **pureté,** la nature est pour Montaigne **supérieure à la culture** et reste une garantie de bonnes mœurs. Dans « Des Cannibales », Montaigne fait l'éloge des « lois naturelles » qui régissent la vie des Indiens et qu'il oppose aux lois artificielles des Européens. Les Cannibales, qui mènent **une vie simple et authentique,** sont un modèle de bon sens face aux Européens gagnés par l'artifice.

4 La culture

Généralement, on donne au mot culture un sens positif mais, pour Montaigne, la culture se confond avec **l'artifice,** « le mensonge, la trahison, la dissimulation ». **La culture** nous a dénaturés au point **de nous rendre inhumains :** « Nous avons exploité leur ignorance et leur inexpérience pour les amener plus facilement à la trahison, à la luxure, à la cupidité, et à toutes sortes d'inhumanités et de cruautés, à l'exemple et sur le modèle de nos propres mœurs ! »

5 Le bon prince

Le XVIe siècle est un siècle de **réflexion** intense sur les **questions politiques** à travers *Les Six Livres de la République* de Jean Bodin et *Le Prince* de Nicolas Machiavel. Montaigne est aussi influencé par le *Discours de la servitude volontaire* de son ami La Boétie.

Dans les *Essais*, il **démystifie la fonction royale,** en nous faisant adopter le point de vue des Indiens qui s'attardent sur des détails cocasses : « Ils trouvaient en premier lieu fort étrange que tant de grands hommes, portant barbe, forts et armés qui étaient autour du roi [...] acceptent d'obéir à un enfant ».

Pour Montaigne, le **bon prince** est un prince qui **respecte les lois de la nature,** qui **veille à la dépense publique,** qui n'abrutit pas son peuple de jeux ou de divertissements. Dans « Des coches », il donne **en exemple les rois du Mexique et du Pérou** qui font preuve de courage et se dévouent jusqu'à la mort pour leur peuple.

E Quelles sont les particularités de l'écriture de Montaigne ?

Fidèle à **l'esprit humaniste,** l'écriture de Montaigne est imprégnée de **la culture gréco-latine.**

Ainsi, son raisonnement dans « Des Cannibales » s'appuie sur des citations de Plutarque et Platon. Montaigne va jusqu'à citer dans son propre texte des vers d'auteurs latins (Virgile, Horace, Properce, Sénèque...). Ces citations sont incorporées dans le corps même du texte français, comme si Montaigne voulait montrer l'unité et la continuité entre le latin et le français.

Son écriture est aussi d'une grande variété et se laisse porter par son sujet.

Le chapitre « Des coches » par exemple est une immense digression sur un sujet pourtant bien ciblé au départ : les voitures (les coches).

Ces digressions ne sont pas des erreurs : Montaigne revient à son sujet quand bon lui semble, comme à la fin du chapitre : « Et pour en revenir à nos voitures ». Il montre par là un désir de liberté d'écriture, le plaisir de divaguer d'une idée à une autre sans se laisser enfermer dans un plan préconçu, comme cela arrive dans les textes philosophiques.

Le parcours :
« Notre monde vient d'en trouver un autre. »

Introduction

Tu t'en es sans doute aperçu(e), la phrase « Notre monde vient d'en trouver un autre » est tirée du chapitre « Des coches ».

Pourquoi proposer une phrase écrite par Montaigne lui-même comme intitulé du parcours ?

Tout simplement parce que cette phrase est riche de sens :

– L'autre monde, ce sont bien sûr les civilisations nouvelles découvertes en Amérique à partir du XVe siècle et dont Montaigne se montre curieux.

– Ce monde est « autre » car il entre en confrontation avec le nôtre : c'est un miroir pour les civilisations européennes.

– L'autre monde, c'est aussi la civilisation grecque et latine que l'humanisme redécouvre.

Pour aller plus loin, regarde ma vidéo sur l'humanisme, essentielle pour réussir ce parcours : **https://commentairecompose.fr/humanisme/**

J'ai commenté des extraits issus du chapitre « Des Cannibales » et « Des coches » : retrouve-les sur **commentairecompose.fr** – ils te seront utiles pour approfondir cette séquence !

La phrase « Notre monde vient d'en trouver un autre » exprime tout d'abord la **curiosité de l'Europe à l'égard des civilisations nouvelles** découvertes depuis 1492.

Cette curiosité est évidente chez Montaigne : il décrit de façon très précise dans « Des Cannibales » **les mœurs et coutumes des habitants du Brésil.** Il est soucieux de dépeindre l'image la plus fidèle possible de ces nouveaux peuples.

Son texte devient une sorte d'encyclopédie de l'Autre et témoigne d'un **appétit d'altérité conforme à l'esprit humaniste.**

Mais Montaigne pose très vite le **problème de la confrontation** entre ces civilisations et les pays européens : la découverte du Nouveau Monde offre **un miroir à notre civilisation européenne,** miroir qui n'est pas à l'avantage des Européens.

La proximité des Cannibales avec la nature met en évidence notre goût immodéré pour l'artifice.

Le sens de l'honneur et de la vaillance des Indiens nous renvoie à notre duplicité et à notre défaillance morale.

Montaigne nous invite alors à **renverser notre vision des choses :** ce sont les Européens, par leur cruauté, leur duplicité et leur goût pour l'artifice, qui sont les barbares. Le Nouveau Monde, proche de la nature, est une civilisation plus authentique, dépourvue des artifices et épargnée par la corruption de l'argent.

Enfin, la phrase « Notre monde vient d'en trouver un autre » désigne bien sûr les civilisations géographiquement éloignées de l'Europe, mais elle s'applique aussi aux **civilisations éloignées dans le temps** comme la civilisation gréco-latine que l'humanisme redécouvre.

Montaigne, imprégné de la lecture des textes anciens, les cite et les incorpore à son texte comme s'il les avait faits siens.

Pour Montaigne, le monde des Anciens est aussi un exemple à suivre pour **sa vertu, sa modération et sa sagesse.**

Prolongement artistique

Hans Holbein le Jeune, *Les Ambassadeurs*, 1533

Ce tableau de Hans Holbein le Jeune, peint en 1533, montre **la curiosité suscitée par l'étranger.**

La représentation du globe terrestre souligne notamment le désir d'en faire le tour et d'en explorer les complexités.

L'ambassadeur est le personnage médiateur entre l'Europe et le Nouveau Monde. La présence des livres et d'objets liés à la musique évoque **la culture** mais aussi l'harmonie que les ambassadeurs sont censés établir entre soi et l'autre.

La fragilité du monde est rappelée par l'anamorphose : la forme allongée en bas du tableau est en effet **un crâne humain déformé,** symbole de la mort qui menace toute civilisation.

Littérature d'idées

œuvre 5 *Fables*, livres VII à XI, La Fontaine
Parcours : Imagination et pensée au XVIIe siècle

La Fontaine

Fiche d'identité de l'œuvre

Titre : *Fables* (livres VII à XI)

Auteur : Jean de La Fontaine

Date : en 1678 et 1679, dix ans après le premier recueil (livres I à VI).

Mouvement littéraire : Le classicisme.

Thèmes principaux : La ruse, la vanité, la justice, l'illusion.

Particularités de l'écriture : Une écriture plaisante, vive, alerte, souvent comique ou ironique, qui vise à instruire le lecteur.

Parcours associé : Imagination et pensée au XVIIe siècle.

A Qui est Jean de La Fontaine ?

Né à Château-Thierry en Champagne en 1621, Jean de La Fontaine s'installe à Paris en 1658, et fait partie des artistes qui entourent **le ministre Fouquet** au château de Vaux-le-Vicomte. Après la disgrâce de Fouquet, La Fontaine fréquente **les salons parisiens** et obtient la protection de diverses personnes, notamment celle de Mme de La Sablière.

Il est célèbre pour ses ***Fables*** publiées en 1668 (livres I à VI), 1678-1679 (livres VII à XI) et 1694 (livre XII) qui, fidèles à l'esprit classique, visent à **« plaire et instruire »**. La Fontaine tire aussi du classicisme son admiration pour les Anciens chez lesquels il puise son inspiration (Ésope, Phèdre, Pilpay). Il prend parti pour les Anciens dans la célèbre querelle des Anciens et des Modernes.

B Pourquoi me fait-on étudier les *Fables* (livres VII à XI) ?

Les livres VII à XI, **publiés dix ans après le premier recueil,** sont dédiés à Mme de Montespan, favorite de Louis XIV.

Les fables de ce deuxième recueil se veulent donc **plus complexes et plus subtiles** puisqu'elles ne sont plus destinées à un enfant (le premier recueil était dédié au Dauphin âgé de 6 ans) mais à un **public adulte.**

Derrière la fantaisie et la légèreté des fables se cachent une satire mordante des pouvoirs, de la société, **une peinture de l'âme humaine et un message philosophique.**

C Comment résumer les *Fables* ?

Les *Fables* des livres VII à XI ne se résument pas si facilement puisque La Fontaine, dans son « Avertissement », revendique justement leur **diversité** :
« J'ai jugé à propos de donner à la plupart de celles-ci un air et un tour un peu différent de celui que j'ai donné aux premières, tant à cause de la différence des sujets, que pour remplir de plus de variété mon ouvrage. »

Cette variété touche les sujets abordés (critique sociale et politique, peinture des vices humains, confidence lyrique...), les personnages (des animaux anthropomorphes, des humains), les styles et les tons (ton satirique, polémique dans « Les animaux malades de la peste », lyrique dans « Les deux pigeons »).

L'unité des *Fables* est donc à trouver dans **l'univers poétique** qui les anime et dans la sagesse qui en ressort, **une sagesse** fondée sur le bon sens, le pragmatisme et la simplicité.

D Quels sont les thèmes importants dans les *Fables* (livres VII à XI) ?

1 La ruse

La ruse ou la tromperie est un **ressort classique de la comédie** et La Fontaine se plaît à utiliser fréquemment ce registre, comme dans « Le loup et le chien maigre » (livre IX) où le loup se fait berner par un chien rusé.

Dans **« Les obsèques de la lionne »**, le cerf ne doit sa survie qu'à l'invention d'un songe qui trompe le lion (livre VIII).

Dans « L'huître et les plaideurs » (livre IX), **la justice,** représentée par Perrin Dandin, trompe les deux plaideurs en mangeant l'huître qu'ils se disputent et en laissant à chacun des plaideurs une écaille.

2 La vanité

La vanité est un défaut humain récurrent dans les *Fables*.

L'homme dans « L'homme et la couleuvre » (livre X) a la vanité de se mettre en tête que « tout est né pour (lui), quadrupèdes, et gens, et serpents ».

Le héron du livre VII dédaigne la carpe, les tanches puis le goujon. Le soir venu, affamé, il se contente d'un limaçon, sa vanité se trouvant là punie.

Dans « Le coche et la mouche » (livre VII), la mouche se croit indispensable alors qu'elle n'est qu'une gêne.

Le rat qui critique l'éléphant voit sa vanité punie par le chat (« Le rat et l'éléphant », livre VIII).

Par cette condamnation de la vanité, La Fontaine engage l'homme à **rester dans la mesure.**

3 La justice

La justice est particulièrement visée dans les livres VII à XI.

« Les animaux malades de la peste » critique **la partialité de la justice** qui rend ses arrêts selon la position sociale de l'accusé ou du plaignant : « Selon que vous serez puissant ou misérable / Les jugements vous feront blanc ou noir ».

« L'huître et les plaideurs » (livre IX) illustre **l'avidité de la justice** qui de surcroît ne rend justice à aucun des plaignants.

Le chat dans « Le chat, la belette et le petit lapin » (livre VII) **abuse de son pouvoir** en croquant les deux plaignants.

4 L'illusion

La Fontaine dénonce **les illusions de l'imagination,** fidèle en cela à l'enseignement de Pascal dans les *Pensées* qui enjoint aux hommes de se méfier des tromperies de l'imagination.

Dans **« La laitière et le pot au lait »** (Livre VII), Perrette se perd dans des rêveries irréalistes, tout comme le curé dans **« Le curé et le mort »** : ils sont tous deux vite rattrapés par la réalité.

La Fontaine nous invite à rechercher le bonheur dans le **moment présent** et dans **une vie simple proche de la nature** (« Le songe d'un habitant du Mogol », livre XI).

E Quelles sont les caractéristiques de l'écriture de La Fontaine ?

La Fontaine veut « plaire et instruire », « joindre l'utile à l'agréable » conformément aux principes définis par le poète latin Horace et repris par les classiques.

Pour plaire, La Fontaine utilise des **animaux anthropomorphes** qui permettent d'instruire les hommes en maniant **l'ironie ou le comique.**

Les récits rapides, plaisants, les **dialogues alertes** donnent un aspect vivant et dynamique au texte. L'utilisation de **vers hétérométriques** (des vers qui n'ont pas tous la même longueur) et **des enjambements** permet un jeu sur le rythme, toujours suggestif chez La Fontaine.

Mais derrière cette fantaisie et cette légèreté qui font le plaisir du lecteur, La Fontaine vise à **instruire. La morale** est souvent **exprimée clairement** et distinctement, La Fontaine n'hésite pas à utiliser un vocabulaire philosophique ou conceptuel.

Le parcours : Imagination et pensée au XVIIe siècle

Introduction

Ce parcours est intéressant car il ouvre ton horizon sur **l'ensemble du XVIIe siècle** (et pas seulement sur l'œuvre de La Fontaine).

Pour comprendre ce parcours, tu dois savoir que le **XVIIe siècle** est traditionnellement considéré comme le **siècle de la raison.**

À l'époque de La Fontaine, la mode est au cartésianisme, impulsé par le philosophe René **Descartes** (1596-1650) qui, dans son *Discours de la méthode*, prône **la raison** comme instrument d'accès aux vérités premières. Le philosophe Blaise Pascal (1623-1662) affirme dans les *Pensées* que **l'imagination est « maîtresse d'erreur ».**

Mais alors, de quel côté se situe La Fontaine : celui de la pensée ou de l'imagination ?

C'est ce que nous allons voir dans ce parcours.

Pour aller plus loin, profite des nombreuses fables que j'ai analysées sur **commentairecompose.fr** (près de 30 !) : la lecture de mes commentaires va te donner de la matière pour tes dissertations ! Regarde également ma vidéo sur le classicisme.

La Fontaine s'inscrit dans la lignée de Descartes et Pascal quand il montre les **illusions** dans lesquelles nous égare **l'imagination** avec, par exemple, **« La laitière et le pot au lait »** (livre VII).

La laitière Perrette se laisse entraîner par son imagination en construisant mentalement une vie parallèle. Mais **l'imagination est trompeuse** : Perrette trébuche et revient vite à la réalité.

Dans « Le vieillard et les trois jeunes hommes » (livre VIII), les trois jeunes hommes voient leur **ambition punie par la mort** alors que le vieillard, sage et raisonnable, récolte le fruit de son travail.

Dans **« L'homme qui court après la fortune, et l'homme qui l'attend dans son lit »** (livre VII), ce sont également l'imagination et l'ambition qui guident l'homme qui parcourt le monde pour des chimères : La Fontaine souligne le caractère dangereux et absurde de **l'imagination qui n'est que la poursuite du néant.**

La Fontaine, au cœur d'un XVIIe siècle fondamentalement cartésien, dénonce donc les illusions de l'imagination et **valorise au contraire la pensée.**

La fable « L'avantage de la science » (livre VIII) est ainsi un **éloge du savoir** : « Laissez dire les sots : le savoir a son prix. »

Cependant, La Fontaine ne rejette pas toute forme d'imagination. Au contraire, il **utilise l'imagination à des fins didactiques pour plaire et instruire,** conformément à l'idéal classique.

L'utilisation des animaux est une stimulation de l'imagination pour le lecteur. La mise en scène d'un bestiaire imaginaire montre ce plaisir de raconter une histoire et de passer par l'imagination du lecteur pour mieux illustrer la morale.

Dans **« Le pouvoir des fables »,** La Fontaine fait l'éloge de la fable qui, parce qu'elle a recours à **l'imagination**, est un **outil de persuasion** plus efficace que les discours sérieux. **Il confesse l'émerveillement enfantin des hommes** face aux histoires : « Le monde est vieux, dit-on, je le crois ; cependant / Il le faut amuser encore comme un enfant. »

Prolongement artistique

Jean-Jacques Grandville, *Les animaux malades de la peste*, gravure, 1838-1840

Jean-Jacques Grandville est un caricaturiste qui a notamment illustré les *Fables* de La Fontaine. Dans « Les animaux malades de la peste », il reprend **l'anthropomorphisme** des *Fables*, notamment à travers la position du lion monarque. Tous les regards sont tournés vers l'âne qui va jouer le rôle de bouc émissaire. Cette lithographie montre le détour par **l'imaginaire** de l'animalité **pour décrire la barbarie humaine.**

Littérature d'idées

œuvre 6 *Lettres persanes*, Montesquieu
Parcours : Le regard éloigné

Montesquieu

Fiche d'identité de l'œuvre

Titre : *Lettres persanes*

Auteur : Montesquieu

Date : 1721

Mouvement littéraire : Les Lumières.

Thèmes principaux : Le voyage, les préjugés, la critique de la société, de la religion et de l'absolutisme royal.

Particularités de l'écriture : À travers le regard faussement naïf des Persans, Montesquieu met l'accent sur les ridicules de son temps. Le trait est vif, ironique, souvent proche de la caricature.

Parcours associé : Le regard éloigné.

A Qui est Montesquieu ?

Issu d'une **famille d'aristocrates**, Montesquieu fait des **études de droit** mais se passionne pour de nombreux sujets (l'histoire, la politique, les sciences, la biologie...). Le succès de son roman *Lettres persanes*, publié en 1721, lui ouvre les portes des salons parisiens.

Après un voyage de plusieurs années en Europe, au cours duquel il observe les différents modèles politiques et sociaux, il se consacre à des œuvres qui portent sur l'histoire et l'évolution des sociétés, dont les deux principales sont *Considérations sur les causes de la grandeur des Romains et leur décadence* (1734) et ***De l'esprit des lois*** (1748).

B Pourquoi me fait-on étudier les *Lettres persanes* ?

Ce roman épistolaire (composé de lettres), qui raconte les aventures et réflexions de deux Persans lors de leur voyage en Europe, rencontre un **succès considérable**

ŒUVRES ET PARCOURS

dès sa publication en 1721. Montesquieu a en effet su mêler avec virtuosité le goût pour **l'exotisme** en vogue à l'époque et **la forme épistolaire,** également très appréciée.

Néanmoins, derrière ces lettres vives et pleines d'esprit se cache une **critique audacieuse des mœurs occidentales, de la religion et de la monarchie de droit divin, qui annonce le début du courant des Lumières.**

C Comment résumer les *Lettres persanes* ?

Usbek, un noble persan, entreprend avec **son ami Rica** un long voyage à Paris de 1712 à 1720. Ils partagent leurs impressions dans **une correspondance** avec leurs proches. Historiquement, ce voyage se déroule donc durant la fin du règne de Louis XIV (qui meurt en 1715) et les années de Régence qui s'ensuivent.

Le regard neuf que les deux Persans portent sur les mœurs européennes permet à Montesquieu d'en **faire ressortir l'absurdité ou le grotesque.** Rien n'échappe à l'ironie de l'auteur : la monarchie, la religion, la papauté, les femmes, les courtisans, les magistrats, les lois… Montesquieu met au jour les artifices, les faux-semblants et le ridicule des institutions.

Parallèlement, se noue une autre intrigue : Usbek apprend que **les femmes de son harem à Ispahan se révoltent** contre sa tyrannie. Il donne l'ordre de les punir. **Le roman s'achève tragiquement** sur la lettre haineuse que Roxane, sa favorite, lui écrit avant de se suicider.

D Quels sont les thèmes importants dans les *Lettres persanes* ?

1 Le voyage et l'orientalisme

L'exotisme est très à la mode au début du XVIIIe siècle, notamment grâce aux récits de voyage de Chardin et Tavernier et à la traduction des *Mille et Une Nuits* par Galland. En retraçant le voyage de deux Persans à Paris et en inscrivant **l'intrigue orientale du sérail** au cœur du roman, Montesquieu était sûr de plaire au lecteur de l'époque.

Mais il ne faut pas s'y tromper : derrière l'habit persan, c'est Montesquieu qui avance masqué pour mieux **critiquer les mœurs et les institutions françaises.**

2 La critique de l'absolutisme royal

Montesquieu dénonce **l'absolutisme royal** en comparant le roi de France à un **« grand magicien ».** Le terme « magicien » est satirique : il montre l'illusion dans laquelle le roi maintient ses sujets par l'ignorance, la tromperie et le mensonge.

Fais toutefois attention à un point : Montesquieu ne critique pas la monarchie en tant que telle mais **la monarchie absolue de droit divin,** incarnée par Louis XIV, selon laquelle le roi exerce un pouvoir absolu qu'il tient directement de Dieu. Pour rappel, Louis XIV meurt en 1715. Montesquieu écrit les *Lettres persanes* pendant la Régence et semble ainsi avertir le futur roi des excès de la monarchie absolue.

3 La critique de la religion

Montesquieu critique la religion grâce au regard extérieur du musulman qui s'étonne naïvement en découvrant **les principes du dogme chrétien.**

Ainsi, pour le Persan, l'autorité du pape repose sur des artifices et le dogme de la **transsubstantiation** (l'ostie perçue comme le corps du Christ) apparaît comme **une croyance irrationnelle :** « Ce magicien s'appelle le pape : tantôt il lui fait croire que trois ne sont qu'un ; que le pain qu'on mange n'est pas du pain ou que le vin qu'on boit n'est pas du vin [...] » (Lettre 24).

4 La critique de la société

Usbek et Rica découvrent en arrivant à Paris une société radicalement différente de la leur, obnubilée par **l'apparence et les faux-semblants.**

Leurs lettres brossent **une série de tableaux satiriques** de la société (le magistrat, le courtisan, les femmes, le casuiste...) et des pratiques sociales (l'opéra, la mode, les salons...).

Cette société est un théâtre où les personnes jouent un rôle. Lorsque Rica décrit un après-midi au théâtre à la Comédie-Française (Lettre 28), il livre au lecteur sa vision de la société parisienne où « tout le peuple s'assemble [...] et va jouer une espèce de scène que j'ai entendu appeler *comédie.* »

5 L'esprit des Lumières

Le roman *Lettres persanes* est écrit au **début du XVIIIe siècle.** On y voit néanmoins déjà apparaître **l'esprit des Lumières,** qui conteste les préjugés religieux et le despotisme pour promouvoir la raison, les progrès scientifiques, la tolérance et le libéralisme.

L'utopie des Troglodytes (Lettres 11 à 14) dessine une société idéale fondée sur la vertu, la fraternité, la coopération économique et une monarchie tempérée par la sagesse.

E Quelles sont les caractéristiques de l'écriture de Montesquieu ?

Les 161 lettres qui composent ce roman offrent **une grande variété de style, de ton et de sujets.** La forme épistolaire (composée de lettres) permet en effet un croisement de points de vue et une multiplicité des regards sur la société parisienne.

Mais on retient particulièrement le **style satirique** des *Lettres persanes* fondé sur le trait ironique, l'art du raccourci et de la formule incisive. **Les portraits sont caustiques,** rappelant la galerie de portraits des *Caractères* de La Bruyère. La satire a pour but d'éveiller le jugement du lecteur, de le libérer de ses préjugés par le rire.

Le parcours : Le regard éloigné

Introduction

A priori, l'intitulé de ce parcours semble simple : le regard éloigné, c'est le regard décentré des Persans qui observent la société française avec un œil neuf.

Pourquoi ce regard éloigné a-t-il fait le succès des *Lettres persanes* ?

Tout simplement parce qu'il revêt à la fois une fonction romanesque, satirique et philosophique. Il est par ailleurs emblématique de l'esprit des Lumières.

Pour aller plus loin, regarde ma vidéo sur les Lumières sur mon site commentairecompose.fr.

L'éloignement du regard dans les *Lettres persanes* a plusieurs fonctions.

Tout d'abord, ce regard éloigné donne **un caractère dramatique et romanesque** aux *Lettres persanes*.

En effet, deux Persans sont placés dans un lieu qu'ils ne connaissent pas, ce qui crée des effets de surprise et **des décalages comiques** qui tiennent le lecteur en haleine.

De plus, l'origine persane d'Usbek et Rica est **exotique.** Dans un début du XVIIIe siècle qui se passionne pour les voyages, le roman de Montesquieu offre à ses lecteurs un univers oriental avec ses eunuques, ses esclaves et ses légendes, qui ne peut que leur plaire.

Mais le regard éloigné d'Usbek et de Rica a aussi une **fonction satirique :** c'est **un regard distancié et ironique** qui permet de se moquer des mœurs et des institutions françaises.

L'ironie, qui consiste à dire le contraire de ce que l'on pense, est présente dans les *Lettres persanes* lorsque les deux Persans décrivent la société française de façon apparemment objective, mais en s'attachant à **des détails** qui font ressortir le **ridicule des mœurs européennes.** Ainsi le pape n'est que « Le chef des chrétiens » et les prêtres de simples « dervis », c'est-à-dire l'équivalent des religieux islamiques.

Enfin, le regard éloigné a une **fonction philosophique.** Il est la métaphore du **regard libre, détaché des préjugés** dont les Français sont prisonniers.

L'éloignement est une manière d'enseigner **le relativisme** pour communiquer des idées de tolérance, de **cosmopolitisme** et de paix universelle. (Le relativisme est une doctrine selon laquelle les valeurs et coutumes changent selon les lieux et les époques et qu'il convient donc de ne pas les hiérarchiser.)

Le regard éloigné est emblématique de **l'esprit des Lumières.** Il sera repris avec succès par Voltaire dans ***Candide*** en 1759.

Prolongement artistique

Eugène Delacroix, *Femmes d'Alger dans leur appartement*, 1834

Un siècle après les *Lettres persanes*, **le romantisme** est aussi tourné vers **l'exotisme** et la fascination pour l'ailleurs.

Dans ce tableau, Delacroix nous transporte **en Orient** avec la graphie arabe, le narguilé, les murs de céramique. Mais ce décentrement est aussi une stratégie pour **critiquer la société française.**

On observe une société très **hiérarchisée :** une jeune femme à gauche à la pose sensuelle et une personne noire qui sert dans cet appartement. La position sociale est liée à l'appartenance ethnique. Au centre, les portes rouges d'une armoire entrouverte laissent entrevoir des bouteilles, sans doute d'alcool, suggérant l'ivresse et la liberté mais aussi l'addiction et l'esclavage. **L'Orient sert de miroir à l'Occident.**

Récit

œuvre 7 *La Princesse de Clèves*, Madame de Lafayette
Parcours : Individu, morale et société

Fiche d'identité de l'œuvre

Titre : *La Princesse de Clèves*

Auteur : Madame de Lafayette

Date : 1678

Mouvement littéraire : Le classicisme.

Thèmes principaux : La cour, la passion amoureuse, la religion.

Particularités de l'écriture : Un roman d'analyse psychologique d'une sobriété classique mais qui porte des traces de préciosité.

Parcours associé : Individu, morale et société.

A Qui est Madame de Lafayette ?

Marie-Madeleine Pioche de La Vergne naît en 1634 dans une famille de la petite noblesse. À Paris, elle anime **un salon littéraire** et côtoie des hommes et des femmes de lettres. Elle est notamment **amie avec Mme de Sévigné et La Rochefoucauld.**

Sa vie littéraire commence en 1662 avec la publication sous pseudonyme de la nouvelle *La Princesse de Montpensier*, puis d'un roman précieux, *Zaïde*, en 1670. ***La Princesse de Clèves***, publié en 1678, toujours sous pseudonyme, remporte un **succès immédiat**. Madame de Lafayette invente le roman d'analyse psychologique, si bien que *La Princesse de Clèves* est considéré comme **le premier roman moderne français.**

B Pourquoi me fait-on étudier *La Princesse de Clèves* ?

Dans un XVIIe siècle marqué par le succès des romans-fleuves, œuvres en plusieurs tomes se comptant en milliers de pages, **Madame de Lafayette invente le roman psychologique moderne,** un récit court, resserré autour d'une intrigue unique et de quelques personnages, montrant les tourments de l'amour.

La Princesse de Clèves, son chef-d'œuvre, est à la fois **classique** par sa sobriété et **précieux** par sa conception de l'amour. Influencée par **la pensée janséniste,** Madame de Lafayette laisse une œuvre pessimiste où l'amour est toujours néfaste.

C Comment résumer *La Princesse de Clèves* ?

Le récit s'inscrit dans **un cadre historique** précis : celui de la France sous le règne d'Henri II, à la **Cour des Valois.**

Mme de Chartres introduit à la Cour sa fille, Mlle de Chartres, qui se distingue par **sa beauté et son esprit.** Sur les conseils de sa mère, **Mlle de Chartres épouse le prince de Clèves** et devient la princesse de Clèves.

Peu de temps après son mariage, au cours d'un bal, la princesse de Clèves **rencontre le duc de Nemours :** les deux jeunes gens tombent immédiatement amoureux l'un de l'autre, mais la princesse de Clèves fait tout pour **cacher ses sentiments.**

Pour ne pas céder à la passion amoureuse et rester digne de son mari, la **princesse de Clèves décide de se retirer** dans sa maison de Coulommiers. À son mari qui ne comprend pas son retrait de la Cour, **elle avoue qu'elle aime un autre homme,** sans mentionner son nom. Le prince de Clèves, ravagé par la jalousie, meurt de chagrin.

Ébranlée par la mort de son mari, la princesse de Clèves refuse de vivre son amour avec le duc de Nemours, rendu pourtant possible par son veuvage, et se retire dans **un couvent.**

ŒUVRES ET PARCOURS

D Quels sont les thèmes importants dans *La Princesse de Clèves* ?

1 La Cour : un monde d'illusions et d'apparences

Mme de Chartres dit à sa fille à propos de la Cour : « Si vous jugez sur les apparences en ce lieu-cy, vous serez souvent trompée : ce qui paraît n'est presque jamais la vérité. » À travers cette recommandation, on comprend que **la Cour** est un monde où règnent l'apparence, la beauté mais aussi la complexité, **le double jeu et la dissimulation.**

La Cour est donc l'espace antireligieux par excellence. La princesse de Clèves essaie tout au long du roman de s'en extirper, mais sans succès, soit à cause de son mari, soit à cause de ses obligations sociales. C'est un espace dangereux qui empêche les personnes même vertueuses d'en réchapper. Mme de Chartres, au moment de mourir, précise à sa fille encore jeune : « Retirez-vous de la cour » comme s'il s'agissait d'un espace diabolique.

2 La passion amoureuse

Madame de Lafayette analyse **les tourments de l'amour.** Elle traque toutes les subtilités de l'âme, mettant au jour les sentiments naissants, l'orgueil, la jalousie, les stratégies pour dissimuler l'amour. C'est la finesse et **la précision des analyses psychologiques** qui font de ce récit le premier roman d'analyse psychologique français.

Madame de Lafayette, influencée par **le jansénisme,** porte **un regard pessimiste sur la passion.** Son héroïne renonce à l'amour pour choisir une vie austère dédiée à la mémoire de son défunt mari.

3 La religion

La foi et la vertu de la princesse de Clèves sont **mises à l'épreuve** à la Cour qui est un espace de perdition.

Tout au long du roman, la princesse de Clèves est ainsi animée d'**élans contradictoires :** d'un côté l'envie de s'abandonner à sa passion pour le duc de Nemours, de l'autre le désir de rester vertueuse. Ce tourment rappelle la double nature de l'âme selon saint Augustin : une nature pure et une nature pécheresse.

On observe **l'influence de la doctrine religieuse janséniste** dans le dénouement austère : la retraite à la campagne marque **un retour à la foi religieuse.** L'expérience du péché et de la dissimulation est rachetée par le **renoncement aux plaisirs** à la fin du roman.

E Quelles sont les caractéristiques de l'écriture de Madame de Lafayette ?

L'écriture de Madame de Lafayette s'inscrit dans **la sobriété classique.** Du classicisme, elle respecte les principes essentiels comme l'unité de temps (l'histoire se déroule sur une année), l'unité d'action (l'intrigue est resserrée autour de l'amour interdit de la princesse de Clèves pour le duc de Nemours) et la vraisemblance historique et psychologique.

Mais *La Princesse de Clèves* porte aussi **des traces de préciosité.** Le langage est allusif, souvent suggestif. Par exemple, **la litote** dans « Ce qu'avoit dit madame de Clèves de son portrait luy avait redonné la vie, en luy faisant connaître que c'était luy qu'elle ne haïssait pas » trahit l'amour de la princesse de Clèves pour le duc. Certaines actions peu vraisemblables font aussi songer aux romans précieux : lettre subtilisée, aveu au mari entendu par l'amant caché...

Le parcours : Individu, morale et société

Introduction

Cela peut nous surprendre aujourd'hui, mais lors de sa publication en 1678, *La Princesse de Clèves* fit l'objet d'**un véritable débat littéraire.**

La Princesse a-t-elle eu raison d'avouer à son mari son amour pour un autre ? Par son renoncement final, fait-elle preuve d'héroïsme ou a-t-elle simplement peur de l'amour ? Jusqu'où faut-il être sincère ? Ces questions étaient passionnément débattues dans les cercles littéraires !

C'est que ce roman pose le problème complexe de la confrontation entre l'individu, la morale et la société.

Surtout, il fait **écho à la querelle morale entre jansénistes et jésuites** durant la seconde moitié du XVIIe siècle. Madame de La Fayette est en effet influencée par le jansénisme, doctrine religieuse austère selon laquelle le salut n'est possible qu'aux âmes pures qui le méritent et s'astreignent à une vie morale, en retrait d'une société pécheresse.

De nombreux romans peuvent être analysés à travers le prisme de la confrontation entre individu, morale et société. Pense par exemple au *Rouge et le Noir* de Stendhal dont tu peux lire ma fiche de lecture dans cet ouvrage, à *Madame Bovary* de Flaubert, *Bel-Ami* de Maupassant ou encore *L'Étranger* de Camus, œuvres sur lesquelles tu peux trouver des fiches et analyses sur mon site **commentairecompose.fr**. Le choix est large !

Dans *La Princesse de Clèves*, Madame de Lafayette interroge les rapports entre l'individu et la société.

Tout d'abord, **l'individu doit se dissimuler aux regards de la société.** La Cour est un espace dangereux où les individus s'exposent aux yeux d'autrui et à la concupiscence, comme le montre le champ lexical important du regard dans la première partie du roman.

Dans cet univers de faux-semblants, chacun cache sa vie intérieure. **La Princesse dissimule donc sa passion amoureuse** dans une société qui déteste les écarts et les excès.

Mais si la morale sociale est sauve, **la morale intérieure** ne l'est pas.

La princesse de Clèves vit en effet **un combat moral intérieur,** celui du choix entre la vertu et la passion, le devoir et l'amour. Mme de Chartres, qui comprend l'amour de sa fille pour le duc de Nemours, l'encourage à se retirer du monde pour ne pas s'exposer à la faute.

L'issue de ce déchirement intérieur a suscité une véritable querelle littéraire à l'époque : la princesse de Clèves a-t-elle raison de renoncer à l'amour à la fin du roman ?

Ce débat était d'autant plus passionné qu'il faisait écho à la **querelle morale entre jansénistes et jésuites** durant la seconde moitié du XVIIe siècle.

L'écriture de *La Princesse de Clèves* est en effet fortement influencée par le jansénisme, doctrine religieuse dont Madame de Lafayette était proche.

Selon les jansénistes, l'homme est coupable du fait du péché originel et n'a que peu de chances de rédemption. Pour obtenir le salut, il doit mener une vie irréprochable et se tenir à l'écart d'une société pécheresse et superficielle.

On retrouve cette influence janséniste dans le dénouement de *La Princesse de Clèves*. La Princesse, pour lutter contre sa passion, doit fuir la Cour, lieu de péché et d'orgueil. Alors que son amour pour le Duc est rendu possible par son veuvage, elle se soumet à une **morale intérieure plus exigeante que la morale sociale** en préférant se retirer dans un couvent.

Prolongement artistique

Anonyme, *Louis XIV devant la grotte de Téthys*, vers 1670

Ce tableau représente Louis XIV et la Cour devant la grotte de Téthys du château de Versailles. On voit ici **une magnificence** qui n'est pas sans rappeler celle que Madame de Lafayette évoque à propos du roi Henri II dans *La Princesse de Clèves*. À travers l'évocation de la cour d'Henri II, Madame de Lafayette porte en effet un regard sur la cour de Louis XIV qui est un lieu où se retrouvent les plus belles personnes avec le plus d'esprit.

Dans cette peinture, le Roi-Soleil est droit sur son cheval blanc au centre de la composition. Néanmoins, on constate des mouvements et **des lignes de fuite dans le regard** des personnages qui ne sont pas tous concentrés sur la personne royale. **Une manière de dénoncer, comme Madame de Lafayette, le caractère volage, superficiel et théâtral de la Cour.**

Récit

œuvre 8 *Le Rouge et le Noir*, Stendhal
Parcours : Le personnage de roman, esthétiques et valeurs

Stendhal

Fiche d'identité de l'œuvre

Titre : *Le Rouge et le Noir*

Auteur : Stendhal (pseudonyme d'Henri Beyle)

Date : 1830

Mouvement littéraire : Le romantisme et le réalisme.

Thèmes principaux : La peinture sociale, le désir de réussite, l'amour.

Particularités de l'écriture : Une écriture sobre avec un narrateur proche de ses personnages, qui juxtapose les points de vue et n'hésite pas à intervenir dans le récit par des incises.

Parcours associé : Le personnage de roman, esthétiques et valeurs.

A Qui est Stendhal ?

Né en 1783, **Henri Beyle** embrasse une **carrière militaire** qui lui permet de découvrir l'Italie.

Après la défaite de Napoléon en 1814, il s'installe à Milan et commence à publier sous le pseudonyme de **Stendhal.**

Ses œuvres les plus connues sont les romans ***Le Rouge et le Noir*** (1830), ***La Chartreuse de Parme*** (1839) et son essai ***De L'amour*** (1822).

Stendhal met en scène des personnages individualistes, énergiques, qui se heurtent à une société post-napoléonienne bourgeoise et sclérosée.

B Pourquoi me fait-on étudier *Le Rouge et le Noir* ?

Julien Sorel est un personnage énergique, à la **sensibilité romantique,** mais Stendhal refuse tout lyrisme et nous offre **une analyse psychologique acérée** de ses personnages.

En pleine période romantique, l'écriture de Stendhal se distingue en effet par son **réalisme.** Le sous-titre du roman « Chronique de 1830 », marque la volonté de témoigner, à travers l'itinéraire de Julien Sorel, d'une période historique : la Restauration.

C Comment résumer *Le Rouge et le Noir* ?

Sous la Restauration, le maire de Verrières, **M. de Rênal, engage Julien Sorel,** jeune paysan sensible, intellectuel et ambitieux, comme **précepteur** de ses enfants.

Mais **Julien et Mme de Rênal deviennent amants** et leur relation s'ébruite. Julien est contraint de quitter Verrières et entre au grand séminaire de Besançon pour embrasser une carrière ecclésiastique (le Noir dans le roman). Le directeur du séminaire, l'abbé Pirard, lui propose de devenir **secrétaire du marquis de La Mole.**

Le cœur plein d'ambition, Julien Sorel part pour Paris où il s'initie à la haute société et transgresse les codes sociaux en **séduisant Mathilde de La Mole,** la fille du marquis.

Apprenant que **Mathilde est enceinte,** le marquis fait annoblir Julien qui devient le chevalier Sorel de La Vernaye (le Rouge dans le roman, symbolisant la carrière militaire).

Mme de Rênal, poussée par son confesseur, écrit au marquis pour dénoncer l'arrivisme de Julien. Furieux, Julien achète un pistolet et retourne à Verrières pour **tirer sur Mme de Rênal.**

Emprisonné, il retrouve le calme et touche au bonheur en **vivant son amour avec Mme de Rênal,** qui n'a été que blessée, et qui lui rend visite régulièrement. **Julien est guillotiné** et Mme de Rênal meurt trois jours après en embrassant ses enfants.

D Quels sont les thèmes importants dans *Le Rouge et le Noir* ?

1 La société sous la Restauration

Le Rouge et le Noir est un véritable voyage dans la **société du XIXe siècle.**

Le parcours de Julien Sorel, qui franchit scrupuleusement toutes les strates sociales pendant **la Restauration,** permet à Stendhal d'analyser **une société divisée en échelons :** le **milieu paysan** d'origine de Julien, la **bourgeoisie de province** incarnée par M. de Rênal, et l'**aristocratie parisienne** avec le marquis de La Mole. Chaque milieu a ses codes bien spécifiques auxquels Julien est initié.

L'hypocrisie du clergé est dépeinte lors du passage de Julien au séminaire de Besançon et la Congrégation, une société secrète qui tire les ficelles en province, est fortement critiquée.

2 L'arrivisme et le désir de réussite

Au début du roman, Julien Sorel est un **jeune paysan de 19 ans,** admirateur de Napoléon, qui souhaite réussir et conquérir le monde. Mais ni la **carrière militaire** (le Rouge) ni la **carrière ecclésiastique** (le Noir) ne comblent ses **ambitions.** Il découvre une société fermée, hypocrite, divisée en échelons.

Pour réussir dans un monde où tout n'est que comptabilité, stratégie et tactique, Juien doit jouer un rôle, **devenir calculateur,** conquérir les femmes, se corrompre.

Animé d'une énergie hors du commun, il n'hésite pas à **transgresser les règles sociales** en entretenant une relation avec Mme de Rênal et en séduisant Mathilde de La Mole.

Mais cette énergie le perd. Tiraillé entre son désir d'ascension sociale et son aspiration pour le sublime, Julien précipite sa chute en tirant sur Mme de Rênal.

3 L'amour

L'amour est pour Julien **une conquête** et s'inscrit toujours dans **un combat,** comme le décrit Stendhal au chapitre 9, quand Julien veut séduire Mme de Rênal : « il l'observait comme un ennemi avec lequel il va falloir se battre ».

C'est **l'amour-propre, l'ambition et le désir d'ascension sociale** qui poussent le héros à conquérir Mme de Rênal puis Mathilde de La Mole.

Mais la **passion amoureuse** s'instille progressivement dans l'âme des personnages jusqu'à les livrer à des **sentiments extrêmes et contradictoires,** comme Julien qui passe chez M. de Rênal de la mélancolie à des bouffées de joie irrationnelle et qui cède à la violence la plus extrême à la fin du roman.

Ce n'est qu'en prison que Julien trouve paradoxalement le bonheur en redécouvrant la sincérité de son amour pour Mme de Rênal.

E Quelles sont les caractéristiques de l'écriture de Stendhal ?

Pour Stendhal, « un roman est un miroir qui se promène sur une grande route ». Pour faire de son roman *Le Rouge et le Noir* un miroir de la société du XIXe siècle, Stendhal a recours à **une écriture réaliste, sobre, sans emphase,** qui tente de s'effacer devant les événements décrits.

Stendhal adopte un point de vue omniscient qui **juxtapose constamment les points de vue extérieur et intérieur** pour mieux analyser la psychologie des personnages. Lors de la première rencontre entre Julien et Mme de Rênal par exemple, Stendhal nous donne à voir successivement le point de vue de Mme de Rênal puis celui de Julien pour faire ressortir l'intensité émotionnelle de la scène.

Le narrateur n'est pas absent de son récit, loin de là. Par de nombreuses incises, il **s'invite dans le roman** pour rappeler qu'il a une main sur la destinée de ses personnages, à travers le possessif « notre héros » par exemple. Il adopte à leur égard une distance ironique ou livre au lecteur ses théories littéraires : « un roman est un miroir qui se promène sur une grande route ».

Le parcours : Le personnage de roman, esthétiques et valeurs

Introduction

Pour appréhender ce parcours, il faut comprendre que les personnages de roman incarnent généralement des valeurs et une époque.

Julien Sorel est un personnage très individualisé : il est complexe, singulier et a ses motivations propres qui font de lui un individu à part entière. Mais derrière cette singularité, **il incarne les deux esthétiques et valeurs qui reflètent le XIXe siècle : le romantisme et le réalisme.**

Pour mieux appréhender ce parcours, va voir mes vidéos sur le romantisme et le réalisme :
- **https://commentairecompose.fr/romantisme/**
- **https://commentairecompose.fr/le-realisme/**

Le personnage de Julien Sorel s'inscrit dans le **courant romantique.**

C'est un **personnage toujours mobile,** nomade, qui passe de la province à Paris, de Mme de Rênal à Mathilde de La Mole. Comme un poète romantique, il est heureux de se retrouver seul dans la montagne au chapitre 12 (« et je suis libre ! »). De même, il trouve le bonheur dans la **solitude** de la prison.

C'est un personnage jeune, vigoureux, passionné, qui s'initie au monde prosaïque et bourgeois de l'argent et de la réussite sociale. Cette confrontation douloureuse entre ses aspirations et la réalité reflète **le mal du siècle, ce mal de vivre des romantiques, issu des déceptions et des illusions perdues.**

Cependant, Julien Sorel reste **un personnage de roman réaliste.** Il est le **personnage témoin** qui porte le **« miroir »** qu'est le roman.

Dans son **parcours initiatique,** il traverse les lieux symboliques et les classes sociales, passe de la province rurale à la ville provinciale, puis à Paris et va jusqu'à changer d'identité en s'appelant non plus Julien Sorel mais Julien Sorel de

La Vernaye – comme si son identité était façonnée par les univers sociaux dans lesquels il est plongé.

Stendhal étudie ainsi les effets de la société sur son personnage. Le personnage de roman devient l'objet expérimental du romancier qui le place dans la société – comme on mettrait un animal dans un laboratoire – pour observer son évolution. Le possessif « notre héros », récurrent dans le roman, montre le regard tendre et ironique que Stendhal porte sur le personnage qu'il étudie.

Prolongement artistique

Gravure de la fin du XIXe siècle

Cette gravure illustre le chapitre 9 de la seconde partie, « Le Bal », qui se déroule chez M. Retz. Mathilde de La Mole interrompt la conversation de Julien avec le comte Altamira. Stendhal indique : « Julien attendit un instant, le haut du corps légèrement penché et avec un air orgueilleusement humble. Il semblait dire : je suis payé pour vous répondre, et je vis de ma paye. Il ne daignait pas lever l'œil sur Mathilde. Elle, avec ses beaux yeux ouverts extraordinairement et fixés sur lui, avait l'air de son esclave. »

Dans cette gravure, Julien semble en **conversation galante** dans un milieu aristocratique dont il maîtrise désormais les codes. Mais on observe le haut de son corps bombé et légèrement penché, signe de sa **volonté de conquête**, de **séduction** et de **domination.**

Récit

Œuvre 9 *Mémoires d'Hadrien*, Yourcenar
Parcours : Soi-même comme un autre

Yourcenar

Fiche d'identité de l'œuvre

Titre : *Mémoires d'Hadrien*

Auteur : Marguerite Yourcenar

Date : 1951

Mouvement littéraire : Un roman classique, isolé dans le paysage littéraire des années 1950-1960.

Thèmes principaux : La mort, la découverte de soi, le pouvoir, l'amour.

Particularités de l'écriture : Une écriture très classique, au style rigoureux, à la langue noble, qui mêle narration intime et réflexion philosophique.

Parcours associé : Soi-même comme un autre.

A Qui est Marguerite Yourcenar ?

Marguerite Yourcenar naît en 1903 d'un père français et d'une mère belge qui meurt quelques jours après l'accouchement. Le père de Marguerite Yourcenar donne à sa fille **une éducation exigeante et humaniste** et l'emmène avec lui dans ses **nombreux voyages,** ce qui donne à la jeune fille le goût du nomadisme. À partir de 1939, elle s'installe définitivement aux États-Unis.

Elle s'engage très tôt dans une carrière de romancière mais ce sont les *Mémoires d'Hadrien* en 1951 qui lui valent la consécration du public et de la presse. Elle est la première femme reçue à **l'Académie française en 1980.**

B Pourquoi me fait-on étudier les *Mémoires d'Hadrien* ?

Marguerite Yourcenar publie les ***Mémoires d'Hadrien* en 1951,** six ans après la fin de la Seconde Guerre mondiale et la découverte de la barbarie nazie, à un moment où **l'Occident s'interroge sur les fondements de sa civilisation.**

Alors que le paysage littéraire des années 1950-1960 est marqué par le nouveau roman, courant qui remet en cause le roman traditionnel, Marguerite Yourcenar choisit au contraire **une forme et une écriture très classiques** pour les *Mémoires d'Hadrien*. Elle se plonge dans **un passé lointain,** les Mémoires fictives de l'empereur Hadrien qui a régné sur l'Empire romain de 117 à 138, pour porter une réflexion sur l'Occident et le sens de la vie.

C Comment résumer les *Mémoires d'Hadrien* ?

Le roman *Mémoires d'Hadrien* se présente comme une lettre autobiographique adressée par Hadrien au futur empereur Marc-Aurèle. Ce roman comporte six parties.

1 *Animula Vagula Blandula* (« Âmelette, vaguelette, calinette »)

Vieillissant et malade, Hadrien fait **le bilan de sa vie** et revient sur ses goûts (goût pour la chasse, dégoût pour les festins romains...) et ses principes de vie. Il présente son projet d'écriture comme un moyen d'accéder à **la connaissance de soi.**

2 *Varius Multiplex Multiformis* (« Varié, complexe, changeant »)

Hadrien évoque son **goût pour l'héllénisme,** sa **formation militaire** et ses débuts de fonctionnaire auprès de son cousin **l'empereur Trajan.** Sous les ordres de Trajan et malgré la méfiance de ce dernier, Hadrien participe aux **guerres daciques,** s'installe comme gouverneur en Syrie et prend part à la guerre contre les Parthes. Mais Hadrien est marqué par la violence des massacres et montre une volonté de paix. Trajan meurt en 117 et **Hadrien lui succède.**

3 *Tellus stabilita* (« La terre retrouve son équilibre »)

Hadrien décrit le début de son règne, placé sous le signe de **la pacification.** Il pacifie l'Empire, améliore la condition des esclaves, développe les infrastructures, consolide le *limes* (les frontières), fonde de nombreuses villes. Il renonce à la politique de conquête au profit d'**un idéal civilisateur** capable d'unifier les diversités culturelles du monde.

4 *Saeculum Aureum* (« L'Âge d'or »)

Hadrien évoque sa **passion amoureuse pour Antinoüs,** un jeune adolescent. Ces années de bonheur sont interrompues par la mort prématurée d'Antinoüs en Égypte. Cette mort bouleverse Hadrien et assombrit sa vision du monde.

5 *Disciplina Augusta* (« Discipline auguste »)

Hadrien poursuit ses **activités politiques** dans l'Empire et son œuvre législatrice en Italie avec l'Édit perpétuel. Il évoque la montée du christianisme et la révolte des juifs de Bar Kochba. Vieillissant, fatigué, il **organise sa succession** en adoptant Antonin à qui il demande d'adopter Marc-Aurèle. Hadrien choisit ainsi un fils et un petit-fils adoptifs pour assurer sa succession.

6 *Patientia* (« Patience »)

Hadrien réfléchit au suicide puis y renonce. Il organise les dernières tâches et entre « dans la mort les yeux ouverts ».

D Quels sont les thèmes importants dans les *Mémoires d'Hadrien* ?

1 Histoire individuelle et histoire collective

Les *Mémoires d'Hadrien* se présentent comme un roman épistolaire où Hadrien écrit le récit de sa vie à Marc-Aurèle. Comme Hadrien est empereur, son destin individuel est imbriqué avec le destin collectif et constitue un pan de l'histoire romaine. Ce roman montre ainsi **l'influence de l'histoire individuelle sur l'histoire collective.**

2 La mort

La mort est **omniprésente** dans les *Mémoires d'Hadrien*. Elle ouvre et clôt le roman mais est aussi présente **tout au long de la vie d'Hadrien,** à travers la disparition des membres de sa famille, les guerres meurtrières et bien sûr la mort d'Antinoüs qui ébranle l'empereur.

Malade et vieillissant, Hadrien se prépare à sa mort prochaine, au point d'envisager le suicide auquel il renonce, préférant accepter l'ordre naturel des choses. Il fait preuve de **lucidité jusqu'aux derniers instants** en entrant « dans la mort les yeux ouverts ».

3 La découverte de soi

Pour partir à la découverte de soi, Hadrien mène **une réflexion sur les expériences de sa vie.** Mais cette découverte de soi n'est pas aisée : **le moi est complexe, insaisissable, changeant** comme l'indique le titre de la deuxième partie, *« Varius Multiplex Multiformis »* qui signifie « varié, complexe, changeant ». Hadrien écrit : « Des personnages divers régnaient en moi tour à tour, aucun pour très longtemps mais le tyran tombé regagnait vite le pouvoir. »

La réflexion sur soi est l'occasion d'analyses psychologiques, politiques et littéraires qui rapprochent ces Mémoires fictives du **genre de l'essai** car Hadrien mêle narration intime et réflexions sur des sujets divers.

4 La découverte de l'autre

Hadrien est un empereur romain qui met un terme aux conquêtes militaires mais qui se montre fasciné par **les autres civilisations,** les autres coutumes. Il poursuit une conquête de connaissances et s'interroge sur l'Autre : « Quels climats, quelle faune, quelles races d'hommes aurais-je découverts, quels empires ignorant de nous comme nous le sommes d'eux [...] ? » **C'est un empereur toujours en mouvement, qui parcourt l'empire romain** à la recherche des limites et d'autrui.

5 Le pouvoir

Les *Mémoires d'Hadrien* sont une réflexion sur le pouvoir.

Hadrien réprouve l'art de gouverner de Trajan qui repose sur l'autorité, la guerre et la conquête.

En humaniste, il préfère un règne fondé sur **la modération et le pacifisme,** tout en s'inquiétant de la violence nécessaire et inhérente à l'exercice du pouvoir. Pour Hadrien, **l'art de gouverner consiste à récompenser le mérite,** créer une pérennité de l'État à travers une administration efficace. L'empereur est « le responsable de la beauté du monde » : il est surtout là pour conserver la beauté et la perpétuer à travers l'architecture, les arts et la culture.

6 L'amour

L'amour est très présent dans les *Mémoires d'Hadrien*, mais **seul l'amour pour Antinoüs est fondateur.** Hadrien agit avec Antinoüs comme **un pygmalion** qui façonne l'être aimé, révélant ainsi une part d'égoïsme dans l'amour : « En vérité ce visage changeait comme si nuit et jour je l'avais sculpté. »

Mais **Antinoüs** est un jeune homme froid et silencieux qui **échappe à l'empereur.** La douleur de la perte de l'être cher est telle que l'empereur fonde une ville en l'honneur d'Antinoüs et organise un culte autour de sa personne.

E Quelles sont les particularités de l'écriture de Marguerite Yourcenar ?

Marguerite Yourcenar adopte **une écriture très classique,** au style rigoureux, à la langue noble, qui sied à la dignité d'un empereur. **L'écriture est volontiers philosophique**, abstraite, Hadrien utilisant souvent le « nous » généralisant ou le « on » impersonnel pour montrer un détachement du « je » au profit d'**une vérité générale et universelle.**

Mais l'écriture de Yourcenar fait aussi preuve d'**une sensibilité lyrique** face à la beauté du monde : « La circulation de l'or, le passage des idées, aussi subtil que celui de l'air vital dans les artères, recommençaient au-dedans du grand corps du monde ; le pouls de la terre se remettait à battre. »

On peut rapprocher les *Mémoires d'Hadrien* des *Essais* de Montaigne qui mêlent aussi narration personnelle et réflexion philosophique. La fascination d'Hadrien pour les autres cultures fait songer au chapitre « Des Cannibales » de Montaigne et ses réflexions sur la mort rappellent « Que philosopher c'est apprendre à mourir » (*Essais*, I, 19).

Le parcours : Soi-même comme un autre

Introduction

Soi-même comme un autre est le titre d'un ouvrage du philosophe Paul Ricœur publié en 1990. Dans cet ouvrage, Paul Ricœur montre l'interdépendance entre soi-même et l'autre, l'un ne pouvant pas exister sans l'autre.

Quel lien pouvons-nous faire avec les *Mémoires d'Hadrien* ?

Hadrien écrit pour accéder à la connaissance de soi. Mais le moi est fuyant et insaisissable. C'est dans la rencontre avec l'Autre qu'Hadrien parvient à se connaître.

N'hésite pas à faire le parallèle entre les *Mémoires d'Hadrien* et les *Essais* de Montaigne dont tu trouveras une fiche de lecture dans cet ouvrage. Dans ces deux œuvres, l'Autre est un miroir pour accéder à la connaissance de soi.

Hadrien mène **une quête de soi** et confie immédiatement le but de son projet : « me définir, me juger [...], me mieux connaître avant de mourir ».

Dans cette lettre autobiographique fictive, il revient ainsi sur les étapes importantes de sa vie – les études, la carrière militaire, les rencontres, les voyages, le règne – et sur ses goûts et réflexions.

Mais cette quête de soi est difficile. **Le moi est inconstant, instable et fuyant.**

Le monde intérieur est un théâtre où **le moi est masqué derrière un rôle :** « Mais peu à peu un nouveau venu entrait en fonctions, un nouveau directeur de troupe, un metteur en scène. Je connaissais le nom de mes acteurs ; je leur ménageais des entrées et des sorties plausibles. »

Ce voyage intérieur est donc sujet à des errances, des erreurs, des illusions.

La connaissance de soi, impossible dans le soliloque de l'âme, se réalise dans la rencontre de l'Autre.

Cet Autre a de multiples visages dans les *Mémoires d'Hadrien*.

La rencontre amoureuse avec Antinoüs est fondatrice. Elle pose la question de l'énigme de l'Autre et du manque engendré par sa disparition prématurée.

Mais l'Autre s'incarne aussi dans l'autre culture.

La culture grecque façonne Hadrien : « c'est en grec que j'aurai pensé et vécu », écrit-il.

Il y a chez l'empereur une avidité de l'Autre, **une fascination pour les barbares :** « Quels climats, quelle faune, quelles races d'hommes aurais-je découverts. »

Les voyages et les déplacements constants d'Hadrien dans l'Empire montrent sa volonté de faire le tour du monde, de tout connaître pour mieux se connaître lui-même.

L'Empire devient alors une métaphore de l'âme d'Hadrien : l'itinérance dans l'Empire romain, c'est l'itinérance d'Hadrien qui explore les limites de son être.

En fixant le *limes*, les frontières de l'Empire, et en faisant œuvre de pacification, Hadrien trace les limites de la modération et de la raison à son âme elle-même. Sa politique extérieure est le reflet de son voyage intérieur.

Il trace aussi une frontière lisible entre lui-même et l'Autre pour mieux voir ce qui les distingue (les mœurs, la géographie, les coutumes) mais aussi ce qui les réunit (la mort, comme il le suggère dans *Patientia*).

L'Autre est ainsi un miroir du moi. Le Barbare, celui de l'autre côté du *limes*, est nécessaire pour se connaître soi-même.

Prolongements artistiques

Trajan en imperator

Buste en marbre de l'empereur Hadrien, 130-140 après J.-C.

Comme dans les *Mémoires d'Hadrien* de Marguerite Yourcenar, les deux empereurs romains **Trajan** (règne de 98 à 117) et **Hadrien** (règne de 117 à 138) ont une **vision du pouvoir opposée**, ce qui transparaît dans leur représentation.

Trajan est l'empereur qui a contribué à l'extension de l'Empire romain. Sa **posture** suggère cette volonté de **conquête**. Il incarne la fierté et la rigueur romaines.

Hadrien prend le contrepied de cette politique expansionniste. Il fixe le *limes*, les frontières, et fait preuve de **prudence** et de **modération politique**. Son règne est marqué par son admiration pour la **civilisation grecque**.

Théâtre

œuvre 10 *Le Malade imaginaire*, Molière
Parcours : Spectacle et comédie

Molière

Fiche d'identité de l'œuvre

Titre : *Le Malade imaginaire*

Auteur : Molière

Date : 1673

Thèmes principaux : Le mariage, la satire de la médecine, la maladie, la vérité, le divertissement.

Particularités de l'écriture : Une comédie-ballet qui s'appuie sur tous les ressorts du comique et sur le procédé de théâtre dans le théâtre.

Parcours associé : Spectacle et comédie.

A Qui est Molière ?

Jean-Baptiste Poquelin, dit **Molière,** est un des plus célèbres dramaturges du XVIIe siècle. Également acteur et directeur de troupe, cet homme de théâtre complet est la figure de proue de la comédie classique qu'il hausse au rang de la tragédie. S'il excelle dans un premier temps avec la **farce,** c'est dans la **comédie,** plus profonde, où la **peinture satirique des vices humains** se colore d'une **visée morale,** qu'il se distinguera. Protégé par Louis XIV, Molière est pourtant de nombreuses fois attaqué, notamment par les religieux pour ses critiques des faux dévots dans *Le Tartuffe* (1664). Il meurt en 1673, suite à un malaise lors d'une représentation du *Malade imaginaire*.

B Pourquoi me fait-on étudier *Le Malade imaginaire* ?

Le Malade imaginaire s'inscrit dans une thématique fréquente chez Molière : celle de la **satire de la médecine,** qui symbolise la prétention scientifique à maîtriser la nature. *Le Malade imaginaire* est également un **spectacle total** car la **comédie-ballet** intègre la musique, le chant et la danse, offrant un divertissement des plus plaisants. Enfin, cette pièce a contribué à la **légende** de Molière car le dramaturge qui souffrait de tuberculose **fait un malaise** lors de la quatrième représentation le 17 février 1673 dont il meurt quelques heures plus tard.

C Comment résumer *Le Malade imaginaire* ?

Dans le **prologue,** des personnages antiques chantent le **retour victorieux de Louis XIV** de sa campagne guerrière contre la Hollande.

Dans l'acte I, Argan, **hypocondriaque** invétéré, compte ses traitements et s'affronte avec sa servante Toinette qui le met en garde contre l'apothicaire M. Fleurant et le médecin M. Purgon qui ne font que tirer profit de lui, sans le soigner.

Angélique, la fille d'Argan, confie à Toinette son amour pour Cléante. Mais pour réduire ses frais médicaux, **Argan veut marier sa fille à un médecin,** Thomas Diafoirus. Toinette s'oppose à ce mariage tandis que **Béline,** la seconde femme d'Argan et belle-mère d'Angélique, défend le projet de son mari et pousse ce dernier à rédiger un **testament** en sa faveur.

Lors du premier **intermède** musical, **Polichinelle** chante sa douleur face à l'inflexibilité de son amante Toinette et se fait rouer de coups de bâton dans une scène de ***commedia dell'arte.***

À l'acte II, Cléante s'introduit dans la maison familiale en se faisant passer pour le remplaçant du professeur de musique d'Angélique. Le père Diafoirus et son fils arrivent, mais la **scène de compliments** est **cocasse :** Thomas Diafoirus confond Angélique avec sa belle-mère, Béline.

Sur la demande d'Argan, Cléante donne une leçon de chant à Angélique. Les deux jeunes amants profitent de cet opéra improvisé pour **se déclarer leur amour indirectement**.

Argan apprend par sa cadette, Louison, la présence d'un jeune homme à la porte de la chambre d'Angélique. Furieux, il décide qu'Angélique ira au couvent si elle ne veut pas épouser Thomas Diafoirus. **Béralde,** le frère d'Argan, intervient et propose, pour calmer son frère, un **intermède de danses d'Égyptiennes** (le deuxième intermède).

Dans l'acte III, Béralde tente en vain de raisonner son frère. Toinette se déguise en médecin pour tromper Argan et ridiculiser la profession de ces faux sachants.

Puis, Toinette décide d'utiliser un subterfuge pour **faire émerger la vérité**. Elle propose à Argan de **contrefaire le mort pour voir la réaction de sa femme.** Cette dernière tombe dans le piège : elle se réjouit du décès de son époux tandis qu'Angélique est accablée par cette annonce. Les masques tombent donc. Argan s'éveille et accepte qu'Angélique épouse Cléante si ce dernier devient médecin. Béralde propose une meilleure solution : pourquoi Argan ne se ferait-il pas médecin lui-même ? La pièce se clôt sur la **cérémonie d'intronisation d'Argan** au troisième intermède.

D Quels sont les thèmes importants dans *Le Malade imaginaire* ?

1 La médecine

Molière dresse dans *Le Malade imaginaire* une **satire** féroce de la médecine.

Au XVIIe siècle, l'Europe connaît des avancées majeures en médecine car, sous l'impulsion de René Descartes, elle se dote de méthodes scientifiques.

Mais les médecins que nous voyons dans *Le Malade imaginaire* sont des personnages **prétentieux**, dissimulant leur **ignorance** derrière des mots savants et un **latin de cuisine.** Ce sont des **pédants** et des **rhétoriqueurs** plutôt que des scientifiques. Leurs pratiques qui remontent à l'Antiquité, comme le lavement et la saignée, sont non seulement incapables de guérir, mais précipitent la mort des patients.

Le médecin n'impressionne que par son **habit** et ses **discours savants.** Ainsi, à la fin de la pièce, il suffit à Argan de revêtir la tunique pour être intronisé médecin : « Béralde – [...] L'on n'a qu'à parler avec une robe et un bonnet, tout galimatias devient savant, et toute sottise devient raison. » (III, 14).

2 Le mariage

Le Malade imaginaire confronte quatre types de mariages possibles :

- **Le mariage avec Dieu :** c'est la menace du couvent.
- **Le mariage d'intérêt :** celui que Béline a contracté avec Argan.
- **Le mariage arrangé** (ou mariage de raison) : celui d'Angélique et Thomas Diafoirus.
- **Le mariage fondé sur les sentiments** (ou mariage d'amour) : celui d'Angélique et Cléante.

Avec le **quiproquo** de Thomas Diafoirus qui confond au départ sa future femme Angélique avec sa belle-mère, Molière critique ironiquement le mariage de raison fondé sur des personnes **interchangeables.**

Le mariage d'intérêt est également blâmé à travers le subterfuge utilisé par Toinette pour révéler les **intentions vénales de Béline.**

Le **mariage d'amour** est mis à rude épreuve à travers la figure paternelle qui utilise ses enfants pour servir ses propres intérêts, mais c'est ce mariage qui finira par **triompher.**

3 La vérité

Au début de la pièce, **Argan vit dans l'illusion.** Il croit en la médecine, en l'amour de Béline, au mariage arrangé entre sa fille et Thomas Diafoirus.

La maladie qui l'affecte est bien plus **l'erreur et le manque de lucidité** que la pneumonie.

Toinette, par son subterfuge, **fait émerger la vérité :** Argan comprend que Béline est intéressée et qu'Angélique est raisonnable et aimante.

Néanmoins, **Argan persiste dans ses illusions sur la médecine.** Prisonnier de sa peur de mourir, il demande à Cléante de se faire médecin avant de le devenir lui-même.

4 Le divertissement

Le divertissement est une thématique fondamentale du *Malade imaginaire*. En effet, cette **comédie-ballet** est un spectacle total qui intègre la **musique, le chant**

et la danse. Les intermèdes occupent une **part importante de la pièce,** en termes de temps et d'investissements dramaturgiques (musique réalisée par le compositeur Marc-Antoine Charpentier, costumes, décors, chorégraphie).

Par ces intermèdes qui chantent le triomphe de l'amour ou de la joie, Molière cherche avant tout à plaire aux goûts du public de son temps. Mais ces intermèdes font également partie d'un décorum de cour qui montre la **puissance du règne de Louis XIV** et visent à s'attirer les bonnes grâces du roi.

E Quelles sont les caractéristiques de l'écriture de Molière ?

Le Malade imaginaire est avant tout une **comédie** qui utilise **tous les ressorts comiques traditionnels** :

- **Le comique de mots,** notamment avec le latin de cuisine lors du troisième intermède qui n'a rien à voir avec le latin spécialisé du vocabulaire médical.
- **Le comique de répétition** lorsque Toinette se déguise en médecin et répète le diagnostic « Le poumon » (III, 10) quel que soit le symptôme énoncé par Argan.
- **Le comique de caractère,** avec des personnages types et caricaturaux : Argan, le barbon hypocondriaque, Toinette, la servante insolente…
- **Le comique de situation,** notamment dans le troisième intermède lorsque Argan est fait médecin dans « une cérémonie burlesque ».

Le trait est également **satirique :** les médecins sont **caricaturaux** et **l'ironie de Toinette** bouscule la hiérarchie sociale entre maîtres et servants (« Quand un maître ne songe pas à ce qu'il fait, une servante bien sensée est en droit de le redresser. » I, 5).

Le parcours : Spectacle et comédie

Introduction

Spectacle et comédie sont intimement imbriqués dans *Le Malade imaginaire*.

Cette **comédie-ballet** offre en effet un **spectacle total** qui mêle chants, danses et musique. Mais les intermèdes ne sont pas des ajouts superflus pour divertir le spectateur : ils sont intimement liés à l'intrigue et accentuent son **effet comique.**

Par ailleurs, cette comédie s'appuie sur le procédé de **théâtre dans le théâtre :** tout au long de la pièce, les personnages organisent des spectacles dans le spectacle, multipliant là aussi le plaisir comique.

Pour aller plus loin, pense aussi à consulter mes lectures linéaires des scènes clés du *Malade imaginaire* sur commentairecompose.fr !

Le Malade imaginaire est fondé sur le spectacle et la comédie.

La **comédie-ballet** est le creuset de trois arts très prisés à la cour de Louis XIV : l'art dramatique, le chant et la danse.

La pièce alterne donc entre une intrigue de théâtre et des pièces chantées ou dansées.

Mais les moments chantés et dansés sont rigoureusement **liés à l'intrigue :**

- Le prologue évoque la **gloire de Louis XIV** et annonce le thème de la pièce en chantant les **amours** de bergers et bergères.
- Le premier intermède reprend le motif de **l'amour malheureux** avec Polichinelle qui chante son amour pour Toinette dans une scène de *commedia dell'arte*.
- Le deuxième intermède, avec les Égyptiens déguisés en Mores, place la question du **mariage** au cœur de l'intrigue : « Quel parti faut-il prendre / Pour nos jeunes cœurs ? »
- Le **troisième intermède** revient sur la **satire de la médecine.** Argan est intronisé médecin dans une cérémonie burlesque mêlant danse et chant.

Le Malade imaginaire est de ce point de vue **un véritable spectacle** qui stimule les sens auditif et visuel et convoque plusieurs arts pour la satisfaction de la cour et également du spectateur contemporain.

Dans cette pièce, le spectacle est aussi celui **qu'organisent les personnages** eux-mêmes.

Toinette est, de ce point de vue, le **metteur en scène** de nombreuses scènes de **théâtre dans le théâtre.** La plus frappante est la mise en scène de la fausse mort d'Argan qui permet de démasquer la vénalité de Béline et de révéler la loyauté d'Angélique.

Béralde joue le rôle d'**organisateur de spectacles** car c'est souvent lui qui introduit les intermèdes, comme lorsqu'il annonce les danseurs mores pour calmer la colère d'Argan : « Je vous amène ici un divertissement [...] » (II, 9).

Plus généralement, le procédé de **théâtre dans le théâtre** est abondamment utilisé dans la pièce, par exemple lorsque Louison fait semblant d'être morte, quand Cléante et Angélique se déclarent leur amour à travers un opéra improvisé, quand Toinette se déguise en médecin ou lorsque Molière se met lui-même en abyme dans l'échange polémique entre Argan et Béralde : « ARGAN – C'est un bon impertinent que votre Molière avec ses comédies [...] » (III, 3).

Ces procédés de mise en abyme accentuent **l'effet comique** car ils donnent une légèreté à la pièce et dédramatisent l'intrigue.

Spectacle et comédie se répondent donc dans *Le Malade imaginaire*. La comédie-ballet crée un système cohérent qui correspond parfaitement à l'esprit de cour de l'époque et à l'idéal classique de **plaire et instruire.**

Prolongement artistique

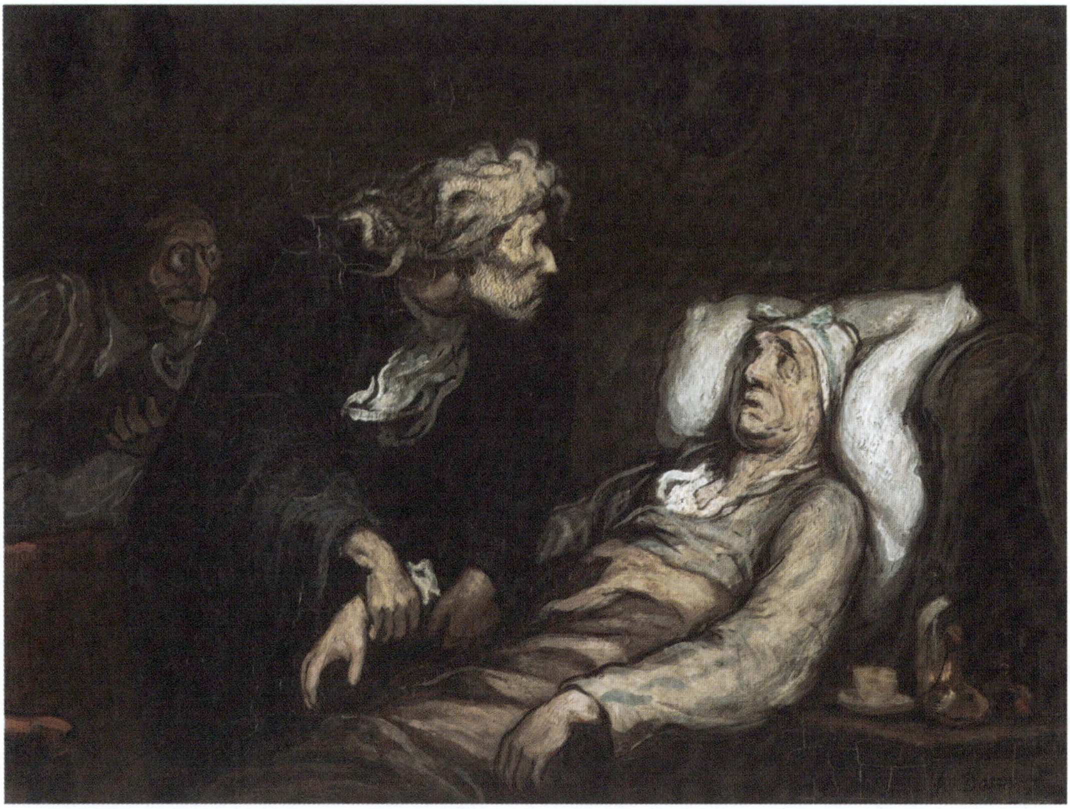

Honoré Daumier, *Le Malade imaginaire*, vers 1860-1862

Honoré Daumier, graveur, caricaturiste et peintre du XIXe siècle, reprend dans cette peinture la **représentation satirique des médecins.**

On ne voit le médecin que de profil. Son visage décharné et son vêtement noir l'assimilent davantage à une **allégorie de la mort** que de la vie ou de la guérison. Ses cheveux extrêmement épais rappellent la tête de Méduse (appelée aussi la Gorgone), monstre de la mythologie grecque qui a le pouvoir de pétrifier ceux qu'elle regarde. Daumier dresse ainsi une représentation humoristique mais également **angoissante** de la médecine, incapable d'assurer la guérison des individus.

Dans cette représentation, Argan, le **malade imaginaire alité,** semble finalement **en meilleure santé** que celui qui le soigne.

Théâtre

œuvre 11 *Les Fausses Confidences*, Marivaux
Parcours : Théâtre et stratagème

Marivaux

Fiche d'identité de l'œuvre

Titre : *Les Fausses Confidences*

Auteur : Marivaux

Date : 1737

Mouvement littéraire : Marivaux ne se rattache à aucun mouvement littéraire mais fait revivre dans ses pièces la préciosité du siècle précédent.

Thèmes principaux : Le sentiment amoureux, les conditions sociales, la vérité.

Particularités de l'écriture : Marivaux écrit une comédie pleine de rebondissements au style spirituel, léger, proche de la conversation mondaine : c'est le marivaudage.

Parcours associé : Théâtre et stratagème.

ŒUVRES ET PARCOURS

A Qui est Marivaux ?

Né en 1688, Marivaux est célèbre pour son **œuvre théâtrale** qui dépeint la **surprise de l'amour** dans un style subtil, proche de la **conversation mondaine,** et que l'on appellera le **marivaudage.** Ses pièces les plus célèbres sont *La Surprise de l'amour* (1722), *La Double Inconstance* (1723), *Le Jeu de l'amour et du hasard* (1730) et *Les Fausses Confidences* (1737). Derrière la fine analyse psychologique du sentiment amoureux, Marivaux porte également dans ses pièces une **réflexion sur les préjugés et la hiérarchie sociale,** particulièrement frappante dans *L'Île des esclaves* (1725). Il a écrit également deux **romans inachevés,** *La Vie de Marianne* et *Le Paysan parvenu*.

B Pourquoi me fait-on étudier *Les Fausses Confidences* ?

Les Fausses Confidences, pièce écrite pour les **comédiens italiens,** rencontra un succès immédiat auprès du public. Cette pièce qui mêle **comédie d'intrigue, comédie de mœurs** et **comédie psychologique** permet d'entrer de plain-pied dans le théâtre de Marivaux qui peint la **surprise de l'amour** et ses obstacles.

Cette pièce permet également de découvrir le **marivaudage,** terme d'abord utilisé au XVIIIe siècle pour moquer le style de Marivaux jugé peu naturel et compliqué, mais qui prit peu à peu un sens positif pour désigner une écriture subtile, raffinée, mondaine et pleine de **rebondissements.**

C Comment résumer *Les Fausses Confidences* ?

L'acte I met en scène **Dorante,** un jeune bourgeois ruiné mais sincèrement **amoureux d'Araminte,** une jeune veuve riche et belle. **Dubois,** ancien valet de Dorante passé au service d'Araminte, met au point un **stratagème :** il pousse Dorante à **se faire engager comme intendant** d'Araminte pour séduire la jeune femme.

Mais **Mme Argante,** la mère d'Araminte, est furieuse : elle avait prévu d'engager un autre intendant susceptible de servir ses intérêts car elle souhaite **marier sa fille au Comte Dorimont** pour la faire entrer dans la noblesse. Quant à M. Rémy, l'oncle de Dorante, il conseille à son neveu d'épouser Marton, la servante d'Araminte.

À la fin de l'acte I, Dubois se livre à la première fausse confidence essentielle de la pièce : il **révèle à Araminte que Dorante est épris d'elle** depuis plusieurs mois. Cette confidence n'est pas fausse en soi puisque Dorante aime réellement Araminte, mais elle l'est dans son intention car elle a pour but de tromper et manipuler la jeune femme. Araminte demande à Dubois de ne pas éventer ce secret.

Dans l'acte II, plusieurs rebondissements viennent complexifier l'intrigue menée de main de maître par le valet Dubois. Dorante reçoit une autre **demande en mariage** que l'on devine manigancée par Dubois et qu'il refuse en arguant que son cœur est déjà pris. Marton s'imagine alors que Dorante est épris d'elle. Mais il n'en est rien. Un quiproquo s'ensuit autour d'un **portrait** apporté pour Dorante, qui se révèle être celui d'Araminte.

La jeune veuve Araminte décide alors de **piéger Dorante** pour le pousser à révéler ses sentiments : elle lui fait croire qu'elle va épouser le Comte Dorimont. Dorante avoue aimer une femme mais ne révèle pas son nom.

Dans l'acte III, Dubois s'arrange pour faire **intercepter une lettre** dans laquelle Dorante révèle sa passion pour Araminte. Dorante **confesse** alors **son amour** et dévoile à Araminte le stratagème mis en place par Dubois pour favoriser leur rapprochement. **Araminte lui pardonne** ses manigances et renonce au mariage avec le Comte pour épouser Dorante. **Dubois,** qui a tiré toutes les ficelles de cette machination, **triomphe.**

D Quels sont les thèmes importants dans *Les Fausses Confidences* ?

1 L'amour

Dans *Les Fausses Confidences*, l'amour doit vaincre des **obstacles extérieurs et des obstacles intérieurs.**

L'obstacle extérieur, ce sont les **conventions sociales** qui considèrent le **mariage** comme une affaire d'**intérêt** et non de sentiments. Ainsi, Dorante, même s'il est roturier comme Araminte, n'est pas un bon parti car il n'est pas fortuné. Le Comte, dont la fortune est certainement affaiblie, présente en revanche l'avantage d'élever socialement Araminte en la faisant accéder à la noblesse.

L'amour doit également vaincre un obstacle intérieur : celui de **l'amour-propre.** Lorsque Araminte est surprise à la vue de Dorante (I, 6) et lui témoigne de nombreux égards (I, 7), le spectateur devine que la jeune femme éprouve de l'amour **avant même qu'elle n'en ait pris conscience.** Mais Araminte va devoir surmonter son embarras et vaincre son amour-propre en acceptant ses sentiments amoureux.

2 Les conditions sociales

À l'époque de Marivaux, la société est divisée en **trois ordres :** le clergé, la noblesse et le tiers état dont fait partie la bourgeoisie. Araminte appartient à la grande bourgeoisie des financiers et sa mère souhaite tirer profit de cette fortune pour la marier au Comte. Mais Araminte hésite et Mme Argante déplore qu'elle n'ait pas le **sens du rang social :** « le rang de comtesse ne la touche pas assez ; elle ne sent pas le désagrément qu'il n'y a de n'être qu'une bourgeoise » (I, 10).

Les autres personnages sont également considérés selon leur rang et leur **fortune.** Ainsi, **Dorante** est fils d'avocat, « un homme de très bonne famille » (I, 7), mais il est **ruiné.** M. Rémy envisage donc de marier Dorante à Marton car cette dernière est l'héritière d'une vieille parente, jusqu'à ce qu'il lui préfère une veuve qui possède « trente mille livres de rente » (II, 2). En montrant sur scène ces **calculs intéressés,** Marivaux dresse la **satire d'une société obnubilée par l'argent et le rang social.**

Plus encore, il souligne **que le mérite n'est pas lié au statut social.** Ainsi, le valet **Dubois,** vif, intelligent et astucieux, est le seul à avoir une **influence réelle** sur le destin des personnages. Ce personnage du **petit peuple** parvient à manipuler et à dominer la haute bourgeoisie et l'aristocratie grâce à son ingéniosité et à sa connaissance des sentiments amoureux.

3 La vérité

Au début des *Fausses Confidences*, tout le monde est **masqué :** Dorante dissimule ses sentiments, Araminte tait son amour naissant pour Dorante et Dubois camoufle son stratagème. L'enjeu de la pièce est de **faire émerger la vérité.** Cette vérité affleure parfois, par exemple lorsque Araminte avoue son trouble dans des apartés (I, 15). Mais cette vérité est vite refoulée. C'est le **procédé de la fausse confidence** qui va obliger chacun à se démasquer et à **se comporter en accord avec ses sentiments.** Contre toute attente, le Comte, à la scène 13 de l'acte III, résume dans une brièveté saisissante la vérité des sentiments : « J'ai deviné tout. Dorante n'est venu chez vous qu'à cause qu'il vous aimait ; il vous a plu ; vous voulez lui faire sa fortune ; voilà tout ce que vous alliez dire. »

E Quelles sont les caractéristiques de l'écriture de Marivaux ?

Les Fausses Confidences s'inscrivent dans la **tradition de la comédie** dont on retrouve de nombreux procédés.

Mme Argante par exemple est un personnage ridicule et **caricatural** qui ressemble à une version féminine de M. Jourdain dans *Le Bourgeois gentilhomme* de Molière. **Arlequin** est un personnage traditionnel de la ***commedia dell'arte*** qui donne lieu à des **scènes farcesques** comme dans sa confrontation avec Dubois à la scène 10 de l'acte II : « Comme je te bâtonnerais, sans le respect de Madame ». Les **quiproquos** sont nombreux, par exemple lors de la confusion de Marton autour du portrait adressé à Dorante (II, 9).

Mais le comique de Marivaux repose avant tout sur les **jeux de langage et la double énonciation.** Les dialogues sont vifs, gracieux et pleins d'**ironie** comme dans les répliques d'Araminte et Mme Argante : « Araminte : On se trompe apparemment ? / Madame Argante : Il ne serait pas impossible qu'il le fût. » (III, 6).

Plane néanmoins sur cette comédie une légère **mélancolie.** L'amour triomphe grâce à la manipulation et la **tristesse** du Comte à la fin de la pièce est bien réelle : « Le Comte, tristement : Il n'y a plus que notre discussion, que nous réglerons à l'amiable. J'ai dit que je ne plaiderais point et je tiendrai parole. » (III, 13).

Parcours : Théâtre et stratagème

Introduction

Dans *Les Fausses Confidences*, Dubois met en œuvre un **stratagème** complexe **pour faire émerger la vérité** des sentiments.

Ce stratagème est proprement théâtral : **Dubois** se comporte comme un **metteur en scène** qui dirige ses acteurs, les manipule et va même jusqu'à leur souffler les répliques.

Il incarne le **valet d'intrigue,** personnage traditionnel de la *commedia dell'arte* qui utilise sa ruse et son intelligence pour servir la passion de son maître.

Pour aller plus loin, n'hésite pas à te renseigner sur les valets d'intrigue afin de te construire des références solides pour tes dissertations.

Plus fin et éloquent que le Scapin de Molière, Dubois préfigure déjà le Figaro de Beaumarchais.

Je te conseille de lire en regard ma fiche de lecture sur *Le Mariage de Figaro* de Beaumarchais :
https://commentairecompose.fr/le-mariage-de-figaro-beaumarchais/

Un **stratagème** est une ruse de guerre qui a pour but de **tromper** l'ennemi.

Tout le paradoxe des *Fausses Confidences* réside dans le fait que le stratagème, procédé qui repose sur le mensonge et la tromperie, est utilisé ici pour **faire émerger la vérité** des sentiments.

Dès le début de la pièce règne un **univers de dissimulation** et d'illusion car Dubois enjoint à Dorante de ne pas révéler qu'ils se connaissent.

Dubois est le grand ordonnateur de ce stratagème. Il incarne le **valet d'intrigue, ingénieux et éloquent,** qui met sa ruse au service de son maître.

Son **assurance** est irrésistible : il annonce à l'acte I scène 2 ce qui va se dérouler : « [...] je sais mes talents, je vous conduis, et on vous aimera, toute raisonnable qu'on est ; on vous épousera, toute fière qu'on est ; et on vous enrichira, tout ruiné que vous êtes [...]. »

L'expression « je vous conduis » est celle d'un **metteur en scène** qui pilote ses personnages et qui n'hésite pas à utiliser l'**impératif** comme un maître du jeu (« Partez », acte I, scène 16).

Le stratagème de Dubois est véritablement théâtral : il tire les fils comme un **marionnettiste** (l'intrigue de Marton, l'intrigue d'Araminte) et manipule à distance les personnages en leur expliquant quoi faire et pourquoi : « Partez ; aussi bien ai-je un petit avis à donner à Marton. Il est bon de jeter dans tous les esprits les soupçons dont nous avons besoin » (I, 16). Il complexifie l'intrigue pour **rendre le jeu illisible** aux autres personnages et rester **maître de la situation.**

En bon stratège, **Dubois connaît le cœur des hommes et des femmes.** Il perçoit la préciosité d'Araminte et sait que le stratagème du portrait – qui est un code amoureux de la préciosité comme dans *La Princesse de Clèves* de Madame de Lafayette – ne peut qu'être gagnant. Dubois sonde les cœurs, les martyrise parfois (Marton, par exemple, est déçue de ne pas être l'élue de Dorante). C'est grâce à sa connaissance des mécanismes de l'amour que Dubois assure son jeu théâtral et **son triomphe** à la fin de la pièce.

Dubois est meneur du jeu dans cette pièce, mais ce qui rend l'intrigue particulièrement complexe et renforce l'impression de **théâtre dans le théâtre,** c'est qu'il n'est pas le seul à user de stratagèmes.

Presque tous les personnages, en effet, ont recours à la **fausse confidence : Araminte** feint de vouloir épouser le Comte pour tromper Dorante ; **Marton** dupe sa maîtresse en lui recommandant d'épouser le Comte ; **Dorante** trompe Marton en lui laissant croire qu'il l'aime. Dorante ne trompe-t-il pas même Araminte à la fin de la pièce en feignant d'avoir été « forcé de consentir » au stratagème de Dubois alors que le spectateur l'a vu y consentir volontiers au début de la pièce ?

En fin de compte, le vrai stratagème est celui qu'utilise Marivaux pour concevoir une **pièce complexe dans laquelle la vérité se dérobe tout le temps.**

Prolongement artistique

Jean-Antoine Watteau, *Pierrot, dit autrefois Gilles*, vers 1718-1719

Il se dégage du *Pierrot* de Watteau une atmosphère semblable à celle des *Fausses Confidences* de Marivaux. On retrouve tout d'abord **l'univers de la *commedia dell'arte*** à travers le personnage central, un zanni (personnage de valet-bouffon dans la comédie italienne), mais aussi ceux en arrière-plan, en particulier celui à gauche du tableau, souriant, qui ressemble au personnage de **Dubois triomphant** à la fin de la pièce. Malgré le comique de son costume, Pierrot offre un visage mélancolique. La tristesse pointe donc derrière la légèreté, comme dans *Les Fausses Confidences* où la vérité se dégage au prix de la tromperie et de la désillusion pour Marton et le Comte.

œuvre 12 *Juste la fin du monde*, Lagarce
Parcours : Crise personnelle, crise familiale

Lagarce

Fiche d'identité de l'œuvre

Titre : *Juste la fin du monde*

Auteur : Jean-Luc Lagarce

Date : 1990

Mouvement littéraire : Jean-Luc Lagarce est un auteur contemporain qui ne se rattache à aucun mouvement littéraire. Mais on perçoit dans son œuvre l'influence du théâtre de l'absurde.

Thèmes principaux : La famille, le conflit, le jugement, le temps, la mort, le langage, les non-dits.

Particularités de l'écriture : Lagarce explore l'incapacité à communiquer avec une écriture répétitive, des incises et de nombreuses épanorthoses (figure de style qui consiste à corriger et préciser ce qui vient d'être dit) où l'ironie côtoie le désarroi.

Parcours associé : Crise personnelle, crise familiale.

A Qui est Jean-Luc Lagarce ?

À la fois comédien, metteur en scène, directeur de troupe, dramaturge et même éditeur, Jean-Luc Lagarce touche à **tous les métiers du théâtre.** Il écrit ses propres pièces et met en scène Marivaux, Labiche, Ionesco. En 1988, il apprend qu'il est **atteint du sida** et se sait condamné. Au printemps 1990, il reçoit une bourse de la Villa Médicis et part 3 mois à Berlin pour rédiger *Juste la fin du monde*. Malgré sa **mort prématurée** en 1995, à l'âge de **38 ans,** Jean-Luc Lagarce laisse derrière lui plusieurs **dizaines de pièces** qui rencontreront un **succès posthume.**

B Pourquoi me fait-on étudier *Juste la fin du monde* ?

Juste la fin du monde est entrée au répertoire de la **Comédie-Française en 2008.** Cette pièce est particulièrement intéressante car elle ne suit pas les étapes traditionnelles de l'action dramatique, avec un nœud, des péripéties et un dénouement.

Dans le théâtre de Lagarce, c'est **la parole qui tient lieu d'action.** Les scènes apparaissent comme des juxtapositions de tableaux et de soliloques qui se font écho et qui donnent peu à peu accès à l'intériorité des personnages.

C Comment résumer *Juste la fin du monde* ?

La pièce s'ouvre sur un prologue. **Louis, 34 ans,** s'exprime seul sur scène : il **va mourir** et décide de retourner dans sa famille pour annoncer la nouvelle.

Dans la première partie, Louis est **accueilli par les membres de sa famille :** sa mère, sa sœur Suzanne, son frère Antoine et Catherine, la femme de son frère. La mère se rend compte que **Louis ne connaît pas Catherine.** Suzanne reproche à Louis de ne pas l'avoir prévenue de sa venue et évoque le vide de sa vie. Catherine parle de ses enfants et du choix du prénom de son fils Louis. La mère raconte **sa vie de famille et ses souvenirs** (le père, la voiture familiale, le rapport entre Louis et Antoine) et **demande l'âge de Louis.** Catherine décrit la vie banale de son mari Antoine. Suzanne dépeint Catherine. Chaque personnage est ainsi l'objet du discours d'un autre. Les rapports entre les personnages sont tendus et des **disputes** éclatent. Antoine notamment s'emporte contre Louis au sujet du motif de sa venue. Suzanne reproche à Louis de s'être absenté pendant douze ans, sans jamais leur rendre visite. Dans un long monologue, Louis évoque la façon dont il a essayé de fuir la mort, de lui résister pour finalement s'y abandonner.

Dans la deuxième partie, Louis décide de **partir sans révéler sa mort** prochaine. L'annonce de son départ crée de vives tensions. Antoine veut en effet **raccompagner Louis à la gare** mais Suzanne se propose également, provoquant la colère d'Antoine qui reproche à sa sœur de vouloir tout le temps changer de plan. Catherine dit qu'Antoine est **« brutal » :** ce mot déchaîne la **colère** de son mari qui devient violent à l'égard de Louis. Antoine revient sur ses **souvenirs d'enfance** et reproche à son frère de s'être toujours plaint de ne pas recevoir assez d'amour.

Dans l'épilogue, Louis, post mortem, évoque une promenade nocturne au cours de laquelle il n'a pas poussé « un grand et beau cri » comme il l'aurait souhaité : c'est son **seul regret.**

N.B. : *Juste la fin du monde* a été **adaptée au cinéma par Xavier Dolan en 2016.** Je te conseille de regarder le film mais **attention :** il ne suit pas fidèlement l'œuvre de Lagarce et plusieurs scènes, ajoutées par Xavier Dolan, ne figurent pas dans la pièce. Il ne faudra donc pas confondre la pièce avec le film à l'examen !

D Quels sont les thèmes importants dans *Juste la fin du monde* ?

1 La famille

Dans *Juste la fin du monde*, la famille occupe une place centrale. Ironiquement, Lagarce souligne que la scène se déroule un « dimanche, évidemment », **moment** symbolique de la **réunion familiale.** Cependant, il y a un grand **absent :** le père. Louis et Antoine, les deux hommes de la famille, semblent vouloir s'approprier cette place du père, mais la mère domine en chef de famille. On découvre que trois hommes de **trois générations successives** portent le prénom de **Louis** comme dans la royauté française. La mère, dont le sentiment maternel est peu perceptible (elle a oublié la date de naissance de son fils Louis), s'apparente à une **régente** détentrice d'une couronne dont ses fils ne parviennent pas à se saisir. La famille est ainsi présentée comme une **cour parodique.**

2 La difficulté à se comprendre

Les personnages **ne parviennent pas à communiquer** et les malentendus et quiproquos provoquent des disputes, comme l'emportement d'Antoine sur le mot « brutal ». Le plus souvent, les personnages soliloquent et **le langage est fermé sur lui-même,** en forme de chiasme (A-B-B-A) : « Ce n'est pas bien que tu sois parti, parti si longtemps / ce n'est pas bien » (1re partie, scène 3).

L'**épanorthose,** figure de style qui consiste à corriger ou nuancer une affirmation, est abondamment utilisée. Les personnages poursuivent une **quête obsessionnelle du « mot exact »,** mais ironiquement, cette quête ne porte pas ses fruits : les personnages tournent autour du réel, sans parvenir à le nommer.

3 Le conflit

Lagarce met en scène la difficulté à communiquer, mais il montre aussi le culte de la complication, la recherche de **la crise pour la crise** comme si c'était la seule manière d'exister. L'obsession psychologique des personnages qui se disputent sur chaque mot **prête parfois à sourire** alors que la mort, elle vraiment tragique, n'émerge pas sur scène. Les personnages se déchirent pour des broutilles tout en passant **à côté de l'essentiel.**

4 Le jugement

La famille est un véritable **tribunal** comme en témoigne le **champ lexical du droit** qui parsème le texte (« m'accuser », « m'accable », « droit », « juste », « crimes »). Catherine dit elle-même : « je ne voudrais pas avoir l'air de vous faire un mauvais procès » tandis que Louis accepte d'endosser la **culpabilité :** « et ces crimes que je ne me connais pas, je les regrette, j'en éprouve du remords » (2e partie, scène 1). Louis est manifestement accusé de s'être absenté durant douze ans. Mais ce tribunal familial juge de manière expéditive. Louis ne parvient pas à dire ce qui lui tenait à cœur et les membres de la famille préfèrent **le sacrifier** pour retrouver leur équilibre familial.

5 Le temps et la mort

Le temps travaille et dévore les personnages. Ainsi, ils **répètent les verbes à des temps différents** comme Catherine : « Nous vous avions, avons, envoyé une photographie d'elle » ou Louis : « Cela me fait plaisir, je suis touché, j'ai été touché » (1re partie, scène 2). Ces répétitions donnent l'impression que **le temps se dilate** et échappe aux personnages. Quant à la mort, elle est le grand non-dit de ce texte : Louis est venu pour annoncer la sienne mais il repart sans avoir rien révélé.

E Quelles sont les particularités de l'écriture de Lagarce ?

Juste la fin du monde est structurée comme une **tragédie** avec le **Prologue** de Louis qui fait songer au **chœur tragique** annonçant le destin des personnages. Le prénom Louis porté par trois générations d'hommes donne également une dimension héréditaire à cette histoire familiale. La tension entre les deux frères relève de la rivalité fraternelle des tragédies ou rappelle les figures de Caïn et Abel. Quant à Louis, dont la mort est inéluctable, il incarne le **héros tragique** par excellence, « L'Homme malheureux » selon Antoine.

Mais on aurait tort de considérer *Juste la fin du monde* comme une pièce uniquement tragique. Jean-Luc Lagarce n'est pas sans **ironie** à l'égard de ses personnages, comme le souligne le titre de la pièce *Juste la fin du monde*. Alors que l'expression « la fin du monde » renvoie à une situation apocalyptique, l'adverbe « juste » ajoute une touche de distance et d'ironie qui dédramatise la situation. Louis lui-même fait souvent preuve d'ironie, par exemple lorsqu'il répond à sa famille qui lui propose de rester plus longtemps : « Mieux encore [...] je renonce à tout, j'épouse ma sœur, nous vivons très heureux » (2e partie, scène 2).

L'écriture de Lagarce est également **lyrique.** Derrière les répétitions et la parole mécanique, on entend une musique. Les retours à la ligne donnent aux répliques des personnages une forme versifiée dans laquelle les effets de rimes internes sont nombreux : « il a le droit, ne lui dis ri**en** / Je vais bi**en** / Suzanne et moi, ce n'est pas mal**in** » (2e partie, scène 2).

Le parcours : Crise personnelle, crise familiale

Introduction

Juste la fin du monde met en scène une crise personnelle et une crise familiale.

Louis traverse tout d'abord une crise personnelle en raison de la menace imminente de sa propre mort. C'est cette crise personnelle qui l'amène à revenir dans sa famille.

Mais son retour vient bousculer le quotidien ronronnant d'une famille traditionnelle. Louis fonctionne comme un **catalyseur :** sa présence réveille les **souffrances** et les **complexes** de chacun.

Pour approfondir ce parcours, pense à lire mes lectures linéaires des extraits de cette pièce sur commentairecompose.fr.

Le retour de Louis **bouleverse l'équilibre familial** et réveille les souffrances de chaque membre de la famille.

Pour la mère, c'est le retour du **fils prodigue**, écrivain, dont on n'a pas vraiment compris le départ. Pour Antoine, c'est le retour du frère **aîné rival** qui réactive les complexes, les passions et la jalousie. Pour Catherine et Suzanne, Louis est un miroir qui les confronte à la médiocrité et à la **banalité de leur vie.**

On comprend dès lors le **procès familial** fait à Louis, le chef d'accusation étant sa longue absence. Dans le prénom « Louis », on peut d'ailleurs entendre le pronom « Lui », c'est-à-dire celui que l'on pointe du doigt et qu'il faut **sacrifier.** Louis emploie d'ailleurs lui-même le terme : « je me sacrifie » (1re partie, scène 10).

La crise familiale qui se déroule prend des formes diverses. **Tous les personnages se disputent :** Antoine et Catherine, Antoine et Suzanne, Suzanne et Catherine, la mère et ses enfants.

La **violence d'Antoine** est particulièrement spectaculaire. Tout oppose Antoine et Louis qui apparaissent comme deux **frères ennemis.** Louis est écrivain, il a voyagé, tandis qu'Antoine est ouvrier, père de famille, responsable. Louis est calme, poli ; Antoine est agressif, « brutal ». Le retour de Louis réactive chez Antoine la jalousie fraternelle, le complexe d'infériorité. Leurs échanges dégénèrent jusqu'à la menace physique (Antoine : « Tu me touches : je te tue ») (2e partie, scène 2).

La crise familiale se traduit également par une **crise du langage.** Les personnages sont incapables de trouver les mots exacts, d'où l'inflation d'**épanorthoses.**

Cette réunion familiale peut également se voir comme une **cure psychanalytique.** Selon Freud, trois instances sont présentes chez l'homme : le **moi** qui assure la stabilité et le contact avec la réalité extérieure, le **ça,** lieu de pulsions qui ne supporte pas la contradiction, et le **surmoi,** instance morale qui rappelle les interdits. Les personnages de Lagarce semblent symboliser ces trois éléments : la **mère** serait une sorte de **surmoi** (l'instance morale), **Antoine** le **ça (les pulsions)** et Louis **l'inconscient** qui ne parvient pas à émerger et à dire la mort. La crise familiale symbolise alors la crise personnelle.

Prolongement artistique

***Juste la fin du monde*, mise en scène de Joël Jouanneau pour le théâtre de la Colline (2000)**

Cette mise en scène se rapproche des mises en scène du **théâtre de l'absurde.** Le décor est en effet **minimaliste,** dépouillé. La **maison,** point de convergence de toute la famille, est le **personnage principal** qui écrase les autres personnages. Les murs imposants sont dépourvus de porte ou fenêtre et n'ouvrent donc sur rien, accentuant l'impression d'enfermement et d'étouffement. Cette maison représente le **destin tragique,** oppresseur et implacable, mais aussi l'**enfermement de chaque personnage** dans son monde intérieur et l'impossibilité de s'ouvrir à l'autre. L'absence de décoration et de meuble, à l'exception d'un banc, donne à voir un espace nu, austère, dénué d'affect, propice au surgissement de la violence.

3

LE COMMENTAIRE

1 Qu'attend-on de moi dans un commentaire ?

Que ce soit dit une fois pour toutes : les très bonnes notes au bac de français ne sont pas réservées aux génies de la littérature.

Tu n'as pas besoin d'être le prochain Victor Hugo pour réussir un commentaire.

Les correcteurs savent que tu n'étudies les lettres que 4 heures par semaine pendant deux ans, et ils ne cherchent pas à déceler dans ton commentaire le prochain prix Nobel de littérature.

Je te déçois peut-être, mais les attentes des correcteurs sont beaucoup plus terre à terre.

Pour mettre de très bonnes notes aux élèves, ils veulent trouver dans ton commentaire le trio gagnant :

- **Compréhension du texte et interprétation**
- **Connaissances techniques**
- **Argumentation**

C'est tout !

A Interprète le texte en dégageant l'implicite

Dans un commentaire, il faut interpréter le texte, mais rassure-toi : les capacités d'interprétation exigées au bac sont très basiques. On ne te demande pas de décrypter un sens caché des textes (il n'y en a pas !), mais simplement de tirer une signification du texte étudié, **en révélant son sens implicite.**

« Mais où trouver de l'implicite dans un texte ? » vas-tu me dire.

Partout !

En réalité, si tu y fais attention, l'implicite est omniprésent dans notre quotidien.

Imaginons que tu es sorti(e) tout le week-end et que ta mère entre dans ta chambre pour te demander si tu as fini ton devoir de maths. Ta mère ne veut pas seulement savoir si tu as fini ton devoir, elle suggère **(implicitement)** que tu n'as rien fait et qu'il est temps de te mettre au travail avant qu'elle ne s'énerve.

Si un ami ne peut détacher le regard d'une fille de la classe et te dit « Elle est pas mal Julie », tu comprends implicitement qu'il est beaucoup plus attiré par elle que ce que ce « pas mal » peut laisser croire.

Toutes ces situations contiennent de l'implicite et tu les décodes sans difficulté au quotidien.

Or les extraits à commenter au bac contiennent eux aussi de l'implicite.

Mais nul besoin de chercher midi à quatorze heures pour interpréter et dégager l'implicite d'un texte : **mets simplement des mots sur ce qui est suggéré.**

Exemple

Prenons par exemple le début du roman *L'Étranger* de Camus :

> « Aujourd'hui, maman est morte. Ou peut-être hier, je ne sais pas. J'ai reçu un télégramme de l'asile : "Mère décédée. Enterrement demain. Sentiments distingués." Cela ne veut rien dire. C'était peut-être hier.
> L'asile de vieillards est à Marengo, à quatre-vingts kilomètres d'Alger. Je prendrai l'autobus à deux heures et j'arriverai dans l'après-midi. Ainsi, je pourrai veiller et je rentrerai demain soir. J'ai demandé deux jours de congé à mon patron et il ne pouvait pas me les refuser avec une excuse pareille. Mais il n'avait pas l'air content. »
>
> Albert Camus, *L'Étranger*, 1942.

Le texte est simple à comprendre (n'y cherche pas de mystérieux sens caché, tu ne trouverais rien) mais il renferme de l'implicite :

Le narrateur semble détaché, indifférent à la mort de sa mère. Il paraît davantage préoccupé par le jour exact du décès (« Aujourd'hui », « hier » ?) et par les détails triviaux à régler (« autobus », « jours de congé ») que par la décès de sa mère. Il apparaît insensible.

Vois-tu ce que j'ai fait ?

Nulle part dans le texte tu ne trouves écrit en toutes lettres que le personnage est « détaché », « indifférent », « insensible ». Mais son attitude et sa réaction expriment, sans que cela soit dit, un détachement et une insensibilité. **À travers ces adjectifs, je fais donc une interprétation fondée sur l'implicite du texte.**

Un élève qui ne dégage pas l'implicite du texte a tendance à rester collé aux mots qu'il lit et risque la paraphrase. Il écrira par exemple :

Le narrateur ne sait pas quand sa mère est morte (« aujourd'hui » ou « hier »). Il est préoccupé par l'organisation de son trajet pour se rendre à la maison de retraite (« autobus », « jours de congés »).

Tu comprends la différence ?

Dans mon premier paragraphe, je m'appuie sur l'implicite du texte pour en tirer une interprétation, tandis que dans le second paragraphe, même si je m'appuie sur les mêmes citations, je n'en tire pas d'interprétation : je paraphrase le texte, ce qui n'a pas d'intérêt littéraire.

Dans ton commentaire, pense à toujours **mettre des mots sur ce qui est implicite ou suggéré.**

B Utilise le vocabulaire technique

Le bac de français est l'examen final qui vient consacrer tes dix ans d'étude de la langue française.

Rappelle-toi : depuis tes tendres années au CP, tu as acquis des connaissances grammaticales (sur la nature et la fonction des mots, les temps verbaux...), puis un vocabulaire littéraire spécialisé pour décrire la langue et son fonctionnement (métaphore, hyperbole, allitération, focalisation...).

Nul besoin de faire Polytechnique pour deviner que les correcteurs attendent ce vocabulaire spécialisé dans ton commentaire, puisqu'ils sont là pour vérifier que tu as acquis ces connaissances.

LE COMMENTAIRE

Bien sûr, il ne faut pas chercher à jeter de la poudre aux yeux du correcteur en gonflant ton commentaire de termes techniques mal maîtrisés. Le vocabulaire employé doit l'être à bon escient !

Ce livre et mon site commentairecompose.fr sont là pour t'aider à combler tes lacunes dans ce domaine. N'aie aucune crainte : quelques heures de travail ciblé suffisent à réactiver ces connaissances endormies afin de les mobiliser le jour du bac !

C Déroule une argumentation

Enfin, dernier critère pour réussir ton commentaire : tu dois y développer une argumentation convaincante.

Le commentaire est un **exercice argumentatif.** Chacune de tes idées directrices doit être confirmée et démontrée par des arguments et des illustrations.

Cette structure argumentative est essentielle pour éviter deux écueils :

- Le commentaire descriptif, qui se contente de paraphraser le texte et d'énumérer ses procédés littéraires.
- Le commentaire qui donne une opinion sur le texte. Garde en effet à l'esprit qu'en l'absence de démonstration, une idée directrice demeure une opinion sans valeur, même si elle repose sur des intuitions pertinentes.

Pour améliorer tes qualités argumentatives, nulle connaissance n'est requise : **tout repose sur la méthode et l'entraînement.**

La bonne nouvelle, c'est que loin de ne servir qu'en français, l'entraînement à la dynamique argumentative est une clé de la réussite dans TOUTES les matières et même un critère de sélection dans les études supérieures. C'est un entraînement qui te servira toute la vie.

Le mémo d'Amélie

Une bonne note, et même une TRÈS bonne note au commentaire est facilement accessible si tu respectes le trio d'exigences suivant :

- **Interpréter le texte en dégageant son sens implicite.**
- **Utiliser le vocabulaire spécialisé (termes de grammaire, vocabulaire d'analyse littéraire).**
- **Dérouler une argumentation pour démontrer la validité de chaque idée directrice.**

2 Comment trouver des idées pour un plan ?

Le plan est un peu le Graal des lycéens de Première : il fait l'objet d'une quête obsédante et sans cesse renouvelée.

Pourtant, force est de constater que les élèves ne se donnent pas toujours les moyens de trouver un plan : certains l'attendent comme s'il allait tomber du ciel, alors qu'un plan ne s'élabore qu'à partir d'idées… et les idées ne viennent qu'en se posant des questions sur le texte !

Avant de chercher un plan, il faut donc lire le texte et te poser quelques questions :

- **Quel est le thème de ce texte ?** Si le texte est argumentatif, quelle est la thèse de l'auteur ?
- **Quel est son genre ?** Son registre ? Sa structure ? Son but ? Son mouvement littéraire ?
- **Quels sont les procédés stylistiques marquants ?** Comment décrire le style de l'auteur ?
- **Comment sont les personnages ?** Quelles sont leurs caractéristiques ?

Grâce à ces questions, tu vas dégager des idées que tu pourras alors organiser dans un plan.

Se pose aussi une autre question importante : **quel est le meilleur moment au brouillon pour faire ton plan ?**

On t'a certainement enseigné une méthode « classique » qui consiste à te plonger dans l'analyse du texte avant de synthétiser le fruit de ton travail dans un plan. Mais je vais t'expliquer pourquoi j'utilise une autre méthode qui donne généralement de meilleurs résultats.

A La méthode « classique »

La méthode « classique » : c'est faire une analyse approfondie du texte avant de trouver un plan.

Le principe de la méthode classique est simple : tu commences par une analyse approfondie du texte, ligne par ligne, puis tu organises le fruit de ton travail en un plan de deux ou trois parties.

Durant la phase d'analyse, qui dure environ 1 h 30, tu vas étudier méthodiquement l'extrait à l'aide des outils d'analyse : champs lexicaux, figures de style, étude de la syntaxe, des sonorités, etc.

Une fois ce travail réalisé, tu relis tes feuilles de brouillon et tu surlignes de la même couleur les idées qui vont ensemble. Selon cette méthode, tu devrais te retrouver avec deux ou trois grandes couleurs qui constitueront tes deux ou trois axes de lecture.

Cette méthode semble parfaite sur le papier mais... dans la pratique, elle n'est pas si simple à utiliser.

L'as-tu déjà testée ?

Quand ils utilisent cette méthode, beaucoup de mes élèves se retrouvent coincés devant leur brouillon, leurs surligneurs immobilisés en l'air, incapables de faire ressortir de leur brouillon deux ou trois idées directrices.

La raison est simple : cette méthode « classique » demande de bonnes capacités d'analyse ET de synthèse, ce qui ne correspond pas à tous les profils d'élèves. Pas si facile de rassembler toutes ses idées du brouillon en deux ou trois grands axes...

C'est pourquoi je préfère m'appuyer sur une méthode que j'appelle « inversée » et qui donne de meilleurs résultats dans le temps imparti pour l'examen.

B La méthode inversée

La méthode « inversée » : c'est faire des hypothèses de lecture puis chercher à les justifier.

Au lieu de te plonger dans l'analyse du texte pendant 1 h 30 puis d'essayer d'élaborer un plan, inverse les étapes : **élabore un plan AVANT d'analyser le texte dans le détail.**

Si tu as toujours respecté à la lettre les conseils de tes professeurs, ma méthode peut te faire sursauter : « Comment faire un plan si on n'a pas analysé le texte ?! »

Je t'explique.

1 Le plan d'un commentaire repose toujours sur deux ou trois idées simples.

Contrairement à des préjugés tenaces, le plan d'un commentaire ne repose pas sur des idées directrices d'une subtilité à tout casser, bien au contraire.

Va sur commentairecompose.fr et lis les intitulés de mes parties de commentaires : trouves-tu qu'ils soient si élaborés que cela ? Il n'y a généralement pas de quoi casser trois pattes à un canard.

Le plan d'un commentaire se fonde sur deux ou trois interprétations qui mettent en relief tes premières impressions sur le texte.

En se plongeant pendant 1 ou 2 heures dans l'analyse du texte, beaucoup d'élèves perdent de vue la simplicité des idées directrices attendues.

Lors de l'élaboration du plan, ils ont alors tendance à créer des axes de lecture alambiqués et peu cohérents, parce qu'ils veulent y « caser » coûte que coûte le résultat de leur analyse.

Trouver un plan AVANT de te plonger dans l'analyse va te permettre d'inverser ce processus et d'utiliser la phase d'analyse pour justifier tes idées directrices (et non l'inverse).

2 Avec la méthode inversée, tu analyses les procédés en sachant où tu vas.

Seconde difficulté rencontrée avec la méthode « classique » : les élèves relèvent des procédés dans le texte mais, en l'absence d'idées directrices pour les guider, ils ne savent pas comment organiser et analyser ces procédés.

La méthode inversée règle ce problème puisque **tu analyses les procédés EN FONCTION de tes idées directrices :** tu analyses les procédés pour justifier, illustrer et servir ton plan.

Du coup, tu ne te disperses pas à analyser des procédés que tu ne saurais où intégrer dans un plan et qui t'embarrasseraient.

3 Comment trouver les idées directrices rapidement ?

En te posant des questions clés comme celles que j'évoquais plus haut :

- **Quel est le thème de ce texte ?** Si le texte est argumentatif, quelle est la thèse de l'auteur ?
- **Quel est son genre ?** Son registre ? Sa structure ? Son but ? Son mouvement littéraire ?

- **Quels sont les procédés stylistiques marquants ?** Comment décrire le style de l'auteur ?
- **Comment sont les personnages ?** Quelles sont leurs caractéristiques ?

Pose-toi des questions pour quadriller le texte et faire sa fiche d'identité.

Note aussi tes impressions de lecture : ce sont souvent des pistes judicieuses à explorer.

À partir de ce travail, fais une hypothèse de lecture.

Exemple

Par exemple, si on prend le poème « Le Dormeur du val » de Rimbaud, tu pourrais faire l'hypothèse de lecture suivante :

Ce poème décrit un soldat endormi dans un cadre paisible afin que la chute surprenne le lecteur et le fasse réfléchir aux atrocités de la guerre.

Tes hypothèses de lecture deviendront les idées directrices de ton devoir.

Par exemple :

❶ Un poème qui décrit un soldat endormi dans un cadre paisible...

❷ ... pour créer la surprise et dénoncer les atrocités de la guerre.

Le mémo d'Amélie

Pour le plan, ne cherche pas midi à 14 heures ! Un plan repose sur des idées simples fondées sur tes premières impressions du texte.

N'hésite pas à élaborer un plan dès le début de l'épreuve, après avoir lu le texte et avant de passer à la phase d'analyse. C'est le meilleur moyen pour garder un plan simple et cohérent (car le travail le plus subtil, c'est celui de l'analyse et non du plan).

3 Comment mêler le fond et la forme ?

Les élèves font différentes erreurs dans un commentaire, mais une des plus dommageables et que tu dois éviter absolument est celle de séparer le fond et la forme.

Le fond, c'est le sens du texte, ce qu'il dit, ce qu'il signifie.

La forme, ce sont les procédés d'écriture utilisés.

Séparer le fond et la forme consiste à énumérer des procédés (« On observe une métaphore... il y a aussi une hyperbole... ») sans faire le lien avec la signification du texte étudié.

C'est quelque chose que tu dois absolument éviter car lister des procédés n'a pas d'intérêt en soi.

Le but d'une analyse est au contraire de montrer que **le style de l'auteur accompagne et accentue le sens du texte.** Pour montrer cela, il te faut donc sans cesse mêler le fond et la forme dans ton devoir.

Tu vas mieux comprendre avec un exemple.

Exemple

Prenons cette strophe du poème « Le Pont Mirabeau » issu du recueil *Alcools* de Guillaume Apollinaire :

Sous le pont Mirabeau coule la Seine
Et nos amours
Faut-il qu'il m'en souvienne
La joie venait toujours après la peine
Vienne la nuit sonne l'heure
Les jours s'en vont je demeure

Quel est le fond et quelle est la forme ?

Le fond du texte (le sens du texte) : Le poème évoque le temps qui s'écoule.

La forme du texte (les procédés littéraires) : il y a des verbes de mouvement (coule, venait, vienne, vont). Il n'y a pas de ponctuation et les vers sont irréguliers. On perçoit une figure de style : une métaphore entre l'eau et le temps.

Maintenant, il faut comprendre que le fond seul (le poème évoque la fuite du temps) ou la forme seule (il y a des verbes de mouvement et pas de ponctuation) n'ont pas d'intérêt en soi.

En revanche, si tu mêles le fond et la forme pour montrer que les procédés littéraires sont au service du sens du poème, tu commences à faire une vraie analyse de texte :

Apollinaire évoque dans ce poème la fuite du temps. Cette fuite du temps est mise en évidence par une métaphore entre le temps (« l'heure ») et l'eau (« coule la

LE COMMENTAIRE

Seine »). Le mouvement de l'eau qui coule et du temps qui s'écoule est traduit par une série de verbes de mouvement : « coule », « venait », « vienne », « vont ». L'absence de ponctuation et l'irrégularité des vers créent une fluidité qui contribue à évoquer la fuite du temps. (Phrase d'analyse qui montre que la forme accompagne le sens du texte.)

Dans le paragraphe ci-dessus, je montre que tous les éléments de forme – métaphore, verbes, absence de ponctuation – mettent en relief le fond du texte (la fuite du temps).

C'est ce que tu dois faire tout au long de ton commentaire !

Le mémo d'Amélie

Dans chacun de tes paragraphes, mêle le fond et la forme, en montrant que les procédés du texte (la forme) accompagnent le sens du texte (le fond). C'est une des clés de la réussite du commentaire et de la lecture linéaire à l'oral !

Cette leçon est importante. Pour mieux t'en imprégner, regarde aussi ma vidéo à ce sujet sur commentairecompose.fr (Inscris-toi à ma formation gratuite en 10 leçons : la vidéo sur le fond et la forme est la vidéo n° 2.)

4 Comment (bien) utiliser un procédé littéraire ?

Tu te rappelles ce que je viens de te dire ?

Je t'ai montré comment faire des allers-retours constants entre le fond et la forme dans ton commentaire.

Maintenant, il est temps de mettre cela en pratique.

Tu le sais, au bac de français, les procédés, les figures de style notamment, sont incontournables : ils justifient tes interprétations et montrent à ton correcteur que tu maîtrises les outils d'analyse littéraire.

Sauf que la plupart du temps, les correcteurs déplorent de trouver dans les copies des énumérations de procédés qui ne sont pas analysés.

Or une liste de procédés non analysés n'apporte rien au commentaire et donne l'impression au correcteur que l'élève fait semblant de maîtriser un vocabulaire qu'il ne sait pas utiliser.

D'où l'importance, dans ta copie, **d'analyser les effets produits** par les procédés relevés.

Voici comment y parvenir.

Quand tu apprends un procédé, apprends en même temps **l'effet qu'il est censé produire.**

Lorsque tu rencontres ce procédé dans un texte, pars toujours de son effet pour élaborer ton analyse.

Exemple

Prenons l'exemple de l'antithèse :

Quelle est la définition de l'antithèse ? C'est le rapprochement de deux mots de sens opposés.

Quel est l'effet produit par une antithèse ? L'antithèse souligne généralement un contraste ou une contradiction.

À partir de là, dès que tu repères une antithèse, demande-toi : **cette antithèse souligne un contraste ou une contradiction entre quoi et quoi ?**

Si tu lis les commentaires publiés sur mon site, tu te rendras compte que mes analyses d'antithèses se ressemblent beaucoup : « cette antithèse souligne le contraste entre ... et ... ».

- Cette antithèse souligne le contraste entre la cruauté du loup et la candeur de l'agneau. (« Le loup et l'agneau », La Fontaine.)
- Cette antithèse souligne le contraste entre le mode de vie des deux animaux. (« Le loup et le chien », La Fontaine.)
- Les antithèses soulignent le contraste entre la majesté des albatros dans les airs et leur piteux aspect au sol. (« L'Albatros », Baudelaire.)
- Cette antithèse souligne le contraste entre la douceur et la violence. (« À une passante », Baudelaire.)

Tu comprends le principe ?

En partant de l'effet produit par chaque figure de style, tu développes des automatismes d'analyse qui te font gagner beaucoup de temps.

Le mémo d'Amélie

Prends l'habitude d'associer un procédé à un effet probable et utilise cet effet comme point de départ de tes analyses. C'est ainsi que tu vas gagner du temps lors de la phase d'analyse du texte !

Pour approfondir ce point, va voir ma vidéo à ce sujet sur commentairecompose.fr (c'est la vidéo n° 3 de ma formation gratuite en 10 leçons).

5 Quelles sont les figures de style à connaître ?

Les figures de style les plus basiques : l'antanaclase, l'asyndète, l'hypotypose, l'hyperbate…

Tu as des sueurs froides ? Rassure-toi : je plaisante !

Il existe un nombre prodigieux de figures de style, mais j'ai une bonne nouvelle pour toi : on ne te demande d'en maîtriser réellement qu'une dizaine et celles citées plus haut n'en font pas partie.

Voici les figures de style incontournables en classe de Première.

La comparaison

1 Définition : La comparaison met en relation deux termes, le comparé et le comparant.

2 Effet : La comparaison rapproche deux réalités différentes. C'est une figure de style qui **suggère une nouvelle réalité.** À toi d'analyser si la comparaison est méliorative (« Elle est belle comme le soleil ») ou péjorative (« Il est froid comme la glace ») et ce qu'elle suggère au lecteur.

3 Exemple :
« Son regard est pareil au regard des statues »

Paul Verlaine, « Mon rêve familier », *Poèmes saturniens*, 1866.

4 Analyse : En comparant le regard de la femme à celui d'une statue, **Verlaine crée une image de la femme ambivalente.** La femme est sublimée puisqu'elle apparaît aussi parfaite qu'une statue ; mais **la comparaison se révèle inquiétante :** une statue est sans vie, froide. Cette comparaison suggère ainsi une femme inaccessible, qui n'appartient pas au monde des vivants.

La métaphore

1 Définition : La métaphore est **une comparaison sans outil comparatif, donc une comparaison sous-entendue.**

2 Effet : Comme la comparaison, **la métaphore** crée une nouvelle réalité, une nouvelle image. Elle **transforme la réalité** en rapprochant deux éléments différents.

3 Exemple :

« Une abeille de cuivre chaud
L'a foudroyé sur l'autre rive
Le sang et l'eau se sont mêlés »

Boris Vian, « L'Évadé », *Chansons et poèmes*, 1966 (posthume).

4 Analyse : La balle meurtrière qui atteint l'évadé **est implicitement comparée à une abeille,** en raison de sa couleur et de sa chaleur. Cette métaphore surprenante **poétise la mort de l'évadé.** Elle la rend **plus émouvante** en atténuant la froideur métallique de la balle qui tue aveuglément. L'abeille symbolise également le destin, comme les mouches dans la pièce éponyme de Jean-Paul Sartre.

La personnification

1 Définition : Personnifier, c'est **prêter des qualités humaines** à des objets inanimés ou à des animaux.

2 Effet : Pose-toi toujours la question : pourquoi l'auteur personnifie-t-il une chose, un animal ? **La personnification est-elle méliorative, péjorative ?** Est-ce pour critiquer indirectement ? Est-ce pour rendre la description plus vivante ?

3 Exemple :

« Va-t'en, chétif Insecte, excrément de la terre.
C'est en ces mots que le Lion
Parlait un jour au Moucheron. »

Jean de La Fontaine, « Le lion et le moucheron », *Fables*, II, IX, 1668.

LE COMMENTAIRE

4 **Analyse : La Fontaine personnifie le lion** en lui prêtant le pouvoir de parler. La personnification du lion, considéré comme le roi des animaux, permet **implicitement** à La Fontaine de **critiquer le Roi-Soleil** (Louis XIV).

L'allégorie

1 **Définition :** L'allégorie est une personnification particulière : **elle personnifie une IDÉE ABSTRAITE.** C'est par exemple la mort représentée comme une faucheuse.

2 **Effet : L'allégorie est un procédé d'écriture qui rend une idée concrète,** palpable. Elle peut être inquiétante, effrayante (l'Angoisse comme un despote) ou plaisante (l'Amour comme une jeune femme). L'allégorie rend les descriptions et les émotions vivantes, imagées.

3 **Exemple :**

« Et de longs corbillards, sans tambours ni musique,
Défilent lentement dans mon âme ; l'Espoir,
Vaincu, pleure, et l'Angoisse atroce, despotique,
Sur mon crâne incliné plante son drapeau noir. »

Charles Baudelaire, « Spleen IV », *Les Fleurs du Mal*, 1857.

Tu as ici deux allégories pour le prix d'une : **l'Espoir et l'Angoisse** sont représentés sous des traits humains.

Les allégories sont **simples à repérer** car elles commencent dans la majorité des cas par une lettre **majuscule.** Comme l'auteur traite ces idées comme des personnes, il leur attribue la majuscule des noms propres.

4 **Analyse :** Baudelaire présente son paysage intérieur comme un champ de bataille duquel l'Angoisse sort victorieuse. Représentée sous les traits d'un despote qui plante son drapeau en terrain conquis, **l'Angoisse apparaît ici effrayante, inquiétante.** C'est une image sans appel qui annonce l'abdication et le naufrage du poète.

L'antithèse

1 **Définition :** L'antithèse est le **rapprochement** dans une phrase, un paragraphe ou une strophe, de **mots de sens opposés.**

2 Effet : L'antithèse est une figure de style qui **souligne des contrastes, met en relief des contradictions.** Sois attentif(ve) car elle est fréquente !

3 Exemple :
« et dans mon plaisir je souffre maintes graves tortures »

Louise Labé, « Sonnet VIII », *Élégies et sonnets*, 1555.

4 Analyse : On repère une antithèse : **plaisir/tortures.** Cette antithèse **illustre les déchirements internes** et les **contradictions** du sentiment amoureux, source à la fois de joie et de souffrance.

L'oxymore

Attention ! on dit **UN** oxymore (masculin). Cette figure de style a deux avantages : elle porte un nom savant tout en étant très facile à repérer.

1 Définition : L'**oxymore** est la **juxtaposition** de deux mots de **sens opposés.** Dans une antithèse, les termes de sens opposés sont proches, dans un oxymore, **ils sont juxtaposés, c'est-à-dire côte à côte.**

2 Effet : C'est le même que celui de l'antithèse ! L'oxymore **souligne un contraste, une contradiction.** Il fait naître une image inattendue.

3 Exemple :
Louise Labé, spécialiste des déchirements internes, nous fournit un exemple :
« Je vis, je meurs ; je me brûle et me noie »

Louise Labé, « Sonnet VIII », *Élégies et sonnets*, 1555.

4 Analyse : Louise Labé juxtapose deux verbes de sens opposés. Elle met en relief la **contradiction** de la passion amoureuse qui transporte et anéantit à la fois.

L'anaphore

1 Définition : Cela t'arrive-t-il de repérer dans un texte la **répétition d'un même mot ou groupe de mots en début de phrase,** proposition, vers ou paragraphe ? Eh bien, c'est une anaphore.

2 Effet : L'anaphore **insiste** sur le mot répété. Pour l'analyse, interroge-toi sur les raisons de cette **insistance** : que suggère-t-elle ? Un mot répété peut créer un effet d'écho ou un effet incantatoire.

3 Exemple :
« Je t'aime pour toutes les femmes que je n'ai pas connues,
Je t'aime pour tous les temps où je n'ai pas vécu »

Paul Éluard, « Je t'aime », *Le Phénix*, 1951.

4 Analyse : Le champ lexical de l'amour est exacerbé par l'anaphore « Je t'aime » en début de vers. Le sentiment amoureux semble s'affirmer et se renforcer à chaque réitération, suggérant un amour total et inébranlable.

L'hyperbole

L'hyperbole est formidable. C'est un mot compliqué pour désigner une opération très simple (remarque que je viens de faire une antithèse au passage).

1 Définition : L'hyperbole désigne **une exagération.**

2 Effet : L'hyperbole **exagère, amplifie** la réalité. Elle peut être **parodique** (dans un registre comique), **emphatique** (dans un registre épique, par exemple), élogieuse... Précise cet effet en fonction de la tonalité du texte étudié.

3 Exemple :
« Ils approchèrent enfin de la première maison du village ; elle était bâtie comme un palais d'Europe. »

Voltaire, *Candide ou l'Optimisme*, chapitre 17, 1759.

4 Analyse : L'hyperbole « palais d'Europe » crée un décalage comique entre la simplicité attendue d'une maison de village et l'impression laissée à Candide. Elle suggère en même temps la richesse et la réussite de la ville d'Eldorado.

La gradation

1 Définition : La gradation est une **suite de termes d'intensité croissante ou décroissante.**

2 Effet : La gradation **suggère l'ampleur, le mouvement** et met en valeur le dernier mot.

3 Exemple :
« C'est un roc !... c'est un pic !... c'est un cap ! Que dis-je, c'est un cap ?... C'est une péninsule ! »

Edmond Rostand, *Cyrano de Bergerac*, I, 4, 1897.

4 Analyse : La gradation des termes « roc », « pic », « cap » et « péninsule » **crée un mouvement ascendant et met en relief**, par un effet d'annonce, le terme final hyperbolique de péninsule.

Le chiasme

Le chiasme est ma figure de style de prédilection, et pour cause : son nom bizarre cache une figure de style d'une grande simplicité à commenter.

1 Définition : Le chiasme désigne une **structure ABBA.**

2 Effet : En tant que structure fermée, le chiasme suggère généralement **l'enfermement,** l'absence d'issue ou une forte contradiction.

3 Exemple :
« Des cadavres dessous et dessus des fantômes »

Victor Hugo, « Le cimetière d'Eylau », *La Légende des siècles*, 1859.

Cadavres/fantômes (AA) sont quasiment synonymes, tandis que dessous/dessus (BB) se répondent.

4 Analyse : Dans l'exemple ci-dessus, le chiasme symbolise **l'enfermement tragique** dans une mort sans issue.

Le mémo d'Amélie

Ton correcteur préférera une copie avec quelques figures de style finement analysées à un inventaire superficiel de figures de rhétorique.

Pour te créer des automatismes, concentre-toi sur les figures de style les plus fréquentes et leurs effets, et entraîne-toi à les utiliser tout au long de l'année.

6 Comment réussir mon introduction de commentaire ?

Fais de l'introduction une des meilleures parties de ton devoir car elle est lue attentivement par ton correcteur.

C'est en effet son premier contact avec ta copie, et qu'on le veuille ou non, la première impression du correcteur – bonne ou mauvaise – perdurera durant ses 15 minutes de correction.

Par ailleurs, les correcteurs se servent de l'introduction pour comparer les copies entre elles au moment d'harmoniser les notes. Une bonne introduction peut alors te permettre de gagner 1 ou 2 points supplémentaires.

Tu l'as compris, tu as donc tout à gagner à soigner ton introduction.

Je vais te livrer les étapes à suivre pour y parvenir.

A Étape 1 : présente le contexte de l'œuvre

C'est une convention que tu connais bien : ton introduction doit commencer par une amorce qui replace l'extrait étudié dans un contexte.

Ce contexte peut prendre des formes très diverses. Il peut s'agir d'une présentation :

- du mouvement littéraire ;
- de l'auteur ;
- de l'œuvre intégrale ;
- d'un événement historique ;
- du genre littéraire.

C'est donc la partie la plus « libre » de ton introduction, celle où tu peux montrer ta culture littéraire pour accrocher l'attention du correcteur.

Si le terme « culture littéraire » te fait dresser les cheveux sur la tête, détends-toi et souviens-toi que **le sujet du bac s'inscrit toujours dans l'un des quatre objets d'étude** au programme.

Sans être un as de la littérature française, si tu as un peu suivi en classe et préparé tes fiches pour l'oral, je t'assure que tu connais assez de choses sur le contexte pour trouver une amorce qui tient la route. Surtout que ton amorce n'a pas besoin de faire 10 lignes !

Voici quelques exemples d'amorces sur le poème « Le Dormeur du val » d'Arthur Rimbaud.

Exemple

Le poème « Le Dormeur du val » de Rimbaud a été écrit pendant la guerre franco-prussienne. Cet événement historique a bien un lien avec le poème étudié et constitue donc une amorce idéale :

En 1870 éclate la guerre franco-prussienne. C'est dans ce contexte qu'Arthur Rimbaud, alors adolescent de 16 ans, compose le poème « Le Dormeur du val ».

Ou pourquoi ne pas commencer ton introduction en présentant Rimbaud ? Il y a des chances pour que tu aies déjà étudié un poème de Rimbaud au cours de ta scolarité et que tu aies donc quelques notions sur ce poète :

Adolescent révolté, Arthur Rimbaud fascine par sa précocité intellectuelle. À l'âge de 20 ans, il a déjà considérablement influencé le milieu littéraire parisien. Le poème « Le Dormeur du val » fait justement partie de ses poèmes de jeunesse, écrit alors qu'il n'a que 16 ans.

Bien sûr, si tu es en panne d'inspiration, saute l'amorce et commence directement par la présentation de l'extrait, en précisant le titre de l'œuvre (souligné à la règle), l'auteur et la date de publication :

« Le Dormeur du val » d'Arthur Rimbaud, publié en 1870 dans Les Cahiers de Douai, est un poème de jeunesse du poète adolescent.

B Étape 2 : précise les caractéristiques du texte

Après la présentation du texte (le titre, l'auteur, la date de publication), précise les caractéristiques marquantes de l'extrait. Tu peux trouver ces caractéristiques en te posant les questions suivantes :

- Où se situe ce texte dans l'œuvre intégrale (au début, au milieu, à la fin) ?
- Quel est son thème ?
- Quel est son genre (théâtre, poésie, roman, etc.) ?
- Quel est son registre littéraire (comique, polémique, pathétique, lyrique…) ?

Tu n'es pas obligé(e) de trouver une réponse à toutes ces questions, mais elles vont t'aider à dresser en quelques mots la « carte d'identité » du texte.

Exemple

Ce sonnet fait découvrir au lecteur le spectacle de la mort d'un jeune soldat et vise à nous faire partager l'indignation et la colère du jeune poète.

C Étape 3 : annonce ta problématique

Pose ensuite une question à laquelle ton développement va répondre : la fameuse problématique.

Il arrive que certains professeurs de français n'exigent pas de problématique lors des devoirs sur table, mais la majorité des correcteurs au bac en attendent une et sanctionnent son absence. Mieux vaut donc ne pas prendre de risque : propose une problématique le jour J.

La problématique a deux caractéristiques :

1. Elle porte sur un intérêt littéraire du texte.
2. Ton plan y répond.

Tu peux formuler cette question sous une forme directe ou indirecte.

Exemple

Question directe :

Comment la chute du sonnet invite-t-elle le lecteur à une relecture du poème ?

Question indirecte :

Nous nous demanderons comment la chute du sonnet invite le lecteur à une relecture du poème.

D Étape 4 : annonce ton plan

Il ne reste plus qu'à annoncer ton plan !

Pour réussir ton annonce de plan, supprime les formules lourdes comme : « Dans une première partie... », « Dans une deuxième partie... », « Dans une troisième partie... ».

Ces expressions sont syntaxiquement correctes, mais on les dit trop « scolaires ». Elles donnent l'impression que tu es au collège, et non au lycée.

Maintenant que tu es en Première, il est temps de les remplacer par des formules plus légères qui correspondent au niveau bac et que tu pourras utiliser dans tes études supérieures.

Tu peux par exemple écrire : « Après avoir étudié..., nous verrons... », « Dans un premier temps nous analyserons..., puis nous étudierons..., enfin nous verrons... »

Exemple

Après avoir vu que Rimbaud met en place un décor apaisant, nous montrerons que le sommeil du jeune soldat est ambigu. Enfin, nous analyserons l'efficacité de la dénonciation de la guerre dans ce sonnet.

Tu as bien suivi les quatre étapes ? Relis-toi pour corriger les fautes d'orthographe : ton introduction est prête !

Le mémo d'Amélie

Bichonne ton introduction comme la partie la plus importante de ton commentaire et suis ces quatre étapes dans l'ordre :

1 - Rédige une amorce (si tu n'en trouves pas, passe à l'étape suivante).

2 - Présente le texte et précise ses caractéristiques.

3 - Formule une problématique.

4 - Annonce ton plan.

7 Comment réussir ma conclusion de commentaire ?

Je poursuis avec des exemples basés sur le poème « Le Dormeur du val » d'Arthur Rimbaud.

On l'oublie souvent, mais une conclusion efficace et bien rédigée peut convaincre ton correcteur de t'attribuer un point supplémentaire.

Voici les deux étapes à suivre pour que le charme opère.

A Étape 1 : rappelle les jalons de ton développement et réponds à la problématique

Tu te souviens de la problématique dans ton introduction ?

Ta conclusion doit y répondre, par deux ou trois phrases simples qui récapitulent les étapes clés de ton développement.

Exemple

La problématique énoncée dans l'introduction était la suivante :

Comment la chute du sonnet invite-t-elle le lecteur à une relecture du poème ?

Ta conclusion doit répondre à cette problématique sans détour :

La violence de la mort qui surgit au dernier vers nous invite à une relecture du poème. L'absurdité de la guerre transparaît alors dans la description d'une nature joyeuse désormais hors de portée de l'homme tombé au combat.

B Étape 2 : élargis ta conclusion

Le but de l'élargissement est de replacer le texte dans un contexte plus large pour ouvrir des perspectives de réflexion.

Comme l'amorce en introduction, l'élargissement fait appel à ta culture littéraire et peut prendre des formes diverses. Il peut s'agir d'une remarque sur :

- l'œuvre intégrale ;
- une autre œuvre du même auteur ;

- le projet esthétique de l'auteur ;
- une œuvre ou un texte d'un autre auteur ;
- une réflexion sur l'objet d'étude ;
- un événement historique ;
- la comparaison avec un autre art (peinture, musique, mise en scène, cinéma).

Bien sûr, il est rare qu'une ouverture s'impose à toi par magie. C'est d'ailleurs parce qu'elle n'est pas si simple à réaliser que sa présence est valorisée par les correcteurs.

Mais alors comment la trouver ? Il n'y a qu'une seule méthode : passe activement en revue toutes tes connaissances (sur l'auteur, le mouvement littéraire, les textes vus dans l'année...) pour saisir celle qui permet de prolonger la réflexion.

Si tu ne trouves rien, ne t'autoflagelle pas et saute cette étape.

En effet, mieux vaut ne rien écrire que faire une ouverture imprécise ou sans point commun avec le texte étudié. Par exemple, voici les ouvertures à éviter absolument :

- une question laissée sans réponse : « Quel est donc le rôle de la poésie ? »
- une généralité : « Beaucoup d'autres auteurs parlent de la guerre. »
- une référence non justifiée : « Ce poème fait penser à "L'Évadé" de Boris Vian. »

Si tu fais une ouverture, assure-toi d'être précis(e) et de justifier les rapprochements établis.

Exemple

Si l'on veut faire une ouverture pour le poème « Le Dormeur du val » de Rimbaud, on peut évoquer un autre poème en expliquant les raisons de ce rapprochement :

On retrouve dans le poème « L'Évadé » de Boris Vian les mêmes images d'un monde sensuel et joyeux dont le prisonnier est brutalement privé par le surgissement de la mort.

Ou

L'antimilitarisme de Rimbaud transparaît aussi dans le poème « Le Mal ».

Dans ces deux exemples, j'ai pris soin de justifier mon rapprochement. Mon ouverture est donc convaincante.

Le mémo d'Amélie

Ta conclusion est le miroir de ton introduction à laquelle elle répond en deux étapes :

1 - Un bilan du devoir et la réponse à la problématique.

2 - Une ouverture précise et justifiée (si tu en trouves une).

8 Comment savoir si mon plan tient la route ?

Tu as trouvé un plan ?

Voici les 4 questions à te poser pour t'assurer qu'il tient la route !

A Question 1 : ton plan répond-il à ta problématique ?

Imagine que l'on te demande : « Qu'as-tu fait pendant les vacances d'été ? »

Vas-tu répondre que tu aimes le ski ou que tu aimerais visiter le Guatemala ?

Bien sûr que non ! Tu vas proposer une réponse en lien avec la question.

Pour ton commentaire, c'est pareil.

Puisque tu as formulé une problématique dans ton introduction, ton commentaire doit absolument répondre à cette question.

Exemple

Pour « Le Dormeur du val » de Rimbaud, notre problématique était la suivante :

En quoi la chute de ce sonnet invite-t-elle le lecteur à une relecture du poème ?

Il faut nous assurer que notre plan répond à cette question :

La chute de ce sonnet invite le lecteur à une relecture du poème **car**...

I – Le poème décrit une nature joyeuse et apaisante...

II – ... dans laquelle un jeune soldat dort d'un sommeil ambigu.

III – L'irruption brutale de la mort à la fin du poème crée la surprise et permet de dénoncer les atrocités de la guerre.

Pour tester si ton plan répond à ta problématique, imite l'exemple ci-dessus : **écris la conjonction de coordination « car » à la suite de ta problématique** et formule tes axes de lecture comme des réponses à la question posée.

B Question 2 : ton plan est-il équilibré ?

Les parties de ton commentaire doivent être équilibrées, et l'équilibre d'un plan se mesure de deux façons :

- **Quantitativement :** les parties de ton plan doivent être de longueur comparable. Il faut éviter un axe de lecture de 15 lignes quand l'axe de lecture précédent fait une page et demie.
- **Qualitativement :** tes parties doivent faire avancer ton raisonnement et s'appuyer sur des procédés littéraires que tu analyses. Fais la chasse aux redondances et aux parties « récitation de cours » qui ne correspondent pas à des analyses du texte.

Ne te rajoute pas des contraintes imaginaires en t'obligeant à faire un plan en trois parties. Si tu te rends compte que ton plan en trois parties n'est pas équilibré, reste sur un plan en deux parties bien mené.

C Question 3 : ton plan suit-il un ordre logique ?

Imagine que tu rencontres un martien qui te demande quel est cet objet – ton téléphone – que tu tiens entre les mains.

Vas-tu lui répondre que c'est un appareil avec un écran de résolution de 960 × 640 pixels à 326 ppp de contraste 800:1 et de luminosité maximale de 500 cd/m^2 ?

J'espère que non ! Tu vas d'abord lui expliquer qu'il s'agit d'un outil de communication qui nous permet d'appeler nos proches et d'accéder à Internet.

Ensuite, tu lui donneras des détails techniques.

Tu vas partir du plus simple pour aller au plus complexe.

Dans un plan de commentaire, il faut faire la même chose.

Ton **premier axe** de lecture doit faire ressortir les **observations et impressions qui sont immédiatement perceptibles** par le lecteur.

Puis **graduellement,** tu passeras à **des remarques plus complexes,** par exemple sur le sens implicite du texte, ou à des interprétations plus fouillées qui ne sont pas forcément évidentes à la première lecture.

Organise ainsi tes axes de lecture de l'idée la plus simple à la plus complexe.

D Question 4 : ton plan mêle-t-il bien le fond et la forme ?

Assure-toi de mêler le fond et la forme dans chacun de tes axes de lecture.

Par exemple, **ne fais jamais un axe de lecture sur les procédés stylistiques du texte,** comme ci-dessous :

- I – La description d'un soldat endormi
- II – Procédés littéraires utilisés

Ce type de plan ne fonctionne pas car les procédés littéraires ne sont pas des décorations que l'auteur a ajoutées au texte après coup.

Le sens du texte et les procédés littéraires sont intimement liés pour produire un effet global sur le lecteur. Ils doivent donc être **analysés ensemble, dans chaque axe de lecture,** et non séparément.

Le mémo d'Amélie

Teste la pertinence de ton plan en te posant les quatre questions suivantes :

1 - Mon plan répond-il à la problématique posée en introduction ?

2 - Mon plan est-il équilibré ?

3 - Mon plan suit-il un ordre logique et progressif ?

4 - Mon plan mêle-t-il le fond et la forme ?

Retrouve cette leçon en vidéo sur commentairecompose.fr (c'est la vidéo n° 4 de ma formation gratuite en 10 leçons).

9 Comment éviter les contresens ?

« Alors comme ça, vous pensez que Camus prône la violence contre les Algériens ? » s'exclame ton professeur en te rendant ta copie.

« Aïe. Encore un contresens qui va ruiner ma note », penses-tu en recevant ton devoir avec un sourire crispé.

Le contresens est bien sûr la bête noire des étudiants, mais il faut savoir qu'il ne vous tombe pas dessus par hasard. Ses causes sont toujours les mêmes : il s'agit d'une méconnaissance du contexte du texte et d'une difficulté de l'élève à sortir de son XXIe siècle.

Pour éviter les contresens dans ton prochain devoir, pose-toi les deux questions suivantes.

A Quel est le contexte de l'œuvre ?

Le texte étudié s'inscrit toujours dans un des quatre objets d'étude au programme : les connaissances acquises sur ces objets d'étude, même basiques, sont essentielles pour t'aider à comprendre le sens du texte.

Prends du recul et demande-toi :

- **Quel était le contexte historique** à l'époque d'écriture ?
- **L'auteur s'inscrit-il dans un mouvement littéraire** que je connais ?
- **Dans quel contexte historique l'auteur a-t-il placé son histoire ?**

Nul besoin d'être un historien ou un spécialiste de l'auteur pour réussir ton commentaire, mais des connaissances simples sur le contexte t'assurent une compréhension exacte de l'extrait étudié.

Tu seras d'accord avec moi que vivre sous une monarchie absolue de droit divin au XVIIe siècle n'est pas la même expérience que vivre sous la révolution industrielle du XIXe siècle ou pendant la Seconde Guerre mondiale…

Or, l'Histoire avec « un grand H » influe sur les histoires avec « un petit h » : celles des trajectoires individuelles des auteurs, des personnages et des récits qu'ils mettent en place.

Prendre en compte le contexte de l'œuvre lors de ta lecture t'assure une meilleure compréhension de l'extrait étudié.

B Sors de ton XXIe siècle

L'une des clés pour éradiquer les contresens est de te **plonger dans le texte** et de le comprendre en fonction des critères historiques, littéraires et esthétiques de son époque.

L'idée est simple : **le texte a (généralement) été écrit à une époque radicalement différente de la nôtre.** Le juger avec les critères de notre XXIe siècle est le meilleur moyen de passer à côté de son sens et de sa sensibilité.

Par exemple, des effusions de sentiments qui peuvent paraître ridicules à un adolescent français d'aujourd'hui, ne l'étaient pas dans la période romantique de la première moitié du XIXe siècle.

Un personnage féminin qui a du caractère peut te sembler ordinaire aujourd'hui, mais était extraordinaire dans un XVIIIe siècle où les femmes restaient cantonnées au tâches domestiques sans recevoir d'éducation.

Les exemples sont infinis !

L'idée est de laisser venir à toi tes premières impressions sur le texte, mais **sans porter de jugement de valeur** sur l'auteur ou les personnages : ce serait déplacé et ce n'est pas ce qu'on te demande.

Le mémo d'Amélie

Le contresens n'est pas une fatalité ! Pour l'éviter, garde à l'esprit que :

1 - Le texte a été écrit à une autre époque. Replonge-toi dans cette dernière : les comportements et agissements des personnages ne te sembleront plus si incongrus.

2 - Le but d'un commentaire n'est pas de juger l'auteur ou ses personnages selon nos critères de pensée du XXIe siècle. Oublie les valeurs et habitudes de notre époque pour apprécier l'originalité de ce qui a été écrit avant.

10 Comment rédiger mon commentaire ?

Comment présenter mon devoir ?

Quand sauter des lignes et faire des alinéas ?

On se pose tous ce type de questions devant sa feuille et on a bien raison car les quelques points attribués à la présentation du commentaire sont les plus faciles à gagner. Autant en profiter !

Voici les règles à respecter quand tu rédiges ton commentaire.

A Soigne l'aspect « visuel » de ton commentaire

Aère ta présentation de façon que ton correcteur identifie en un coup d'œil le nombre exact de parties et sous-parties dans ton devoir.

Si tu es un(e) adepte des blocs de texte de 4 pages écrits en pattes de mouche, il est temps de changer tes habitudes :

- Saute 2 lignes après ton introduction.
- Saute 1 ligne après chaque grande partie de ton devoir.
- Saute 2 lignes avant de commencer ta conclusion.
- Fais un alinéa au début de chaque paragraphe.

Grâce à ces sauts de lignes et alinéas, ta copie sera plus claire et les étapes de ton argumentation plus évidentes.

B Rédige ton plan

Le jour du bac, le plan de ton commentaire ne doit pas être apparent : il doit être rédigé.

Qu'est-ce que cela veut dire ?

Exemple

C'est simple. N'écris pas, comme au brouillon, un plan apparent avec des numéros et des lettres :

I - Un poème lyrique

A - L'expression de la mélancolie

Rédige tes idées directrices sous forme de phrases claires et simples. Par exemple :

Ce poème est lyrique.

Tout d'abord, le poète exprime sa mélancolie. En effet, ...

Vois-tu la différence ? Le plan n'est pas apparent mais **il n'a pas disparu pour autant** : les intitulés sont formulés en phrases brèves et claires.

C Soigne les transitions

Les transitions sont des phrases qui soulignent l'articulation logique entre tes parties. Pourquoi passer d'une grande partie à une autre ? C'est ce que doit expliquer ta transition.

Pour plus de clarté, ta transition peut être isolée des grandes parties par un saut de ligne.

D Respecte les règles typographiques

Le non-respect des règles typographiques est fréquent dans les copies et agace beaucoup les correcteurs.

Elles sont pourtant très simples à suivre !

1 Souligne les titres d'œuvres à la règle

Quand tu écris un devoir à la main, souligne les titres d'œuvres à la règle. Seuls les titres de poèmes, fables, chansons ou chapitres sont entre guillemets.

Exemple

Cet extrait est issu du chapitre 3 du roman Germinal de Zola.

Le poème « L'Albatros » est issu du recueil Les Fleurs du Mal de Baudelaire.

« Tableaux parisiens » est la deuxième section du recueil Les Fleurs du Mal de Baudelaire.

Dans un livre ou sur Internet, le soulignement est remplacé par l'italique. Mais si ton devoir est manuscrit, les titres d'œuvres doivent être soulignés à la règle.

2 Place les citations entre guillemets

Indique les citations par des **guillemets** pour éviter toute confusion entre les citations du texte et tes explications.

N'oublie pas non plus d'indiquer le numéro de ligne ou de vers d'où est issue la citation.

Exemple

On trouve dans « Le Dormeur du val » de nombreuses personnifications de la nature, à laquelle le poète prête des attributs humains : la rivière « chante » (v. 1) et accroche « des haillons » au v. 2, la montagne est « fière » (v. 3) et la nature « berce » (v. 11) le jeune soldat.

E Varie ton vocabulaire et tes phrases

Au lycée, on te demande un effort d'expression écrite et il n'y a qu'une façon d'y parvenir : en variant ton vocabulaire et tes phrases.

On a tous quelques habitudes d'écriture dont il faut se défaire.

Par exemple, certains élèves utilisent à l'infini l'expression « Ce texte » : « Ce texte montre, ce texte indique, ce texte révèle… »

Si c'est ton cas, oblige-toi à varier les termes utilisés pour éviter les répétitions.

Exemple

Par exemple, l'expression « ce texte » peut être remplacée par : « ce passage », « cet extrait », « cette ligne », « ce vers », « cette strophe », « ce quatrain », « cet incipit », « cet excipit », « ce chapitre », « cette phrase », « cette formule », « cette proposition », « cette tirade », « cette réplique », « cette scène », « ce dialogue », etc.

Le verbe « montrer », souvent trop présent dans les copies – « Ce procédé montre que... » – peut être remplacé par : « révéler », « dépeindre », « représenter », « communiquer », « dévoiler », « mettre en relief », « souligner », « esquisser », « exprimer », « indiquer », « marquer », « donner l'impression que », « présenter », « témoigner de », « accentuer », « amplifier », etc.

Prends l'habitude d'utiliser chez toi un dictionnaire des synonymes pour enrichir ton vocabulaire. Petit à petit, tu n'auras plus besoin de dictionnaire car les mots te viendront plus facilement à l'esprit.

Varie aussi tes débuts de phrases. Par exemple, n'hésite pas à remplacer une forme passive comme « Ce texte a été écrit par Victor Hugo », par une forme active « Victor Hugo écrit le poème "Melancholia"... ».

Ces variations rendront ta copie plus plaisante à lire.

Le mémo d'Amélie

Il y a quelques règles de présentation incontournables pour ton commentaire, et heureusement, très simples à respecter :

- **Saute 2 lignes après l'introduction et avant la conclusion.**
- **Saute 1 ligne après chaque grande partie.**
- **Fais un alinéa au début de chaque paragraphe.**
- **Souligne les titres d'œuvres à la règle et mets les titres de poèmes entre guillemets.**
- **Indique les citations par des guillemets et précise le numéro de la ligne ou du vers dont elles sont tirées.**
- **Varie tes phrases et ton vocabulaire.**

11 Comment me préparer efficacement au commentaire dans l'année ?

Une chose est sûre : le commentaire est un exercice PRATIQUE qui nécessite peu de connaissances théoriques.

Voici comment t'organiser pour progresser tout au long de l'année.

A Revois les outils d'analyse littéraire

Les outils d'analyse littéraire sont les champs lexicaux, figures de style, points de vue, registres, etc., dont tu as déjà entendu parler en Seconde.

Toute l'année, pour la préparation de l'oral, ton professeur utilise ces outils. Sois-y attentif(ve), consigne-les dans tes fiches et observe comment ton professeur s'en sert pour justifier ses interprétations : c'est ce qu'il te faut reproduire dans tes propres commentaires.

Si tu ne maîtrises pas le vocabulaire de l'analyse littéraire, va sur commentairecompose.fr et inscris-toi à ma formation gratuite en vidéo. Tu y trouveras des ressources supplémentaires.

B Apprends à utiliser ces outils

Comme leur nom l'indique, les outils d'analyse littéraires sont des outils à ta disposition pour réussir ton analyse.

C'est très bien de les connaître, mais il faut surtout que tu apprennes à analyser les effets qu'ils produisent sur le lecteur, car c'est là l'enjeu de ton commentaire.

Pour cela, utilise ma méthode p. 98 : associe à l'avance un procédé littéraire à un effet possible et pars de cet effet pour dérouler tes analyses.

Retrouve aussi cette méthode dans ma vidéo n° 3 des 10 leçons gratuites sur commentairecompose.fr.

C Entraîne-toi à rédiger des micro-analyses

Tu peux faire des progrès considérables si tu effectues régulièrement des micro-analyses de 20 minutes.

Qu'est-ce qu'une micro-analyse ?

C'est la rédaction d'un paragraphe de 15 à 20 lignes qui correspond à une sous-partie de commentaire.

Relève par exemple un procédé littéraire et analyse-le. Une vingtaine de minutes suffisent (tu n'auras guère plus de temps pour chaque sous-partie quand tu rédigeras un devoir complet en 4 heures).

Le commentaire est avant tout un exercice pratique : ce sont ces courts entraînements qui vont t'aider à développer les bons automatismes.

Le mémo d'Amélie

Le commentaire est avant tout un exercice pratique, ce qui est plutôt une bonne nouvelle pour toi : nul besoin d'un savoir encyclopédique pour réussir cet exercice. Ce qu'il te faut, c'est développer tes compétences d'analyse, d'organisation et de rédaction :

1 - Pour l'analyse : révise les procédés littéraires et leurs effets.

2 - Pour l'organisation et la rédaction : entraîne-toi en faisant des micro-analyses d'une vingtaine de minutes pour acquérir des automatismes qui te feront gagner du temps.

SUJETS DU BAC CORRIGÉS

Je te propose ici quatre exemples de commentaires dont un intégralement rédigé.

Sujet 1 - Littérature d'idées

Voltaire, *De l'horrible danger de la lecture*, 1765

À travers l'écriture d'un faux édit contre l'imprimerie, qui aurait été promulgué dans l'Empire ottoman, Voltaire défend la lecture et la liberté de penser.

Nous Joussouf-Chéribi, par la grâce de Dieu mouphti du Saint-Empire ottoman, lumière des lumières, élu entre les élus, à tous les fidèles qui ces présentes verront, sottise et bénédiction. Comme ainsi soit que Saïd Effendi, ci-devant ambassadeur de la Sublime-Porte vers un petit État nommé Frankrom, situé entre l'Espagne et l'Italie, a rapporté parmi nous le pernicieux usage de l'imprimerie, ayant consulté sur cette nouveauté nos vénérables frères les cadis et imans de la ville impériale de Stamboul, et surtout les fakirs connus par leur zèle contre l'esprit, il a semblé bon à Mahomet et à nous de condamner, proscrire, anathématiser ladite infernale invention de l'imprimerie, pour les causes ci-dessous énoncées.

1. Cette facilité de communiquer ses pensées tend évidemment à dissiper l'ignorance, qui est la gardienne et la sauvegarde des États bien policés.

2. Il est à craindre que, parmi les livres apportés d'Occident, il ne s'en trouve quelques-uns sur l'agriculture et sur les moyens de perfectionner les arts mécaniques, lesquels ouvrages pourraient à la longue, ce qu'à Dieu ne plaise, réveiller le génie de nos cultivateurs et de nos manufacturiers, exciter leur industrie, augmenter leurs richesses, et leur inspirer un jour quelque élévation d'âme, quelque amour du bien public, sentiments absolument opposés à la sainte doctrine.

3. Il arriverait à la fin que nous aurions des livres d'histoire dégagés du merveilleux qui entretient la nation dans une heureuse stupidité. On aurait dans ces livres l'imprudence de rendre justice aux bonnes et aux mauvaises actions, et de recommander l'équité et l'amour de la patrie, ce qui est visiblement contraire aux droits de notre place.

4. Il se pourrait, dans la suite des temps, que de misérables philosophes, sous le prétexte spécieux, mais punissable, d'éclairer les hommes et de les rendre meilleurs, viendraient nous enseigner des vertus dangereuses dont le peuple ne doit jamais avoir de connaissance.

5. Ils pourraient, en augmentant le respect qu'ils ont pour Dieu, et en imprimant scandaleusement qu'il remplit tout de sa présence, diminuer le nombre des pèlerins de La Mecque, au grand détriment du salut des âmes.

6. Il arriverait sans doute qu'à force de lire les auteurs occidentaux qui ont traité des maladies contagieuses, et de la manière de les prévenir, nous serions assez malheureux pour nous garantir de la peste, ce qui serait un attentat énorme contre les ordres de la Providence.

À ces causes et autres, pour l'édification des fidèles et pour le bien de leurs âmes, nous leur défendons de jamais lire aucun livre, sous peine de damnation éternelle. Et, de peur que la tentation diabolique ne leur prenne de s'instruire, nous défendons aux pères et aux mères d'enseigner à lire à leurs enfants. Et, pour prévenir toute contravention à notre ordonnance, nous leur défendons expressément de penser, sous les mêmes peines ; enjoignons à tous les vrais croyants de dénoncer à notre officialité quiconque aurait prononcé quatre phrases liées ensemble, desquelles on pourrait inférer un sens clair et net. Ordonnons que dans toutes les conversations on ait à se servir de termes qui ne signifient rien, selon l'ancien usage de la Sublime-Porte. [...] Donné dans notre palais de la stupidité, le 7 de la lune de Muharem, l'an 1143 de l'hégire.

Voltaire, *De l'horrible danger de la lecture*, 1765.

Proposition de corrigé

Ce corrigé est intégralement rédigé, comme tu devras le faire le jour du bac. Observe attentivement la composition : sauts de ligne, alinéas, etc., pour reproduire la même chose dans tes devoirs.

Voltaire rédige en 1765 le pamphlet De l'horrible danger de la lecture qui réaffirme les idées des Lumières de plus en plus influentes dans la société française depuis 1750. Fidèle à la méthode du décentrement, chère à Montesquieu dans les Lettres persanes, Voltaire place son texte dans un Orient imaginaire afin de mieux dénoncer la monarchie française et le fanatisme religieux en Occident. Comment le recours à un Orient imaginaire permet-il une critique efficace de l'Occident ? Nous verrons que Voltaire place son lecteur devant un édit oriental parodique qui lui permet de critiquer l'Occident et de promouvoir l'idéal des Lumières.

Ton introduction correspond à un seul paragraphe précédé d'un alinéa.

Ce pamphlet se lit tout d'abord comme une parodie d'édit oriental.

Présente ton axe de lecture sous la forme d'une phrase rédigée.

Voltaire place son texte dans un Orient imaginaire. L'orientalisme concerne le nom des personnages : « Joussouf-Chéribi », « Saïd Effendi », « Mahomet » et la géographie qui désigne l'Empire ottoman (« Saint-Empire ottoman », « Sublime-Porte », « la ville impériale de Stamboul », « La Mecque »). Voltaire recrée aussi toute la sociologie de l'Orient avec le « mouphti », les « cadis et imams » et les « fakirs ». Le lecteur est ainsi plongé dans un univers oriental. Cet univers ne peut que plaire au lecteur car les récits exotiques sont prisés au XVIIIe siècle. Les <u>Lettres persanes</u> de Montesquieu furent par exemple un grand succès littéraire. Le calendrier lunaire mentionné à la fin du texte, « le 7 de la lune de Muharem, l'an 1143 de l'hégire », rappelle d'ailleurs les dates du calendrier lunaire à la fin de chaque lettre persane.

De cet Orient imaginaire, Voltaire nous propose la lecture d'un texte juridique. Le début du texte adopte la forme de l'édit avec le « Nous » collectif représentant la nation au nom du roi, et l'évocation de Dieu qui place la nation sous sa protection : « Nous Joussouf-Chéribi, par la grâce de Dieu mouphti du Saint-Empire ottoman ». Le vocabulaire et les tournures syntaxiques sont typiquement administratives : « Comme ainsi soit que », « ci-devant », « ayant consulté », « ci-dessous énoncées », « À ces causes et autres », « Donné dans notre palais ». Le texte suit également la structure du raisonnement juridique avec le « nous » du législateur, les visas, c'est-à-dire les instances consultées pour prendre la décision (« ayant consulté sur cette nouveauté nos vénérables frères »), les six considérants, c'est-à-dire les six motifs de la décision, présents sous forme de paragraphes numérotés, et l'énoncé de la décision. Le champ lexical de l'ordre (« défendons », « notre ordonnance », « enjoignons », « Ordonnons ») rappelle aussi la dimension impérative du texte juridique.

Observe comme chaque idée est justifiée par une ou plusieurs citations du texte.

Commente l'effet produit par les procédés relevés : c'est ce qui permet de passer de la description du texte à son analyse !

Mais le lecteur ne tarde pas à comprendre que ce texte est une parodie d'édit oriental. La première phrase, composée d'une succession de périphrases pompeuses pour désigner le mouphti (« lumière des lumières, élu entre les élus »), est déconstruite par la chute ridicule « sottise et

LE COMMENTAIRE

bénédiction ». L'inflation verbale des écrits juridiques est tournée en dérision par la juxtaposition sans fin de propositions. Les énumérations comme « il a semblé bon [...] de condamner, proscrire, anathématiser » montre un acharnement comique du Mouphti à abuser de son pouvoir. La parodie atteint son paroxysme lorsque le texte juridique ordonne l'impossible : « nous leur défendons expressément de penser ». Le comique naît aussi du choc des mots car Voltaire se plaît à rapprocher des termes péjoratifs et mélioratifs qui créent un décalage ironique : « infernale invention de l'imprimerie », « heureuse stupidité », « misérables philosophes », « vertus dangereuses », « assez malheureux pour nous garantir de la peste », « tentation diabolique [...] de s'instruire », « défendons de penser », « notre palais de la stupidité ». Ces antithèses soulignent que le texte est construit sur le modèle de l'antiphrase : il faut systématiquement comprendre le contraire de ce qui est écrit. Voltaire se moque-t-il d'ailleurs réellement de l'Orient ? Ne décentre-t-il pas le lecteur pour l'amener à observer sa propre culture avec davantage de recul ?

L'Orient est en fait un masque permettant à Voltaire de mieux dénoncer les abus de la monarchie et de l'Église en France.

Présente ton second axe de lecture sous la forme d'une phrase rédigée.

À travers la figure toute-puissante du mouphti, Voltaire dénonce la monarchie absolue française. Il lui reproche tout d'abord de maintenir volontairement son peuple dans l'ignorance, comme le souligne le champ lexical de l'ignorance : « ignorance », « merveilleux », « stupidité », « jamais avoir de connaissance ». Tout ce qui est lié à la lecture ou à l'imprimerie est diabolisé car la monarchie absolue a une crainte irrationnelle de la circulation des idées : « infernale invention », « tentation diabolique ». L'édit en vient absurdement à criminaliser la logique, le bon sens et la clarté : il devient interdit de prononcer « quatre phrases liées ensemble, desquelles on pourrait inférer un sens clair et net ». Pire encore, le Peuple est soumis au bon vouloir du Prince qui décide des lois selon son humeur : « il a semblé bon à Mahomet et à nous de condamner [...] ». À travers cette expression, Voltaire dénonce l'arbitraire de la justice : dans la monarchie absolue, c'est le roi qui fixe les lois et les châtiments. L'usage de la force est aussi souligné par la polysémie de l'adjectif « policés » dans l'expression « États

Vois comme je développe mes analyses en mettant des mots sur ce qui est implicite ou suggéré par le texte !

bien policés » qui peut signifier des États civilisés, polis, mais aussi des États surveillés et privés de liberté.

La volonté de maintenir le peuple dans l'ignorance est partagée par l'Église. Car si Voltaire mentionne le clergé oriental (« mouphti », « cadis », « imams »), c'est en réalité le clergé catholique qu'il pointe du doigt. Le champ lexical de la religion fait en effet souvent référence à la religion chrétienne : « la grâce de Dieu », « merveilleux », « vénérables frères », « à Dieu ne plaise », « sainte doctrine », « salut des âmes », « ordres de la Providence ». Voltaire dénonce le recours au merveilleux pour rendre les hommes superstitieux (« Il arriverait à la fin que nous aurions des livres d'histoire dégagés du merveilleux »). Les hyperboles religieuses montrent l'intention de l'Église de maintenir les hommes dans la peur en entretenant la crainte du châtiment divin : « damnation éternelle », « tentation diabolique », « condamner, proscrire, anathématiser », « attentat énorme contre les ordres de la Providence ». La croyance en la Providence selon laquelle Dieu organise tous les événements (heureux ou malheureux) est ridiculisée. Cette croyance empêche le progrès humain au point où l'édit interdit que l'on se prémunisse de la peste, la maladie étant une épreuve divine à accepter : « nous garantir de la peste qui serait un attentat énorme contre les ordres de la Providence ».

Annonce aussi l'idée directrice de ta sous-partie en début de paragraphe. On doit immédiatement comprendre ce que tu souhaites démontrer !

Utilise le vocabulaire d'analyse littéraire.

Ces dénonciations permettent en creux de dessiner la société idéale des Lumières selon Voltaire. Il s'agit d'une société où la circulation des idées permet le progrès : « réveiller le génie de nos cultivateurs et de nos manufacturiers », « exciter leur industrie », « augmenter leurs richesses », « inspirer un jour quelque élévation d'âme ». Cette énumération résume la vision du progrès social pour Voltaire : l'homme doit se rendre maître de la nature en cultivant la terre (« cultivateur ») mais aussi en faisant de l'industrie, qui permet la richesse de la nation et l'élévation morale de l'homme (« élévation d'âme »). Dans cette nouvelle société, le philosophe est capable « d'éclairer les hommes et de les rendre meilleurs ». Il se substitue donc à la figure religieuse du dévot et devient un guide des âmes. En libérant les hommes des croyances superstitieuses, il « diminu[e] le nombre des pèlerins »,

Remarque que chaque paragraphe commence par un alinéa.

mais cette société moins religieuse est paradoxalement plus vertueuse. Instruits, les hommes sont en effet « meilleurs » et empreints du respect de Dieu (« augmentant le respect qu'ils ont pour Dieu ») car pour Voltaire, la raison et la nature (et non la religion) sont garantes des bonnes mœurs.

Réponds à la problématique en rappelant les jalons de ton développement.

Plus de quarante ans après le succès des Lettres persanes de Montesquieu, Voltaire reprend dans De l'horrible danger de la lecture le principe du regard éloigné pour mieux critiquer la société française. Cette parodie d'édit oriental plonge le lecteur dans un univers exotique plaisant et en vogue à l'époque. Mais il ne faut pas s'y tromper : derrière l'Orient, c'est l'Occident que Voltaire critique en dénonçant les excès de pouvoir de la monarchie absolue et de l'Église. Le procédé du décentrement pour mieux critiquer l'Occident est familier à Voltaire qui l'a déjà utilisé dans Zadig, conte philosophique oriental publié en 1747.

Explique les raisons du rapprochement avec un autre texte. Ici, c'est le procédé du décentrement dans un univers oriental qui permet de rapprocher *De l'horrible danger* de la lecture de *Zadig*.

Sujet 2 - Poésie

Robert Desnos, « J'ai tant rêvé de toi », *Corps et biens*, 1930

J'ai tant rêvé de toi que tu perds ta réalité.
Est-il encore temps d'atteindre ce corps vivant et de baiser sur cette bouche la naissance de la voix qui m'est chère ?
J'ai tant rêvé de toi que mes bras habitués, en étreignant ton ombre, à se croiser sur ma poitrine ne se plieraient pas au contour de ton corps, peut-être.
Et que, devant l'apparence réelle de ce qui me hante et me gouverne depuis des jours et des années, je deviendrais une ombre sans doute.
Ô balances sentimentales.
J'ai tant rêvé de toi qu'il n'est plus temps sans doute que je m'éveille. Je dors debout, le corps exposé à toutes les apparences de la vie et de l'amour et toi, la seule qui compte aujourd'hui pour moi, je pourrais moins toucher ton front et tes lèvres que les premières lèvres et le premier front venus.
J'ai tant rêvé de toi, tant marché, parlé, couché avec ton fantôme qu'il ne me reste plus peut-être, et pourtant, qu'à être fantôme parmi les fantômes et plus ombre cent fois que l'ombre qui se promène et se promènera allègrement sur le cadran solaire de ta vie.

Robert Desnos, « J'ai tant rêvé de toi », *Corps et biens*, © Gallimard, 1930.

Proposition de corrigé

Dans ce corrigé, le plan est apparent pour faciliter ta lecture et ta compréhension. Le jour J, n'oublie pas que le plan ne doit pas apparaître et que les idées directrices doivent être rédigées.

Introduction

Le surréalisme est un mouvement littéraire qui veut libérer l'art et la pensée de toutes les contraintes. C'est ce qui transparaît dans « J'ai tant rêvé de toi », deuxième poème de la partie « À la mystérieuse » du recueil *Corps et biens* de Robert Desnos, qui croise deux thèmes de prédilection du mouvement surréaliste : l'amour et le rêve. En 1926, Robert Desnos connaît un amour passionnel, mais non partagé, pour une chanteuse, Yvonne de Knops dite Yvonne George. « J'ai tant rêvé de toi » est ainsi un poème marqué par l'absence et le manque de la femme aimée. Comment l'écriture surréaliste parvient-elle à sublimer l'absence de l'être cher ? Nous verrons que dans ce poème lyrique, le manque et l'absence de l'être aimé sont sublimés par l'écriture surréaliste dans laquelle l'amour se réalise par les mots.

I – Un poème lyrique

A – L'expression lyrique du sentiment amoureux

- Ce poème est dominé par le **registre lyrique.**
- La première personne du singulier est présente sous toutes les formes grammaticales : « je », « me hante », « mes bras », « pour moi ».
- L'énumération des **verbes d'action** suggère une **démultiplication** du sujet lyrique : « rêvé de toi, tant marché, parlé, couché ».
- Le **champ lexical du sentiment amoureux** est omniprésent : « m'est chère », « ma poitrine », « sentimentales », « l'amour ».
- **L'adverbe intensif « tant »** dans « J'ai tant rêvé de toi » renforce la force du sentiment amoureux.
- Les vers sont irréguliers, ce qui donne l'impression d'entendre les **intermittences du cœur** du poète.

B – L'évocation de la femme aimée

- Les deux personnes « J' » et « toi » sont rassemblées dans le titre du poème qui se situe donc dans la **tradition du lyrisme amoureux :** « J'ai tant rêvé de toi ».
- La deuxième personne du singulier est omniprésente : « J'ai tant rêvé de **toi** que **tu** perds **ta** réalité ».
- L'allitération en [t] crée un effet d'écho au tutoiement : « J'ai **t**ant rêvé de **t**oi que **t**u perds **t**a réali**t**é ».
- L'évocation de la femme est sensuelle, comme en témoigne le **champ lexical du corps :** « ce corps », « cette bouche », « la voix », « mes bras », « ma poitrine », « ton corps », « le corps », « ton front », « tes lèvres ».

II – Un poème sur le manque et l'absence

A – Des personnages fantômes

- Ce poème traite de l'**absence** de la femme aimée.
- L'**anaphore du terme « ombre »** (4 occurrences) et du terme « fantôme » (3 occurrences) fait glisser le poème vers un registre fantastique.
- Le **champ lexical de l'illusion** (« tu perds ta réalité », « apparence », « dors debout », « apparences de la vie ») et la répétition de l'**adverbe « peut-être »** font basculer ce poème dans un **univers incertain** situé entre **le rêve et la réalité.**
- Le poète lui-même disparaît dans l'ombre : « Qu'il ne me reste plus peut-être, et pourtant, qu'à être fantôme parmi les fantômes et plus ombre ».
- La posture du poète rappelle d'ailleurs une **position funéraire** « [...] mes bras habitués / à se croiser sur ma poitrine ».

B – Une impossibilité tragique d'aimer

- Le **champ lexical du temps** montre le travail **destructeur** du temps sur l'amour : « temps », « depuis des jours et des années », « temps », « aujourd'hui », « premières », « cent fois », « cadran solaire », « ta vie ».
- L'adverbe **« tant »** dans le titre exprime l'intensité de l'amour mais laisse aussi entendre le terme **« temps ».**
- Le mode interrogatif « Est-il encore temps » se transforme en mode négatif « qu'il n'est plus temps ».
- Le **passé composé** (« J'ai tant rêvé de toi, tant marché, parlé ») et la **juxtaposition des verbes** donnent l'impression que le poète feuillette un **album jauni par un temps destructeur.**
- Les verbes au **conditionnel** expriment l'impossibilité de Desnos de vivre son amour : « ne se plieraient pas », « deviendrais », « pourrais ».

III – Une écriture surréaliste

A – Une libération du vers poétique

- Le **vers libre** marque une libération poétique.
- On observe des ruptures syntaxiques volontaires appelées **anacoluthes** : « qu'il ne me reste plus peut-être, et pourtant, / qu'à être fantôme ». Les mots se libèrent des contraintes grammaticales.
- La poésie se transforme même en **chanson,** la répétition de « J'ai tant rêvé de toi » sonnant comme un **refrain.**
- Les **rimes internes** créent des effets d'écho : « Est-il encore temps d'atteindre ce corps vivant ».
- Les mots semblent être liés les uns avec les autres non par le sens concret mais par une **énergie musicale** : « et pourtant, / qu'à être fantôme parmi les fantômes et plus ombre cent fois / que l'ombre qui se promène et se promènera allègrement ».

B – Une union amoureuse par le rêve

- L'union amoureuse se réalise dans le rêve.
- Les mots se dédoublent (« peut-être », « sans doute », « ombre », « fantôme »), faisant de ce poème un **poème-miroir,** qui donne un autre **reflet de la réalité.**
- « Fantôme » désigne à la fois la femme aimée (« ton fantôme ») et le poète (« être fantôme »). La **fusion des deux amants** s'opère donc dans le rêve.

- Le **champ lexical du rêve** (« rêvé », « rêvé », « rêvé », « m'éveille », « dors », « rêvé ») laisse penser que **la vérité réside dans le rêve.** C'est lui qui donne une clé pour comprendre le monde.
- L'image finale du **« cadran solaire »** est une **métaphore lumineuse** : elle suggère que le poète transcende par la poésie l'absence et la fatalité du temps.

Conclusion

Le poème « J'ai tant rêvé de toi » de Robert Desnos est un pont entre la tradition lyrique et l'imaginaire surréaliste qui permet d'exprimer l'amour sans les contraintes de la logique et de la syntaxe, en laissant libre cours à la musicalité et aux images. En ce sens, ce poème est typique de l'écriture surréaliste qui se caractérise par un lien indéfectible entre l'amour et les mots. Ce lien s'exprime encore davantage dans un poème comme « Union libre » d'André Breton.

Sujet 3 - Théâtre

Marivaux, *L'Île des esclaves*, I, 1, 1725

Dans cette scène d'exposition, Iphicrate et son esclave Arlequin font naufrage sur l'île des Esclaves, une île fondée par d'anciens esclaves grecs révoltés contre leurs maîtres et sur laquelle les rapports maîtres/esclaves sont inversés.

Iphicrate, *après avoir soupiré.*
Arlequin !

Arlequin, *avec une bouteille de vin qu'il a à sa ceinture.*
Mon patron !

Iphicrate
Que deviendrons-nous dans cette île ?

Arlequin
Nous deviendrons maigres, étiques, et puis morts de faim ; voilà mon sentiment et notre histoire.

[...]

Iphicrate
Mais je suis en danger de perdre la liberté, et peut-être la vie : Arlequin, cela ne te suffit-il pas pour me plaindre ?

Arlequin, *prenant sa bouteille pour boire.*
Ah ! je vous plains de tout mon cœur, cela est juste.

Iphicrate
Suis-moi donc.

Arlequin *siffle.*
Hu, hu, hu.

Iphicrate
Comment donc ! que veux-tu dire ?

Arlequin, *distrait, chante.*
Tala ta lara.

Iphicrate
Parle donc, as-tu perdu l'esprit ? à quoi penses-tu ?

Arlequin, *riant.*
Ah, ah, ah, Monsieur Iphicrate, la drôle d'aventure ! je vous plains, par ma foi, mais je ne saurais m'empêcher d'en rire.

Iphicrate, *à part les premiers mots.*
(Le coquin abuse de ma situation ; j'ai mal fait de lui dire où nous sommes.) Arlequin, ta gaieté ne vient pas à propos ; marchons de ce côté.

Arlequin
J'ai les jambes si engourdies.

Iphicrate
Avançons, je t'en prie.

Arlequin
Je t'en prie, je t'en prie ; comme vous êtes civil et poli ; c'est l'air du pays qui fait cela.

Iphicrate
Allons, hâtons-nous, faisons seulement une demi-lieue sur la côte pour chercher notre chaloupe, que nous trouverons peut-être avec une partie de nos gens ; et en ce cas-là, nous nous rembarquerons avec eux.

Arlequin, *en badinant.*
Badin, comme vous tournez cela !
Il chante :
L'embarquement est divin
Quand on vogue, vogue, vogue,
L'embarquement est divin,
Quand on vogue avec Catin.

Iphicrate, *retenant sa colère.*
Mais je ne te comprends point, mon cher Arlequin.

LE COMMENTAIRE

Arlequin
Mon cher patron, vos compliments me charment ; vous avez coutume de m'en faire à coups de gourdin qui ne valent pas ceux-là ; et le gourdin est dans la chaloupe.

Iphicrate
Eh ! ne sais-tu pas que je t'aime ?

Arlequin
Oui ; mais les marques de votre amitié tombent toujours sur mes épaules, et cela est mal placé. Ainsi, tenez, pour ce qui est de nos gens, que le ciel les bénisse ! s'ils sont morts, en voilà pour longtemps ; s'ils sont en vie, cela se passera, et je m'en goberge.

Iphicrate, *un peu ému.*
Mais j'ai besoin d'eux, moi.

Arlequin, *indifféremment.*
Oh ! cela se peut bien, chacun a ses affaires : que je ne vous dérange pas !

Iphicrate
Esclave insolent !

Arlequin, *riant.*
Ah ! ah ! vous parlez la langue d'Athènes ; mauvais jargon que je n'entends plus.

Iphicrate
Méconnais-tu ton maître, et n'es-tu plus mon esclave ?

Arlequin, *se reculant d'un air sérieux.*
Je l'ai été, je le confesse à ta honte ; mais va, je te le pardonne ; les hommes ne valent rien. Dans le pays d'Athènes j'étais ton esclave, tu me traitais comme un pauvre animal, et tu disais que cela était juste, parce que tu étais le plus fort. Eh bien ! Iphicrate, tu vas trouver ici plus fort que toi ; on va te faire esclave à ton tour ; on te dira aussi que cela est juste, et nous verrons ce que tu penseras de cette justice-là ; tu m'en diras ton sentiment, je t'attends là. Quand tu auras souffert, tu seras plus raisonnable ; tu sauras mieux ce qu'il est permis de faire souffrir aux autres. Tout en irait mieux dans le monde, si ceux qui te ressemblent recevaient la même leçon que toi. Adieu, mon ami ; je vais trouver mes camarades et tes maîtres. Il s'éloigne.

Iphicrate, *au désespoir, courant après lui l'épée à la main.*
Juste ciel ! peut-on être plus malheureux et plus outragé que je le suis ? Misérable ! tu ne mérites pas de vivre.

Arlequin
Doucement, tes forces sont bien diminuées, car je ne t'obéis plus, prends-y garde.

Marivaux, *L'Île des Esclaves*, I, 1, 1725.

Proposition de corrigé

Dans ce corrigé, le plan est apparent pour faciliter ta lecture et ta compréhension. Le jour J, n'oublie pas que le plan ne doit pas apparaître et que les idées directrices doivent être rédigées.

Introduction

Après la mort de Louis XIV en 1715, le théâtre classique qui s'appuyait sur la grandeur du Roi-Soleil laisse place à une dramaturgie nouvelle, davantage tournée vers le mélange des genres comme le fait Marivaux dans L'Île des Esclaves en 1725. Dans cette scène d'exposition, Iphicrate et son esclave Arlequin échouent sur l'île des Esclaves, une île fondée par d'anciens esclaves grecs révoltés contre leurs maîtres et dans laquelle le rapport maître/esclave est inversé. Dans quelle mesure l'inversion des rôles permet-elle d'amorcer une réflexion politique ? Nous verrons que cette scène d'exposition traditionnelle où les personnages inversent leurs rôles permet à Marivaux de réfléchir sur le rapport maître/valet au XVIIIe siècle.

LE COMMENTAIRE

I – Une scène d'exposition traditionnelle

A – La symbolique des lieux

- Les personnages ont échoué sur une **île vide** : « Que deviendrons-nous dans cette île ? »
- Le **champ lexical du naufrage** accentue l'hostilité d'une **nature violente et capricieuse** : « naufrage », « maigres », « étiques », « la côte ».
- Cette insularité est bien sûr aussi **symbolique** : les personnages se retrouvent seuls face à eux-mêmes.

B – La présentation des personnages

- **Iphicrate** incarne le **pouvoir**, comme le montrent l'épée et les **verbes à l'impératif** : « Dis-moi », « Suis-moi », « Parle donc ».
- Les **phrases nominales exclamatives** sont tranchantes et montrent un homme qui a l'habitude de commander : « Esclave insolent ! », « Misérable ! »
- **Arlequin** est le personnage type du **valet de comédie.** Les didascalies mentionnent une **gestuelle populaire** : « prenant sa bouteille pour boire », « siffle », « chante », « riant ».
- Les **rapports de domination** entre les personnages sont clairs : Iphicrate tutoie Arlequin, Arlequin vouvoie Iphicrate et s'exclame : « Mon patron ! » Iphicrate est donc le maître et Arlequin l'esclave.

II – Une inversion des rôles

A – Iphicrate : de maître à esclave

• Mais échoué sur l'île des Esclaves, **Iphicrate perd son pouvoir** sur Arlequin.

• Il utilise la **première personne du pluriel** plus consensuelle (« Que deviendrons-nous ? », « hâtons-nous », « Avançons ») et tempère ses ordres par des interrogations : « ne sais-tu pas que je t'aime ? »

• Il atténue ses propos par des **modalisateurs** : « faisons seulement », « nous trouverons peut-être », « en ce cas-là ».

• L'interrogation et l'exclamation finales montrent qu'il perd la maîtrise de la situation : « Juste ciel ! peut-on être plus malheureux et plus outragé que je le suis ? Misérable ! »

• Il devient un **personnage de comédie trompé** par un valet astucieux : « Le coquin abuse de ma situation ». L'aparté (« à part les premiers mots ») rappelle les comédies.

• La **didascalie finale** « au désespoir, courant après lui, l'épée à la main » fait de lui un **personnage de farce.**

B – Arlequin : d'esclave à maître

• Arlequin prend le statut de maître en passant **du vouvoiement** (« je vous plains ») **au tutoiement** (« je le confesse à ta honte »).

• Arlequin reprend les termes d'Iphicrate et infléchit leur sens, ce qui montre une volonté de **dominer Iphicrate** : « Que deviendrons-nous [...] / Nous deviendrons maigres » ; « Mon cher Arlequin / Mon cher patron » ; « Je t'aime / les marques de votre amitié ».

• Il manie l'**ironie** comme dans la phrase « les marques de votre amitié tombent toujours sur mes épaules » : les « marques de votre amitié » désignent les coups de bâtons.

• Iphicrate joue une tragédie devant Arlequin mais ce dernier n'est pas dupe : « je vous plains, par ma foi ; mais je ne saurais m'empêcher d'en rire ».

III – Une réflexion sur l'art de gouverner

A – Une réflexion sur le rapport maître-valet au XVIIIe siècle

• Le **cadre spatio-temporel** peu vraisemblable est une convention qui permet à Marivaux de **critiquer** de façon détournée les relations maître-domestique au XVIIIe siècle.

• Dans son avant-dernière tirade, **Arlequin s'exprime comme un philosophe.** Il utilise le **présent de vérité générale** et profère des **phrases sentencieuses** avec des mots abstraits (« les hommes ne valent rien »).

- Il émet des considérations sur la justice et la force : « tu disais que cela était juste, parce que tu étais le plus fort. »
- Sa tirade est structurée par des **connecteurs logiques** (« parce que », « aussi », « si ») et des **tournures comparatives** « plus fort que toi », « plus raisonnable », « tu sauras mieux », « Tout en irait mieux » qui soulignent que c'est la voix de la raison qui s'exprime.
- Sa réflexion sur le rapport maître-esclave à Athènes s'applique aussi au **rapport maître-domestique** en France au XVIIIe siècle : « Tout en irait mieux dans le monde, si ceux qui te ressemblent recevaient la même leçon que toi. »

B – Un éloge du renversement des rôles ?

- Marivaux ne fait pourtant pas réellement l'éloge du renversement des rôles.
- Arlequin reste un personnage de la *commedia dell'arte*. Son costume multicolore symbolise **la variété et l'instabilité.**
- La « bouteille de vin » accrochée à sa ceinture suggère **l'ivresse et l'imprévisibilité** contraire à la raison et à la modération attendues d'un prince.
- Le « vin » symbole de l'inconstance et de la passion se retrouve d'ailleurs dans la chanson avec l'**allitération en [v] :** « divin », « vogue », « vogue », « vogue », « divin », « vogue ».
- **Les sifflements et les chants** inscrivent le personnage d'Arlequin dans la farce ainsi que les **onomatopées** « Hu ! Hu ! Hu ! », « Ah ! Ah ! Ah ! » qui créent une animalisation inquiétante.
- Arlequin est mû par le **désir de vengeance** qui transparaît dans le futur sentencieux et l'emploi du pronom « on » qui prend en charge la défense de tous les esclaves : « on va te faire esclave à ton tour, on te dira aussi que cela est juste ».
- **Une prise de pouvoir par Arlequin serait donc inquiétante.**

Conclusion

La scène d'exposition de *L'Île des Esclaves* commence par ce qui aurait pu être l'aboutissement de la pièce : une révolte des esclaves contre leurs maîtres. Mais si Marivaux commence par là, c'est qu'il veut expérimenter la perversion des révolutions animées par la vengeance et la passion. En effet, à la fin de la pièce, Arlequin se rend compte qu'il n'est pas fait pour gouverner et Iphicrate prend conscience qu'il a mal gouverné : maîtres et esclaves réintègrent leurs rôles et repartent pour Athènes. C'est qu'en réalité, *L'Île des Esclaves* ne prône pas une révolution où les différences sociales seraient abolies : l'œuvre invite plutôt les spectateurs à un changement intérieur, un éveil de l'âme, afin de pousser chacun à traiter ses semblables avec bonté et humanité.

Sujet 4 - Récit

Maupassant, *Bel-Ami*, 1885

Bel-Ami *retrace l'ascension sociale d'un personnage ambitieux, Georges Duroy. Dans la dernière page du roman, Bel-Ami, qui utilise les femmes pour franchir toutes les étapes de son ascension sociale, épouse Suzanne Walter, la fille du patron du journal* La Vie française *dans lequel il a travaillé.*

Puis des voix humaines s'élevèrent, passèrent au-dessus des têtes inclinées. Vauri et Landeck, de l'Opéra, chantaient. L'encens répandait une fine odeur de benjoin, et sur l'autel le sacrifice divin s'accomplissait ; l'Homme-Dieu, à l'appel de son prêtre, descendait sur la terre pour consacrer le triomphe du baron Georges Du Roy.

Bel-Ami, à genoux à côté de Suzanne, avait baissé le front. Il se sentait en ce moment presque croyant, presque religieux, plein de reconnaissance pour la divinité qui l'avait ainsi favorisé, qui le traitait avec ces égards. Et sans savoir au juste à qui il s'adressait, il la remerciait de son succès.

Lorsque l'office fut terminé, il se redressa, et, donnant le bras à sa femme, il passa dans la sacristie. Alors commença l'interminable défilé des assistants. Georges, affolé de joie, se croyait un roi qu'un peuple venait acclamer. Il serrait des mains, balbutiait des mots qui ne signifiaient rien, saluait, répondait aux compliments : « Vous êtes bien aimable. »

Soudain il aperçut Mme de Marelle ; et le souvenir de tous les baisers qu'il lui avait donnés, qu'elle lui avait rendus, le souvenir de toutes leurs caresses, de ses gentillesses, du son de sa voix, du goût de ses lèvres, lui fit passer dans le sang le désir brusque de la reprendre. Elle était jolie, élégante, avec son air gamin et ses yeux vifs. Georges pensait : « Quelle charmante maîtresse, tout de même. »

Elle s'approcha un peu timide, un peu inquiète, et lui tendit la main. Il la reçut dans la sienne et la garda. Alors il sentit l'appel discret de ses doigts de femme, la douce pression qui pardonne et reprend. Et lui-même il la serrait, cette petite main, comme pour dire : « Je t'aime toujours, je suis à toi ! »

Leurs yeux se rencontrèrent, souriants, brillants, pleins d'amour. Elle murmura de sa voix gracieuse :

– À bientôt, monsieur.

Il répondit gaiement :

– À bientôt, madame.

Et elle s'éloigna.

D'autres personnes se poussaient. La foule coulait devant lui comme un fleuve. Enfin elle s'éclaircit. Les derniers assistants partirent.

Georges reprit le bras de Suzanne pour retraverser l'église.

Elle était pleine de monde, car chacun avait regagné sa place, afin de les voir passer ensemble. Il allait lentement, d'un pas calme, la tête haute, les yeux fixés sur la grande baie ensoleillée de la porte. Il sentait sur sa peau courir de longs frissons, ces frissons froids que donnent les immenses bonheurs. Il ne voyait personne. Il ne pensait qu'à lui.

Lorsqu'il parvint sur le seuil, il aperçut la foule amassée, une foule noire, bruissante, venue là pour lui, pour lui Georges Du Roy. Le peuple de Paris le contemplait et l'enviait.

Puis, relevant les yeux, il découvrit là-bas, derrière la place de la Concorde, la Chambre des députés. Et il lui sembla qu'il allait faire un bond du portique de la Madeleine au portique du Palais-Bourbon.

Il descendit avec lenteur les marches du haut perron entre deux haies de spectateurs. Mais il ne les voyait point ; sa pensée maintenant revenait en arrière, et devant ses yeux éblouis par l'éclatant soleil flottait l'image de Mme de Marelle rajustant en face de la glace les petits cheveux frisés de ses tempes, toujours défaits au sortir du lit.

Maupassant, *Bel-Ami*, 1885.

Proposition de corrigé

Dans ce corrigé, le plan est apparent pour faciliter ta lecture et ta compréhension. Le jour J, n'oublie pas que le plan ne doit pas apparaître et que les idées directrices doivent être rédigées.

Introduction

Bel-Ami, écrit en 1885 par Guy de Maupassant, s'inscrit dans la tradition des romans d'apprentissage et retrace l'ascension sociale d'un personnage ambitieux, Georges Duroy. En écrivain réaliste, Maupassant étudie l'âme de l'arriviste pour critiquer une société bourgeoise obnubilée par la réussite sociale et l'argent. Utilisant les femmes pour réaliser son ascension, Bel-Ami gravit les échelles de la société et finit par épouser Suzanne Walter, la fille du patron du journal *La Vie française*. En quoi ce passage est-il la fin d'un roman d'apprentissage ? Nous verrons que cet excipit de *Bel-Ami* marque la consécration d'un personnage arriviste dans une société corrompue, ce qui conduit Maupassant à une peinture pessimiste de l'âme humaine.

I – La consécration d'un personnage arriviste

A – Un triomphe symbolique

- Le triomphe de Georges fait penser à un **sacre impérial.**
- Le nom du personnage – Georges Du Roy – l'inscrit désormais dans le sillage de la **royauté** et de la **noblesse** par la particule « du ».

- Les **mouvements lents et réguliers** sont solennels et font penser à un **défilé triomphal** : « il se redressa », « il passa », « retraverser l'église », « Il allait », « il parvint », « descendit avec lenteur ».
- Georges Du Roy passe de l'ombre de l'église à « un éclatant soleil », soulignant qu'il est **au plus haut de sa gloire.**
- Les lieux parisiens mentionnés « Concorde », « Madeleine », « Palais-Bourbon » inscrivent le personnage dans des **lieux de pouvoir.**

B – Un vainqueur seul face au monde

- Le **champ lexical de la foule** souligne **l'opposition entre la foule et le personnage principal** : « l'interminable défilé des assistants », « un peuple », « D'autres personnes », « La foule », « pleine de monde », « la foule amassée », « foule noire, bruissante », « Le peuple de Paris », « spectateurs ».
- Les personnes réunies dans la foule sont **anonymes.** Seul **Georges Du Roy est sorti de cet anonymat.**
- Georges Du Roy est le seul vainqueur. La **foule finit même par disparaître** : « Il ne voyait personne. Il ne pensait qu'à lui. »
- La **tournure restrictive** « Il <u>ne</u> pensait <u>qu'</u>à lui » souligne **l'égocentrisme** du personnage qui ramène tout à lui.
- Georges Du Roy est d'ailleurs **sujet de presque toutes les phrases** : « <u>**Il**</u> sentait sur sa peau courir de longs frissons [...]. <u>**Il**</u> ne voyait personne. <u>**Il**</u> ne pensait qu'à lui. Lorsqu'<u>**il**</u> parvint sur le seuil, <u>**il**</u> aperçut la foule amassée [...]. »
- Lorsqu'il n'est pas sujet des phrases, Georges Du Roy est **en position d'objet** au **centre des regards** et des désirs : « Le peuple de Paris <u>**le**</u> contemplait et <u>**l'**</u>enviait ».
- Le **point de vue interne** fait entrer le lecteur dans la peau de Georges Du Roy qui s'exprime en discours indirect libre : « une foule noire, bruissante, venue là pour lui, pour lui Georges Du Roy ».

II – Une satire de la société parisienne

A – Les Parisiens : une société de théâtre

- Maupassant dresse la satire d'une **société** où tout n'est que **théâtre.**
- La mention de l'Opéra au début du texte place d'emblée la scène dans l'espace du **spectacle.**
- Le **champ lexical du regard** souligne que dans cette société, tout est **apparence et artifice** : « assistants », « aperçut », « yeux », « les voir passer », « les yeux fixés », « il aperçut », « le contemplait », « relevant les yeux », « ses yeux éblouis », « l'image ».

- Le terme de « spectateurs » fait référence à un public dont Paris serait la scène et **Georges Du Roy le personnage principal.**

- Georges Du Roy et Mme de Marelle jouent une comédie de théâtre avec des répliques succinctes dignes d'une comédie : « À bientôt, monsieur. » / « À bientôt, madame. »

- Cette dimension théâtrale souligne les **comportements stéréotypés et uniformisés** des bourgeois.

B – Une société désacralisée

- Bel-Ami se marie avec Suzanne Walter. Pourtant, **Suzanne n'est presque pas évoquée** dans ce passage : elle est effacée ou ignorée.

- Le **champ lexical de la sensualité** concerne **Mme de Marelle,** l'amante de Georges Du Roy : « baisers », « caresses », « gentillesses », « goût de ses lèvres », « désir brusque », « jolie », « élégante », « air gamin », « charmante maîtresse », « appel discret », « douce pression », « petite main », « amour ». Georges Du Roy **désacralise** donc le **mariage.**

- Georges Du Roy fait également semblant d'être croyant, comme le souligne l'adverbe **« presque »** (« presque croyant, presque religieux »). Il est incapable d'une foi sincère.

- Maupassant montre une société **corrompue** par une **désacralisation** rampante qui gangrène tout.

III – Une peinture pessimiste de l'âme humaine

A – Bel-Ami : un arriviste insatiable

- Georges Du Roy va continuer son ascension comme le souligne le déplacement de son **regard :** « Puis, relevant les yeux, il découvrit là-bas, derrière la place de la Concorde, la Chambre des députés. »

- Ce regard surplombant Paris rappelle **l'excipit du *Père Goriot* de Balzac** où Eugène de Rastignac prononce son célèbre défi à Paris : « À nous deux maintenant ! »

- L'excipit de *Bel-Ami* pourrait ainsi être le début d'un nouveau roman qui raconterait **l'ascension politique** de Georges Du Roy.

- Maupassant dépeint un ambitieux dont **le désir n'est jamais rassasié.**

B – Le regard ironique de Maupassant sur son personnage

- Le **champ lexical de la confusion** montre un personnage enivré par sa réussite et qui **perd toute lucidité** : « croyait », « balbutiait des mots », « Il ne voyait personne », « il lui sembla », « il ne les voyait point », « ses yeux éblouis », « flottait l'image ».

LE COMMENTAIRE

- **Maupassant se moque des visions délirantes** de son personnage : « Georges, affolé de joie, se croyait un roi qu'un peuple venait acclamer. »
- Le **discours indirect libre** souligne que Georges Du Roy perd pied avec la réalité, ce qui le **ridiculise** : « l'Homme-Dieu, à l'appel de son prêtre, descendait sur la terre pour contempler le triomphe du baron Georges Du Roy. »

Conclusion

Cet excipit campe le portrait de l'ambitieux insatiable. Comme Eugène de Rastignac dans le *Père Goriot*, Georges Du Roy défie Paris et le pouvoir. Cette fin de *Bel-Ami* pourrait ainsi inspirer le début d'un autre roman, celui de la conquête du pouvoir politique par Georges Du Roy. Mais à la différence de Balzac qui poursuit dans la *Comédie humaine* les aventures de Rastignac, Maupassant n'a pas écrit de suite à ce roman. Une manière peut-être pour Maupassant, profondément pessimiste et nihiliste, de suggérer que cette ambition démesurée n'a aucun sens.

4

LA DISSERTATION

1 Qu'attend-on de moi dans une dissertation ?

La dissertation est un exercice souvent redouté par les élèves qui s'y sentent moins préparés qu'au commentaire. **Les exigences de la dissertation ne sont pourtant pas inaccessibles !**

Pour obtenir une bonne note en dissertation, tu dois travailler deux points : la qualité de ton argumentation et ta capacité à mobiliser ta culture littéraire.

A Une argumentation de qualité

La dissertation est un **exercice argumentatif :** tu vas convaincre le correcteur de la pertinence de ta réponse en avançant des arguments illustrés par des exemples.

Là où les choses se corsent, c'est que tu ne vas pas argumenter uniquement pour défendre ton point de vue sur la question. Ce serait trop facile !

Tu vas aussi **envisager le point de vue adverse,** et lui trouver, à lui aussi, des arguments et des exemples.

La dissertation est donc un exercice qui t'oblige à **sortir de toi-même pour te faire l'avocat de points de vue** que tu ne partages pas forcément, tout en amenant le correcteur à adhérer à ta réponse finale.

Nous allons voir dans les pages suivantes comment réaliser cela dans un plan en trois parties !

B Une culture littéraire simple mais solide

Tu vas également être noté(e) sur ta capacité à mobiliser ta culture littéraire pour répondre au sujet.

Je t'entends déjà pousser des cris d'orfraie : « Ma culture littéraire ? Mais je n'en ai paaaaas ! »

Du calme. Si tu as passé tes dernières années au collège et au lycée, je t'assure que tu as davantage de culture littéraire que tu ne l'imagines.

Déjà, grande nouveauté de la réforme du bac, **la question de dissertation porte sur l'une des œuvres intégrales au programme et son parcours associé.**

Tu vas donc pouvoir mobiliser dans ton devoir les œuvres que tu auras lues et étudiées en classe.

Est-ce que lire les œuvres intégrales au programme sera suffisant pour réussir la dissertation ?

Non.

Le programme précise que pour répondre à la question, tu devras aussi **mobiliser une culture plus large fondée sur les textes étudiés en classe et tes lectures personnelles.**

Cela n'a rien d'impossible !

Pour y parvenir, **dresse l'inventaire de ta culture littéraire** en faisant la liste des textes que tu connais et entraîne-toi toute l'année à mobiliser cet inventaire.

Je te montre comment faire à la fin de ce chapitre.

Le mémo d'Amélie

Une bonne note, voire une TRÈS bonne note, en dissertation est accessible si tu gardes en tête les exigences suivantes :

- **Tu dois argumenter plusieurs points de vue de façon solide, nuancée et organisée.**
- **Tu dois mobiliser ta culture littéraire (œuvres au programme, textes étudiés en classe et lectures personnelles).**

2 Comment analyser un sujet de dissertation ?

Voici cinq réflexes simples à mettre en place pour analyser ton sujet de dissertation et éviter le hors-sujet :

- Délimite les frontières du sujet.
- Définis le ou les mots clés.
- Fais le lien avec l'œuvre intégrale.
- Identifie les présupposés.
- Étonne-toi de la formulation du sujet.

A Délimite les frontières du sujet

Au bac, un sujet de dissertation ne porte pas sur la littérature en général mais sur une œuvre intégrale et un parcours.

Mais il peut comporter aussi d'autres limites : le sujet est-il par exemple limité à un genre (roman, théâtre, poésie) ? Concerne-t-il une époque ou un mouvement littéraire précis ?

Exemple

Prenons un exemple :

Le romancier doit-il nécessairement faire de ses personnages des êtres extraordinaires ?

Vous répondrez à cette question en vous fondant sur votre lecture de La Princesse de Clèves *de Madame de Lafayette, sur les textes étudiés en classe et sur vos lectures personnelles.*

Quelles sont les limites de ce sujet ? Le roman, et uniquement le roman.

Tu ne dois donc mobiliser que des œuvres romanesques pour répondre à cette question.

L'expression « personnage extraordinaire » te fait penser au Dom Juan de Molière ou au Figaro de Beaumarchais ?

STOP !

Dom Juan et *Le Mariage de Figaro* sont des pièces de théâtre... Si tu les évoques dans un sujet sur le roman, tu seras hors sujet.

Reviens aux limites de ton sujet : le roman.

B Définis les mots clés

Prends le temps de définir les termes du sujet en leur trouvant des synonymes et des antonymes.

Parfois le sujet paraît tellement simple que les élèves ne voient pas l'intérêt d'en définir les termes.

C'est une erreur ! Tu es au lycée et les questions de dissertation demandent plus de réflexion que tu ne l'imagines.

Exemple

Reprenons notre exemple.

Le romancier doit-il nécessairement faire de ses personnages des êtres extraordinaires ?

Certes, la question ne comprend aucun mot compliqué, mais cela ne veut pas dire qu'il ne faut pas **réfléchir à chaque terme** pour en **déployer tout le sens.**

Au brouillon, commence par définir l'adjectif « extraordinaire » : hors norme, hors du commun. Des êtres extraordinaires sont des êtres qui ne ressemblent pas au commun des mortels, qui ont des capacités ou des destinées exceptionnelles.

Puis cherche des antonymes, c'est-à-dire des contraires : ordinaire, banal, commun, qui ressemble à beaucoup d'autres.

Chercher des synonymes et des antonymes est un bon point de départ pour trouver des idées.

On s'arrête là ? Non, poussons un peu plus loin !

L'adjectif « extraordinaire » a-t-il des connotations ? Lesquelles ?

Spontanément, on a tendance à penser que l'adjectif « extraordinaire » est connoté positivement. Un personnage extraordinaire aurait des qualités positives exceptionnelles.

Mais si on y réfléchit, des qualités extraordinaires sont-elles toujours positives ?

Ce n'est pas si évident...

Un héros qui incarne le mal ou la perversion, comme Mme de Merteuil dans *Les Liaisons dangereuses* de Laclos, est aussi un personnage extraordinaire. Extraordinaire dans sa capacité à faire le mal...

Finalement, **un personnage extraordinaire se distingue des êtres ordinaires, en bien ou en mal.**

Vois-tu tout ce qu'on parvient à extraire de l'adjectif « extraordinaire » si on se penche dessus quelques minutes ?

Chaque mot est comme un bout de ficelle qui dépasse d'une pelote. Il faut l'attraper et le tirer pour dérouler la pelote.

C Fais le lien avec l'œuvre intégrale et le parcours

Le sujet de dissertation porte toujours sur l'une des œuvres intégrales et sur le parcours associé que tu as étudiés dans l'année.

Mobilise tes connaissances sur l'œuvre intégrale pour comprendre le sujet et trouver des pistes de réflexion :

- Le sujet de dissertation reprend-il certains termes du parcours ?
Quelle définition de ces termes as-tu vu en classe ?
- Le sujet fait-il référence à des passages ou à une citation de l'œuvre intégrale ?
- En quoi ce sujet te permet-il de mettre en valeur tes connaissances
sur l'œuvre intégrale et le parcours ?

- Comment peux-tu mobiliser les extraits de l'œuvre étudiés en classe pour répondre à ce sujet ?

Ces questions devraient t'aider à mieux cerner les enjeux du sujet.

D Demande-toi si le sujet contient un présupposé

Les sujets du bac contiennent très souvent des présupposés, c'est-à-dire des **informations sous-entendues par la question.**

Ces informations ne sont pas dites explicitement : elles sont suggérées par le sujet. Les identifier va te permettre d'identifier des problèmes qui découlent de ton sujet.

Exemple

Reprenons notre exemple.

Le romancier doit-il nécessairement faire de ses personnages des êtres extraordinaires ?

Y a-t-il un présupposé ?

Oui !

Ce sujet sous-entend que le romancier fait de ses personnages des êtres extraordinaires. Or, ce présupposé est discutable. C'est donc une piste de réflexion !

E Étonne-toi devant le sujet

La meilleure façon d'envisager toutes les facettes du sujet est de **te poser des questions sur le sujet.**

Un sujet de dissertation doit susciter ton étonnement.

Joue le jeu et note au brouillon toutes les questions et sources d'étonnement que fait naître la lecture du sujet.

Exemple

Pour le sujet *« Le romancier doit-il nécessairement faire de ses personnages des êtres extraordinaires ? »*, on peut s'étonner et se poser les questions suivantes :

- Pour quelles raisons le romancier ferait-il de ses personnages des êtres extraordinaires ?

- Qu'apportent des personnages extraordinaires à un roman ?
- Est-il nécessaire de faire de ses personnages des êtres extraordinaires ? Le lecteur ne s'intéresse-t-il pas aussi à des personnages ordinaires ?
- Qu'apportent des personnages banals, communs, à un roman ?

Laisse venir à toi toutes les questions, ne te mets aucun filtre : **interroge le sujet, étonne-toi.**

Quand on se pose des questions face à un sujet, une réaction quasi alchimique se produit : le sujet qui paraissait sans intérêt comme un bout de métal se transforme en mine d'or...

La méthode de l'étonnement ne sert pas qu'en français. C'est une des clés de la réussite dans TOUTES les matières. Penses-y dès que tu es bloqué(e) sur un devoir.

Le mémo d'Amélie

Lors de la découverte du sujet, prends quelques minutes pour l'analyser et éviter le hors-sujet :

- **Délimite les frontières du sujet.**
- **Définis les mots clés à l'aide de synonymes et d'antonymes.**
- **Fais le lien entre le sujet et l'œuvre intégrale.**
- **Identifie les éventuels présupposés de la question.**
- **Étonne-toi face au sujet.**

3 Quel type de plan choisir ?

Tu as souvent entendu parler des différents **types de plans :** dialectique, thématique, notionnel...

Mais comment savoir quel plan se prête le mieux à ton sujet de dissertation ?

Il existe **un test imparable : celui de la question ouverte ou fermée** qui te permet de savoir si tu dois t'orienter vers un plan thématique ou dialectique.

Je t'explique tout.

A Le plan dialectique

C'est le fameux plan **thèse / antithèse / synthèse.**

Ce type de plan est fréquent mais attention : il ne fonctionne pas pour tous les sujets !

Un plan dialectique permet de répondre aux **questions fermées,** c'est-à-dire aux questions auxquelles tu peux répondre par oui ou par non.

Exemple

La laideur peut-elle être une source d'inspiration pour un poète au même titre que la beauté ? Vous répondrez à cette question en vous fondant sur votre connaissance des Fleurs du Mal *de Baudelaire, des textes étudiés pendant l'année et sur vos lectures personnelles.*

Ta réponse spontanée va forcément commencer par oui ou par non.

Oui, la laideur peut être source d'inspiration pour un poète au même titre que la beauté.

Non, la laideur ne peut pas être source d'inspiration pour un poète au même titre que la beauté.

Il s'agit donc d'une question fermée.

Le plan dialectique est idéal pour ce type de sujet car il te permet d'envisager différents points de vue sur la question (la thèse et l'antithèse).

Prenons un autre exemple.

« Une morale nue apporte de l'ennui » écrit La Fontaine dans la fable « Le Pâtre et le Lion ». Le recours à la fiction et à l'imagination est-il indispensable pour rendre une

argumentation efficace ? Vous répondrez à cette question en vous fondant sur votre connaissance des Fables (livres VII à XI) de La Fontaine, des textes étudiés pendant l'année ainsi que sur vos lectures personnelles.

Ta réponse spontanée va forcément commencer par oui ou par non.

Oui, le recours à la fiction et à l'imagination est indispensable pour rendre une argumentation efficace.

Non, le recours à la fiction et à l'imagination n'est pas indispensable pour rendre une argumentation efficace.

Tu as donc affaire à une question fermée qui appelle un plan dialectique.

B Le plan thématique ou notionnel

Le sujet de dissertation est parfois une **question ouverte,** c'est-à-dire une question à laquelle on ne peut pas répondre par oui ou par non.

Par exemple, si je te demande « Quelles sont les fonctions d'un roman ? » ou, au sujet des *Fausses Confidences* de Marivaux, « Pourquoi l'archétype du valet d'intrigue est-il d'une grande richesse dramaturgique ? », il est impossible de répondre par oui ou par non.

Ces questions sont donc ouvertes et appellent un plan thématique (appelé également plan notionnel).

Comment trouver des réponses à ce type de questions ?

Il n'y a pas d'échappatoire : il faut réfléchir pour **formuler toi-même plusieurs réponses possibles.**

Exemple

À la question *« Quelles sont les fonctions d'un roman ? »*, on peut imaginer différentes réponses :

- Un roman peut avoir pour fonction de divertir le lecteur.
- Un roman peut avoir pour fonction d'instruire le lecteur, de lui apporter une meilleure connaissance d'une société, d'un milieu, d'une époque.

- Un roman peut aider le lecteur à mieux se connaître lui-même.
- Un roman peut poser des questions existentielles en interrogeant sur le sens de l'existence.

Pour l'instant, je me suis contenté(e) de jeter quelques réponses possibles sur le papier.

Ces réponses sont à approfondir, mais on peut déjà imaginer que certaines d'entre elles vont constituer les grandes parties de ma dissertation.

C'est ainsi qu'on réalise un plan thématique.

Le mémo d'Amélie

Pour trouver le type de plan qui correspond à ton sujet, demande-toi si la question posée est ouverte ou fermée :

- **Si la question est fermée (on peut y répondre par oui ou par non) : opte pour un plan dialectique.**
- **Si la question est ouverte (on ne peut pas y répondre par oui ou par non) : opte pour un plan thématique.**

4 Comment réussir un plan dialectique ?

Le plan dialectique a des allures de facilité : thèse / antithèse / synthèse, et hop on pense que le tour est joué.

Mais le plan dialectique recèle en réalité **deux pièges** auxquels tu dois faire très attention :

- **Premier piège : se transformer en plan « schizophrène ».**
- **Second piège : présenter une troisième partie qui serait simplement un « juste milieu » entre la thèse et l'antithèse.**

A Règle n° 1 du plan dialectique : la thèse et l'antithèse ne doivent pas se contredire

Un des moyens les plus efficaces de rater sa dissertation est de faire ce que j'appelle un plan « schizophrène ».

Un plan schizophrène est un plan qui se contredit purement et simplement, donnant l'impression au correcteur que l'élève affirme à la fois une chose et son contraire.

Exemple

Imagine la question suivante : *Les fraises sont-elles bonnes ?*

Que vas-tu penser de la santé mentale du copain qui fera la réponse suivante :

I – Oui, les fraises sont bonnes.

II – Non, les fraises ne sont pas bonnes.

Ça te laisserait perplexe, non ? La seconde partie contredit purement et simplement la première partie.

Avec cet exemple, tu perçois immédiatement le ridicule d'un plan schizophrène : ce plan ne propose en réalité aucune réponse à la question.

Et pourtant, c'est ce que font beaucoup d'élèves dans leur dissertation !

Alors qu'on leur pose une question qui demande réflexion et prise de position, ils proposent souvent un plan sur le modèle suivant :

I – Oui

II – Non

Ne tombe pas dans ce piège !

Loin de se contredire, **tes deux parties doivent envisager successivement différentes facettes de la réponse.**

Exemple

Si l'on reprend notre exemple des fraises, on pourrait dire :

I – Oui, les fraises sont bonnes.

II – Toutefois, les fraises issues de cultures artificialisées ne sont pas aussi bonnes que les fraises sauvages.

Vois-tu la différence ? Cette fois, **la seconde partie apporte une nuance** à la première partie, et non une contradiction pure et simple.

Ton plan dialectique ne doit donc jamais être un plan schizophrène. Il doit être un plan nuancé sur le schéma :

I – Oui

II – Mais

Prenons maintenant un sujet de dissertation littéraire (on ne va quand même pas parler que de fraises !).

Exemple

Attendez-vous essentiellement d'un roman qu'il vous plonge dans les pensées d'un personnage ?

Le plan schizophrène consisterait à écrire :

I – On attend d'un roman qu'il nous plonge dans les pensées d'un personnage.

II – On n'attend pas d'un roman qu'il nous plonge dans les pensées d'un personnage.

Jette ce plan aux oubliettes car les deux parties se contredisent l'une l'autre.

À la place, il te faut trouver une seconde partie qui amène une nuance à la partie précédente, permettant ainsi de faire évoluer ton raisonnement selon le schéma :

I – Oui

II – Mais

Par exemple :

I – On attend d'un roman qu'il nous plonge dans les pensées d'un personnage.

II – Mais un roman n'est pas réductible aux seules pensées des personnages.

Si tu évites le plan schizophrène, tu sauves déjà les meubles ! Il ne te reste plus qu'à appliquer la règle n° 2 qui concerne la troisième partie.

B Règle n° 2 du plan dialectique : propose un dépassement en troisième partie

Tu as trouvé une thèse (I), puis tu l'as nuancée dans ton antithèse (II). Il te faut maintenant proposer une réponse finale : c'est la synthèse (III).

Ce terme de « synthèse » induit souvent les élèves en erreur.

En effet, **la synthèse n'est pas un « juste milieu » entre la thèse et l'antithèse,** une sorte de vague « ni oui-ni non » qui mettrait tout le monde d'accord.

Au contraire, la synthèse est **une solution originale qui ne répète pas les parties précédentes** et qui permet de sortir par le haut de l'opposition qui précède.

Pour trouver cette troisième partie, pose-toi des questions :

- Comment les deux parties précédentes peuvent-elles être dépassées ?
- Le sujet contient-il des présupposés contestables ?
- Peut-on envisager le sujet sous un nouvel angle ?

Ta troisième partie doit faire l'effet d'un **« coup de théâtre »,** d'un retournement de situation qui vient résoudre le problème posé par la question.

Exemple

Pour le sujet *« Attendez-vous essentiellement d'un roman qu'il vous plonge dans les pensées d'un personnage ? »*, on peut proposer le dépassement suivant :

I – On attend souvent d'un roman qu'il nous plonge dans les pensées d'un personnage.

II – Mais un roman n'est pas réductible aux pensées des personnages.

III – L'intérêt d'un roman n'est-il pas de nous plonger dans les pensées non pas d'un personnage mais d'un narrateur ?

Cette troisième partie est un « coup de théâtre » car elle apporte un nouveau regard sur la question en montrant que le sujet était formulé de façon trop réductrice. Ce nouveau regard permet de dépasser les deux premières parties.

Et si, malgré tout, tu ne parviens pas à trouver matière pour une troisième partie ?

Concentre-toi alors sur tes deux premières parties et passe directement à la conclusion de ta dissertation.

Vouloir ajouter à tout prix une troisième partie qui ferait « la moyenne » des deux premières parties n'est pas une bonne idée : cela ne peut que te pénaliser.

En revanche, propose un dépassement intéressant dans ta conclusion. Même s'il n'est pas développé, l'effort pour en proposer un sera toujours apprécié.

Le mémo d'Amélie

Pour réussir un plan dialectique :

- **Développe une thèse et une antithèse nuancée qui fassent progresser le raisonnement.**
- **Dans ta troisième partie, propose un dépassement original qui ne soit pas une redite des parties précédentes.**

5 Comment réussir un plan thématique ?

Si ta question de dissertation est une question ouverte (on ne peut pas y répondre par oui ou non), il faut alors te tourner vers un plan thématique.

Le principe du plan thématique ?

Chaque partie de ta dissertation est une réponse possible au sujet ou une définition de la notion du sujet.

Exemple

Prenons le sujet suivant : *« D'où provient, selon vous, l'émotion que l'on ressent à la lecture des livres I à IV des* Contemplations *de Victor Hugo ? »*

Comme il n'est pas possible de répondre par oui ou par non, il s'agit d'une question ouverte qui appelle un plan thématique.

Pour élaborer ce plan, cherche plusieurs réponses possibles à cette question et ordonne-les de la plus simple à la plus subtile.

Voici des exemples de réponses qui peuvent te venir à l'esprit pour ce sujet :

- L'émotion que l'on ressent à la lecture des *Contemplations* peut venir du travail réalisé par Victor Hugo sur la forme et la langue (libération du vers, du mot...).
- L'émotion que l'on ressent à la lecture des *Contemplations* peut venir de l'expression de sentiments intimes liés à des événements personnels qui ont touché Victor Hugo (expérience de l'amour et de la nature, combats politiques contre les injustices, douleur du deuil).
- L'émotion que l'on ressent à la lecture des *Contemplations* peut venir de l'universalité des thèmes évoqués (l'amour, la nature, l'injustice, le deuil...).

Ne t'autocensure pas : note au brouillon toutes les réponses auxquelles tu songes.

S'il y en a beaucoup, note-les toutes puis regroupe celles qui vont ensemble et **organise-les de la plus simple à la plus subtile.**

Exemple

Pour la question *« D'où provient, selon vous, l'émotion que l'on ressent à la lecture des livres I à IV des* Contemplations *de Victor Hugo ? »*, on peut aboutir par exemple au plan suivant :

I – La forme du texte poétique (libération du vers, du mot…) est propice au surgissement de l'émotion.

II – L'expression par Victor Hugo de sentiments intimes liés à des événements personnels est un puissant vecteur d'émotion.

III – Par les thèmes abordés, qui permettent de toucher à l'universel, les livres I à IV des *Contemplations* font surgir l'émotion.

Tu te demandes peut-être comment distinguer les idées les plus simples des plus subtiles.

C'est facile : les idées les plus simples sont celles empreintes de préjugés ou celles qui seraient proposées par des personnes peu intéressées par la littérature.

Par exemple, une personne qui ne s'intéresse pas à la poésie aura tendance à réduire la poésie à sa forme.

Une personne qui s'intéresse davantage à la poésie va prendre conscience d'autres aspects : le pouvoir créateur du langage poétique, les thèmes abordés…

Il est donc plus judicieux de **commencer par évoquer l'émotion que dégage la forme d'un poème** (idée la plus simple) **avant d'aborder l'universalité des thèmes évoqués.**

Le mémo d'Amélie

Pour réussir le plan thématique :

- **Cherche un maximum de réponses possibles à la question posée.**
- **Organise ces réponses de la plus simple à la plus subtile.**

6 Comment trouver une problématique de dissertation ?

« Absence de problématique », « Le sujet n'est pas problématisé »... Ces remarques fréquentes sur les copies vous laissent parfois perplexes : « Euh... le problème posé, ce n'était pas la question du sujet ? »

Eh non, la problématique n'est pas la question du sujet !

La problématique est un problème plus large posé par le sujet.

Mais alors, comment trouver ce problème implicite ?

En te posant des questions, en t'étonnant face au sujet comme je te l'ai montré au chapitre 2.

Exemple

Te souviens-tu des questions que nous nous sommes posés sur le sujet *« Le romancier doit-il nécessairement faire de ses personnages des êtres extraordinaires ? »* :

- Pourquoi le romancier ferait-il de ses personnages des êtres extraordinaires ? Pour quelles raisons ?
- Qu'apportent des personnages extraordinaires à un roman ?
- Le lecteur ne s'intéresse-t-il pas aussi à des personnages ordinaires ? Pourquoi ?

Eh bien ta problématique se trouve dans ces questions.

Plus exactement, **ta problématique est la question majeure qui englobe l'ensemble de ces questions.**

Par exemple, si on relie ces 3 questions, on remarque qu'elles tournent autour de la même question centrale : *« Le romancier doit-il nécessairement recourir à des types de personnages pour intéresser le lecteur ? »*

La voilà ta problématique !

C'est la question centrale autour de laquelle tournent toutes les autres questions que le sujet soulève.

Le mémo d'Amélie

La problématique n'est pas le sujet de dissertation. Elle est un problème distinct posé par ton sujet.

Pour la trouver, appuie-toi sur les questions que tu as formulées lors de l'analyse du sujet. La problématique est la question majeure qui englobe l'ensemble de ces questions.

7 Comment réussir mon introduction de dissertation ?

Imagine-toi quelques secondes dans la peau d'un correcteur à la fin du mois de juin : tu as une semaine pour corriger un tas de copies (70 à vue d'œil).

Tu regardes ta montre : il est déjà tard, tu es fatigué et tu as le dîner à préparer.

Tu prends quand même la première copie en haut du tas.

Un simple coup d'œil t'informe tout de suite que l'introduction de cette première copie ne respecte pas les codes de l'exercice : elle ne contient que deux phrases qui se battent en duel.

Tu pousses un soupir... Franchement, si l'élève ne sait toujours pas faire une introduction, ça ne promet rien de bon pour le développement...

Et tu commences la correction de la copie avec un a priori négatif.

Comme élève, est-ce l'impression que tu as envie de donner avec ta copie ?

Évidemment non.

Il faut donc inverser la donne. **Ton introduction doit envoyer d'entrée de jeu un message positif à ton correcteur.**

Pour cela, ton introduction doit être rédigée en un seul paragraphe et contenir quatre étapes :

- **Étape 1 :** l'amorce ou accroche.
- **Étape 2 :** la présentation du sujet.
- **Étape 3 :** la problématisation.
- **Étape 4 :** l'annonce du plan.

A Étape 1 : commence par une accroche ou amorce

Faire une accroche, c'est susciter l'intérêt de ton correcteur avec **une phrase qui inscrit le sujet dans un contexte plus général.**

Ce contexte plus général peut être :

- Une remarque sur l'objet d'étude ou l'œuvre intégrale.
- Une remarque sur le contexte historique.
- Une remarque sur le contexte littéraire.
- Une citation d'auteur.
- Une remarque sur ton expérience de lecteur(trice) ou de spectateur(trice).

Un exemple vaut mieux que mille explications.

Exemple

Sujet : *« Le romancier doit-il nécessairement faire de ses personnages des êtres extraordinaires ? »*

Exemple 1 :

Le conte est par excellence le genre de l'extraordinaire : on y trouve beaucoup de magie et de personnages aux qualités ou aux destinées exceptionnelles. Mais ce modèle est-il applicable au roman ? (Accroche tirée d'une remarque sur le genre littéraire.)

Exemple 2 :

Les héros des premiers romans de chevalerie du XIIe siècle sont des héros extraordinaires, cumulant prouesses morales et physiques, à l'instar des héros de l'Antiquité comme Ulysse ou Hector. (Accroche tirée d'une remarque sur l'objet d'étude.) Mais le romancier doit-il nécessairement faire de ses personnages des êtres extraordinaires ? (Présentation du sujet.)

Exemple 3 :

Le personnage extraordinaire, qui suscite l'admiration, fait vivre au lecteur des sensations peu communes, qui lui restent en mémoire. (Accroche tirée de ton expérience de lecteur(trice).) Mais le romancier doit-il nécessairement faire de ses personnages des êtres extraordinaires ? (Présentation du sujet.)

Ces exemples t'aident-ils à y voir plus clair ?

Il existe pour chaque sujet de nombreuses possibilités d'accroches.

Il n'y a qu'une erreur à éviter : **ne commence jamais ton devoir par une généralité.** Par exemple :

- « De tout temps, les hommes se sont raconté des histoires… »
- « Depuis toujours… »
- « Depuis la nuit des temps, les hommes… »

Les phrases ci-dessus sont des phrases « tarte à la crème » **à bannir de ton vocabulaire** car elles constituent des clichés faux et insipides.

Si tu sèches sur ton amorce, tu peux toujours commencer ton introduction directement par l'étape n° 2, c'est-à-dire la présentation du sujet.

C'est moins orthodoxe, mais fais-moi confiance : mieux vaut cela qu'une amorce « tarte à la crème » qui agacerait ton correcteur.

B Étape 2 : présente le sujet

La présentation du sujet est l'étape la plus facile à réaliser.

Elle consiste simplement à **rappeler l'énoncé de ton sujet dans son intégralité, comme si ton correcteur ne l'avait jamais lu.**

Exemple

Tu peux par exemple écrire :

Les héros des premiers romans de chevalerie du XIIe siècle sont des héros extraordinaires, cumulant prouesses morales et physiques, à l'instar des héros de l'Antiquité comme Ulysse ou Hector. (Accroche tirée d'une remarque sur l'objet d'étude.) Mais le romancier doit-il nécessairement faire de ses personnages des êtres extraordinaires ? (J'énonce le libellé du sujet dans son intégralité, comme si le correcteur ne l'avait jamais lu.)

Facile, non ?

Alors on passe à l'étape suivante : la problématisation du sujet.

C Étape 3 : problématise le sujet

C'est le moment de formuler ta problématique qui, je te le rappelle, se distingue de la question du sujet.

Ta problématique correspond à **une ou plusieurs questions qui découlent de ton analyse du sujet.**

Exemple

Pour le sujet *« Le romancier doit-il nécessairement faire de ses personnages des êtres extraordinaires ? »*, la problématique pourrait être :

Qu'attend le lecteur des personnages que le romancier lui présente ?

Tu peux formuler cette question sous une forme directe ou indirecte :

Question directe (inversion sujet-verbe et point d'interrogation) :

Qu'attend le lecteur des personnages que le romancier lui présente ?

Question indirecte (pas d'inversion sujet-verbe et pas de point d'interrogation) :

On peut dès lors se demander ce que le lecteur attend des personnages que le romancier lui présente.

D Étape 4 : annonce le plan

Il ne reste plus qu'à annoncer ton plan !

Exemple

Après avoir étudié les raisons pour lesquelles les personnages extraordinaires fascinent le lecteur, nous verrons que les personnages ordinaires suscitent aussi son intérêt. Nous nous demanderons enfin si le personnage de roman n'est pas une construction plus complexe qui échappe à la binarité ordinaire/extraordinaire.

Mon conseil ? N'utilise pas d'expressions comme « Dans une première partie », « Dans une deuxième partie » : elles sont trop scolaires pour un niveau lycée.

Remplace-les par des **formules plus légères :**

- Après avoir analysé (ta première partie)...
- ... nous verrons que (ta deuxième partie)...
- ... pour nous demander enfin si (ta troisième partie).

Le mémo d'Amélie

Pour réussir ton introduction de dissertation, suis les 4 étapes suivantes :

- **1 : une accroche générale (mais sans clichés).**
- **2 : la présentation du sujet.**
- **3 : la problématique.**
- **4 : l'annonce du plan.**

Si tu ne trouves pas d'amorce, saute la première étape, et prends soin de bien faire apparaître les étapes 2, 3 et 4 sur ta copie car elles sont indispensables.

8 Comment réussir ma conclusion de dissertation ?

Si tu es comme beaucoup de mes élèves, tu penses que la conclusion a pour but de résumer les étapes de ton développement avant de proposer une ouverture.

Or cela n'est pas suffisant !

Le but de la conclusion est de **donner une réponse finale ferme et définitive à la problématique.** Cette réponse finale doit apparaître dans ta conclusion.

Pour cela, il te faut suivre trois étapes :

- **Étape 1 :** rappelle les étapes de ton développement.
- **Étape 2 :** propose une réponse ferme et définitive à la question.
- **Étape 3 :** fais une ouverture.

1 Rappelle les étapes de ton développement

Dans la mesure du possible, ne répète pas ton annonce de plan à l'identique. **Utilise des synonymes** pour résumer l'essentiel de ton raisonnement.

2 Propose une réponse ferme et définitive à la question

C'est là-dessus que tu es attendu(e) !

Normalement, tu as développé ta **réponse finale** dans ta troisième partie. Il te suffit donc de la reprendre de façon ferme et concise.

3 Termine par un élargissement

L'élargissement est une phrase qui ouvre la réflexion sur une **perspective plus générale.** C'est un moyen de montrer que la discussion pourrait se prolonger.

Pour trouver une ouverture, passe en revue les possibilités suivantes :

- Ta réponse au sujet fait-elle émerger d'autres problèmes littéraires ?
- Ta réponse ouvre-t-elle sur un nouveau sujet ?
- La question se pose-t-elle dans un autre domaine artistique (peinture, cinéma, musique...) ?

- Peux-tu revenir à l'objet d'étude, en proposant un autre regard sur ce dernier ?
- Peux-tu ouvrir sur une citation d'auteur issue de l'œuvre au programme ?

Comme pour l'accroche en introduction, tu dois absolument éviter les généralités trop éloignées de ton sujet. Par exemple, la question « Mais alors, quel est le but de la littérature ? » est bien trop large ! C'est une ouverture qui décrédibiliserait ta copie.

Propose une ouverture sur un sujet proche de celui traité dans ta dissertation.

Exemple

Voici un exemple de conclusion pour le sujet *« Le romancier doit-il nécessairement faire de ses personnages des êtres extraordinaires ? »* :

Le héros hors du commun, extraordinaire, fascine indéniablement le lecteur, mais le personnage ordinaire suscite également son intérêt car il lui offre un miroir plus plausible et réaliste. Il convient toutefois de sortir de l'opposition binaire entre personnage extraordinaire et ordinaire car cette opposition ne permet pas de rendre compte de la complexité du personnage de roman et des attentes du lecteur qui s'intéresse à la singularité de chaque personnage. (Je récapitule les jalons de mon raisonnement et donne ma réponse finale ferme et définitive.) C'est ce qui fait dire à André Malraux : « Un personnage n'est pas un individu en mieux. » Comme dans la vie réelle, chaque trajectoire individuelle, ordinaire ou extraordinaire, peut susciter l'intérêt pour peu qu'on essaie de l'appréhender dans sa complexité et sa singularité. (Ouverture sur une citation.)

Le mémo d'Amélie

Pour ta conclusion, suis les 3 étapes suivantes :

- **Étape 1 : rappelle les jalons de ton développement.**
- **Étape 2 : propose une réponse finale, ferme et définitive (cette réponse finale correspond normalement à ta troisième partie).**
- **Étape 3 : fais une ouverture sur un sujet proche.**

9 Comment rédiger ma dissertation ?

La dissertation est un exercice de style qui doit respecter quelques règles académiques et typographiques.

Voici comment présenter ta dissertation avec succès.

1 Soigne l'aspect « visuel » de ta dissertation

Aère ta copie de façon que ton correcteur identifie en un coup d'œil le nombre exact de parties et sous-parties dans ton devoir :

- **Saute 2 lignes après ton introduction.**
- **Saute 1 ligne après chaque grande partie de ton devoir.**
- **Saute 2 lignes avant de commencer ta conclusion.**
- **Fais un alinéa au début de chaque paragraphe.**

Grâce à ces sauts de lignes et alinéas, ta copie sera plus claire et les étapes de ton argumentation plus évidentes.

2 Rédige ton plan

Au baccalauréat, le plan de ta dissertation ne doit pas être apparent : il doit être **rédigé.**

Qu'est-ce que cela veut dire ?

C'est simple : n'écris pas (comme au brouillon) un plan apparent avec des numéros et des lettres. Ainsi, n'écris pas :

- I – On attend d'un roman qu'il nous plonge dans les pensées d'un personnage
- A – Les pensées d'un personnages sont un puissant moteur romanesque

Rédige tes thèses et arguments sous forme de **phrases claires et simples,** sans les faire précéder d'une lettre ou d'un numéro.

Exemple

Par exemple, tu peux écrire :

Le lecteur attend généralement d'un roman qu'il nous plonge dans les pensées d'un personnage.

La pensée des personnages est en effet un puissant moteur romanesque. Ainsi,...

Vois-tu la différence ? **Le plan n'est pas visuellement apparent** (avec les numéros des parties) **mais il n'a pas disparu :** mes thèses (les grandes parties) et mes arguments (les sous-parties) sont formulés sous forme de phrases brèves et claires.

3 Soigne les transitions

Les transitions sont des phrases qui soulignent l'articulation logique entre les parties de ton plan. Le rôle de la transition, c'est d'expliciter pourquoi tu passes d'une partie à une autre.

Pour plus de clarté, ta transition peut être isolée des grandes parties par un saut de ligne.

4 Respecte les règles typographiques

Le non-respect des règles typographiques est fréquent dans les copies et agace beaucoup les correcteurs.

Elles sont pourtant très simples à suivre !

- **Souligne les titres d'œuvres à la règle**

Quand tu écris un devoir à la main, souligne les titres d'œuvres à la règle.

Exemple

Dès le premier chapitre du Rouge et le Noir, Stendhal dresse la satire de la bourgeoisie de province à travers la description de la ville de Verrières.

Seuls les titres de poèmes, fables, chansons ou chapitres sont entre guillemets.

Exemple

Le poème « L'Albatros » issu du recueil Les Fleurs du Mal de Baudelaire fait un parallèle entre l'oiseau et le poète : tous deux souffrent de solitude et d'exclusion dans un monde insensible à la beauté.

Dans « Pauca meae », le quatrième livre des Contemplations de Victor Hugo, le poète explore la douleur du deuil suite au décès de sa fille Léopoldine.

Dans un livre ou sur Internet, le soulignement est remplacé par l'italique. Mais si ton devoir est manuscrit, les titres d'œuvres doivent être soulignés à la règle.

- **Place les citations entre guillemets**

Faire des citations dans une dissertation est toujours valorisé. N'hésite pas à citer et commenter des phrases ou expressions clés d'une œuvre, mais sans oublier les guillemets.

Exemple

Dans Le Rouge et le Noir, Stendhal définit le roman comme « un miroir qui se promène sur une grande route ».

5 Varie ton vocabulaire et tes phrases

Au lycée, on te demande **un effort d'expression écrite** et il n'y a qu'une façon d'y parvenir : **en variant ton vocabulaire et tes phrases.**

On a tous quelques habitudes d'écriture dont il faut se défaire.

Par exemple, certains élèves utilisent trop souvent l'expression « Cette œuvre » : « Cette œuvre montre », « cette œuvre indique », « cette œuvre révèle »...

Or, l'expression « cette œuvre » peut être remplacée par : « ce passage », « cet extrait », « cette ligne », « ce vers », « cette strophe », « ce quatrain », « cet incipit », « cet excipit », « ce chapitre », « cette phrase », « cette formule », « cette proposition », « cette tirade », « cette réplique », « cette scène », « ce dialogue », etc.

Varie également les verbes. Un auteur ou un texte peut « révéler » quelque chose, « dépeindre », « représenter », « communiquer », « dévoiler », « mettre en relief »,

« souligner », « esquisser », « exprimer », « indiquer », « marquer », « donner l'impression que », « présenter », « témoigner de », « accentuer », « amplifier », « dénoncer », « critiquer », etc.

Prends l'habitude d'utiliser chez toi un **dictionnaire des synonymes pour enrichir ton vocabulaire.** Petit à petit, tu n'auras plus besoin de dictionnaire car les mots te viendront plus facilement à l'esprit.

Varie aussi tes débuts de phrases pour éviter la monotonie dans ton devoir.

Exemple

Par exemple, une phrase toute simple comme :

Le poème « Elle avait pris ce pli » semble adoucir la peine du poète par l'évocation de souvenirs heureux.

Pourrait être réécrite de plusieurs façons :

Pour adoucir sa peine, le poète évoque des souvenirs heureux dans « Elle avait pris ce pli ».

Ou :

Par l'évocation des souvenirs heureux dans « Elle avait pris ce pli », le poète parvient toutefois à adoucir sa peine.

Tu peux ainsi varier tes phrases pour éviter que se suivent plusieurs phrases ayant la même construction syntaxique. Ces variations rendront ta copie plus plaisante à lire.

Le mémo d'Amélie

Voici les règles incontournables pour rédiger ta dissertation :

- **Saute 2 lignes après l'introduction et avant la conclusion.**
- **Saute 1 ligne après chaque grande partie.**
- **Fais un alinéa au début de chaque paragraphe.**
- **Souligne les titres d'œuvres à la règle et mets les titres de poèmes entre guillemets.**
- **Mets les citations entre guillemets.**
- **Varie tes phrases et ton vocabulaire.**

10 Comment travailler la dissertation efficacement dans l'année ?

La réussite en dissertation repose sur deux fondations : la qualité de ton argumentation et ta capacité à mobiliser l'œuvre intégrale au programme et ta culture littéraire.

Ce sont donc ces deux points qu'il te faut travailler tout au long de l'année pour être prêt(e) le jour J.

A Entraîne-toi à l'argumentation

Lis attentivement mes chapitres de méthode sur les plans de dissertation et entraîne-toi régulièrement à **réaliser des plans** en trouvant au moins tes trois grandes parties.

Le plan dialectique, qui est le plus fréquent, nécessite de l'entraînement car tu dois apprendre à le formuler de façon nuancée et à proposer un dépassement en troisième partie.

Prends régulièrement 15 à 20 minutes pour réaliser des micro-entraînements sur des questions variées et t'entraîner ainsi à la dynamique argumentative.

B Travaille les œuvres intégrales et leur parcours

La question de dissertation est intimement liée à l'une des œuvres intégrales au programme et au parcours qui lui est associé.

Pour mettre toutes les chances de ton côté, réfléchis à ces parcours et travaille l'œuvre intégrale en profondeur.

Dans ta dissertation, tu ne peux en effet pas te contenter d'une référence vague à l'œuvre intégrale : **tes références devront être précises et développées.**

Exemple

Si tu souhaites avancer que la princesse de Clèves fait preuve de sincérité, prouve-le par une **référence précise** tirée de l'œuvre.

Indique par exemple que, dans la troisième partie du roman, la princesse de Clèves avoue à son mari son amour pour un autre, faisant ainsi preuve d'une sincérité qui la grandit.

Tu veux montrer que le poème « Automne malade » d'Apollinaire fait la jonction entre la tradition et la modernité ? **Prouve-le précisément.**

Explique par exemple qu'Apollinaire reprend dans ce poème un motif lyrique traditionnel, celui de l'automne, saison de la mélancolie pour les romantiques, mais qu'il le revisite à travers une forme poétique nouvelle dont la brièveté fait penser à un haïku.

Injecte ce niveau de précision dans tous tes exemples.

C Fais l'inventaire de ta culture littéraire

Les œuvres intégrales au programme ne suffisent pas pour réussir une dissertation.

Si tu souhaites choisir ce sujet au bac, fais aussi l'inventaire de ta culture littéraire pour être en capacité de la mobiliser le jour J.

Pour chaque objet d'étude, recense :

- Les œuvres et textes lus et étudiés au collège et en Seconde.
- Les textes étudiés en classe pour la préparation de l'oral.
- Les œuvres cursives lues pour la préparation de l'oral.
- Tes lectures personnelles.
- Les textes que tu as étudiés seul(e) durant ton temps libre, dans un ouvrage scolaire ou sur commentairecompose.fr.

Bon à savoir : tu n'es pas obligé(e) d'avoir lu une œuvre intégralement pour t'en servir d'exemple dans une dissertation.

Tu peux lire des extraits d'œuvres clés, accompagnés de leur commentaire, comme ceux que je propose sur commentairecompose.fr, et intégrer ces textes à ton inventaire personnel.

Identifie au moins 15 œuvres ou textes par objet d'étude : c'est une bonne base pour pouvoir répondre aux questions de dissertation.

D Entraîne-toi à mobiliser ta culture littéraire

Une fois ton inventaire réalisé, utilise-le régulièrement !

Prends des questions de dissertation, et pour chacune d'entre elles, **demande-toi quels textes et œuvres de ton inventaire pourraient servir et comment.**

Fais cet exercice régulièrement jusqu'à être parfaitement à l'aise avec ton inventaire.

Comme pour les œuvres intégrales, **utilise tes références précisément.** On ne te demande pas de saupoudrer ton devoir de quelques titres d'œuvres et d'auteurs, comme autant de cases à cocher. Chacune de tes références doit être développée pour être convaincante.

Le mémo d'Amélie

Pour te préparer à la dissertation au bac :

- **Entraîne-toi à la dynamique argumentative régulièrement.**
- **Étudie en profondeur les œuvres intégrales au programme.**
- **Fais l'inventaire de ta culture littéraire et entraîne-toi à la mobiliser sur des sujets variés.**

SUJETS DU BAC CORRIGÉS

Sujet 1 *Le Rouge et le Noir*, parcours : Le personnage de roman, esthétique et valeurs

Faut-il s'identifier à un personnage pour être captivé par un roman ou un récit ?

Vous répondrez à cette question en vous fondant sur votre connaissance de l'œuvre *Le Rouge et le Noir* de Stendhal, les textes étudiés pendant l'année ainsi que sur vos lectures personnelles.

Proposition de corrigé

Ce corrigé est intégralement rédigé comme tu devras le faire le jour du bac.

Lorsque Flaubert dit « Madame Bovary, c'est moi », il révèle le rapport fusionnel qu'il entretient avec son personnage, centre de gravité du roman autour duquel tout tourne. Il semble alors naturel pour le lecteur de s'identifier lui aussi au personnage pour accéder au sens du roman. Mais est-il nécessaire de s'identifier à un personnage pour être captivé par un roman ? L'intérêt du lecteur pour un roman est-il réductible à son identification à un personnage ? Si l'identification à un personnage permet indéniablement au lecteur d'être captivé par un roman, la mise à distance avec les personnages peut être tout autant un motif d'intérêt. Mais au-delà du personnage, ne serait-ce pas surtout l'univers autour du personnage qui captive le lecteur ?

> L'amorce suscite l'intérêt et permet d'amener naturellement au sujet.

> Comme la question du sujet est fermée, tu peux t'orienter vers un plan dialectique.

L'identification à un personnage permet de captiver le lecteur.

> Énonce la thèse de ta première partie sous forme d'une phrase rédigée.

Cette identification est une source de plaisir pour le lecteur qui ressent les émotions du personnage et revit même parfois à travers lui des émotions déjà vécues. L'identification est particulièrement favorisée lorsque le lecteur suit le parcours social d'un personnage dans un roman d'apprentissage. En effet, la temporalité longue des romans d'apprentissage crée un attachement au héros dont le lecteur suit la formation de jeune adulte,

> N'oublie pas d'exposer l'argument que tu vas développer dans ton paragraphe.

la progression dans la société et son évolution personnelle. Dans Le Rouge et le Noir de Stendhal par exemple, le lecteur fait connaissance avec Julien Sorel au chapitre IV du livre premier. Julien est alors un jeune homme de dix-neuf ans, « faible en apparence », délicat, entouré d'un père et de frères grossiers qui le rouent de coups. Parce qu'il apparaît comme une victime, Julien attire immédiatement la sympathie du lecteur, lançant ainsi le processus d'identification. Le lecteur est alors captivé par l'ascension sociale de ce jeune homme qui devient un précepteur à la mode à Verrières, entre au grand séminaire de Besançon puis se fait remarquer à Paris dans le milieu aristocratique. L'identification avec le personnage est facilitée par le regard omniscient du narrateur qui analyse l'âme et les pensées de Julien Sorel : « Mais tout à coup, Julien fut heureux, il avait une raison pour refuser. Quoi je perdrais lâchement sept à huit années ! » (Ire partie, chapitre 12). Cet accès aux pensées du personnage permet une identification captivante pour le lecteur.

Astuce : pour développer des exemples précis, appuie-toi sur des passages de l'œuvre intégrale étudiés en classe.

Ce sont aussi les difficultés rencontrées par le personnage, et même ses échecs, qui favorisent le processus d'identification. Lorsqu'un personnage rencontre des difficultés, le lecteur éprouve de l'empathie, et cette empathie le pousse à poursuivre la lecture pour savoir si le personnage parviendra à surmonter l'adversité. Dans L'Assommoir de Zola par exemple, Gervaise est dans une situation tragique : ouvrière courageuse, travailleuse, honnête, elle ne peut échapper ni à son hérédité (ses parents sont alcooliques) ni à son milieu social qui exerce sur elle une action destructrice. Le lecteur ne peut que fraterniser avec Gervaise et s'intéresser à son histoire. De même, dans Madame Bovary de Gustave Flaubert, l'héroïne va elle aussi d'échec en échec. Jeune femme rêveuse à l'esprit romantique, Emma Bovary n'arrive pas à s'adapter à la vie plate et prosaïque que lui offre son mari Charles. Elle prend des amants, s'endette et finit pas se suicider. La fragilité d'Emma et ses déceptions la rendent proche du lecteur qui poursuit le roman jusqu'à la fin pour savoir comment se termine l'histoire.

Fais appel à des œuvres variées pour illustrer tes arguments car l'œuvre intégrale au programme ne suffit pas.

Un personnage peut aussi être captivant s'il représente un modèle pour le lecteur. Dans La Peste d'Albert Camus, le fléau de la peste qui s'abat sur la ville d'Oran symbolise le mal qui touche les hommes aveuglément. Les différents personnages du roman incarnent des réactions possibles face au mal. Le père Paneloux se réfugie dans la religion, voyant la peste comme une punition divine. Cottard tente de se suicider et le journaliste Rambert cherche tout d'abord à quitter la ville. Mais le personnage central du roman, le médecin Rieux, témoigne d'une humanité et d'une solidarité sans faille envers les hommes. Il lutte contre le mal en soignant les autres et fait preuve de bonté, de lucidité et d'honnêteté. Le personnage du médecin Rieux favorise l'identification car il représente pour le lecteur un modèle d'humanité inspirant et digne d'admiration.

Si l'identification au personnage de roman est un moteur romanesque, c'est parfois la non identification avec le personnage qui intéresse le lecteur.

La transition peut être isolée par des sauts de ligne.

La distance avec le personnage de roman est paradoxalement un moyen de capter l'attention du lecteur.

Énonce la thèse de ta deuxième partie sous forme d'une phrase rédigée.

En général, il est impossible à un lecteur de s'identifier à des personnages négatifs ou immoraux. Pourtant, cela ne l'empêche pas d'être captivé par des romans dont le héros est antipathique. Ainsi, Jean-Baptiste Clamence, le personnage de La Chute, n'est pas présenté par Albert Camus sous son meilleur jour : sûr de lui, parfois arrogant, animé par un amour immodéré de soi, ce protagoniste ne déclenche pas chez le lecteur le processus d'identification. Néanmoins, son statut d'anti-héros suscite de l'intérêt et donne envie au lecteur de continuer la lecture pour suivre la chute de ce personnage. Il en va de même avec les héros des Liaisons dangereuses de Laclos. Le Vicomte de Valmont et la Marquise de Merteuil sont deux libertins qui fomentent des plans machiavéliques pour piéger leurs victimes. Le lecteur ne s'identifie pas à ces personnages immoraux mais il est captivé par leur capacité à faire le mal et par leur chute inéluctable. C'est ainsi la non-identification avec les personnages qui tient le lecteur captif.

Les auteurs créent eux-mêmes un effet de distance entre le lecteur et le personnage quand ils utilisent l'ironie à l'égard de leurs personnages. Dans Le Rouge et le Noir par exemple, Stendhal porte souvent un regard ironique

N'hésite pas à faire référence à l'œuvre intégrale dans différentes parties de ta dissertation. La même œuvre peut servir à illustrer des arguments différents.

sur Julien, invitant le lecteur à se détacher du jeune héros. Lorsque Julien séduit Mme de Rênal au chapitre 9 du livre premier, le narrateur utilise le champ lexical du devoir et du combat, ce qui prête à sourire. De même, Julien promet de se faire « brûler la cervelle » s'il ne parvient pas à saisir la main de Mme de Rênal. Une réaction aussi extrême ridiculise le personnage. Le narrateur n'hésite pas à s'inviter dans le récit pour se moquer des choix du héros, comme au chapitre 14 du livre premier où Julien se montre en gauche séducteur : « Sans cette sottise de faire un plan, l'esprit vif de Julien l'eût bien servi. » Par le procédé de l'ironie, Stendhal nous invite ainsi à garder de la distance vis-à-vis de Julien, comme s'il fallait se prévenir de toute identification pour mieux suivre le parcours de ce personnage-témoin dans la société du XIXe siècle.

C'est parfois enfin la disparition même du personnage qui constitue l'intérêt d'un roman. Dans les années 1950, les auteurs du Nouveau Roman font disparaître leurs personnages derrière les objets ou derrière un sentiment d'étrangeté. Dans Enfance de Nathalie Sarraute ou L'Amant de Marguerite Duras, les personnages sont vus en focalisation externe si bien que le lecteur n'accède pas à leurs pensées. L'auteur s'attache aux ambiances, à l'atmosphère qui règne entre les personnages et refuse toute approche psychologique. Cette disparition du personnage, parfois déconcertante, crée un effet d'énigme intrigant pour le lecteur.

Le lecteur s'intéresse donc à des romans où l'identification avec le personnage n'est pas possible, signe que l'intérêt du lecteur pour l'œuvre ne dépend pas forcément des personnages. Mais alors quels éléments du roman permettent de capter l'attention du lecteur ?

N'hésite pas à employer des phrases interrogatives dans tes transitions : elles montrent le dynamisme de ta pensée en mouvement.

Réduire l'intérêt du lecteur à l'identification à un personnage ne permet pas de rendre compte de la complexité du roman et des multiples raisons qui motivent le plaisir de la lecture.

La troisième partie est un véritable dépassement : elle apporte un nouveau regard sur la question. Elle n'est jamais une redite des parties précédentes !

Au-delà du personnage, le lecteur s'intéresse à la peinture sociale proposée par un roman, à l'opportunité qu'il offre de se plonger dans une autre époque. Ainsi, Stendhal considère que le roman est un « miroir qui se promène sur une grande route » : les personnages ne sont alors plus que les pièces d'une fresque sociale. Le sous-titre du Rouge et le Noir, « Chroniques de 1830 », marque d'ailleurs la volonté de dépeindre la comédie sociale qui se joue pendant la période de la Restauration. De même, les cinquante pages de description qui ouvrent le Père Goriot soulignent la volonté de Balzac de prévenir toute identification, toute séduction à l'égard d'un personnage pour forcer le lecteur à un regard froid et objectif sur la société.

Le lecteur s'intéresse aussi aux romans vecteurs d'une philosophie car ils portent une réflexion sur le monde de manière plus captivante qu'un traité de philosophie. Un conte comme Candide ou l'optimisme intéresse le lecteur car il condense la pensée de Voltaire de manière plus enlevée et plaisante qu'un traité abstrait. Voltaire utilise son récit et ses personnages pour critiquer l'optimisme du philosophe Leibnitz et le Providentialisme. Il y oppose une vision lucide des imperfections du monde et affiche sa confiance en l'homme capable d'améliorer sa condition. On songe aussi à Sartre qui dans son roman La Nausée nous délivre sa conception de l'existentialisme. La vie d'Antoine Roquentin, son mal de vivre et l'expérience qu'il fait de l'absurdité et de la contingence de la vie nous permet de comprendre la philosophie existentialiste de Sartre de façon plus concrète et charnelle que ne le ferait un traité de philosophie. Le roman propose une vision de la condition humaine, qui intéresse le lecteur.

Quand tu évoques une œuvre, pense à nommer les personnages principaux pour être précis.

Pour un lecteur, un roman peut aussi avoir un autre attrait que le fond : celui de la forme, c'est-à-dire du style d'écriture. Le roman permet en effet d'entrer en résonance avec la voix singulière d'un auteur. Chez Marcel Proust par exemple, ce n'est pas l'intrigue ou le personnage principal qui est le moteur principal de son œuvre À la recherche du temps perdu mais plutôt sa peinture du monde telle que la conscience subjective l'appréhende. Proust écrit de longues phrases complexes, « vivantes », qui épousent le rythme de le pensée et des émotions. C'est la singularité de son style et la musicalité de ses longues phrases qui enchantent les lecteurs et font de Proust l'un des auteurs les plus traduits dans le monde. Au contraire de Proust, Jean Giono écrit le plus souvent avec des phrases courtes.

Dans son roman Regain par exemple, il donne en peu de mots des images fortes, lyriques et poétiques de la nature qui touchent le lecteur. Dans un autre registre, le style oralisé et argotique de Céline dans son roman Voyage au bout de la nuit choque et fascine à la fois. C'est cette écriture brutale et convulsive qui est le moteur du roman et entraîne le lecteur dans cette épopée moderne.

Les lecteurs étant divers et le roman étant un genre aux formes multiples, les raisons pour lesquelles un lecteur peut être captivé par un roman sont nombreuses : identification aux personnages ou au contraire distanciation, découverte de la société, de la nature humaine, d'une vision du monde, d'une époque historique, ou encore attrait pour le style d'un auteur. Le personnage n'est donc pas forcément le centre de gravité du roman. La tendance contemporaine à l'autofiction, dans laquelle l'auteur met en scène sa propre vie de façon romancée, n'est-elle toutefois pas le signe du renouveau du personnage dans les romans du XXIe siècle ?

N'oublie pas dans la conclusion de donner une réponse ferme et définitive à la question.

L'ouverture souligne que la discussion pourrait se prolonger.

Sujet 2 *La Princesse de Clèves*, parcours : Individu, morale et société

Faut-il qu'un personnage de roman soit admirable pour intéresser le lecteur ?

Vous répondrez à cette question en vous fondant sur votre connaissance de l'œuvre *La Princesse de Clèves* de Madame de Lafayette, les textes étudiés pendant l'année ainsi que sur vos lectures personnelles.

Proposition de corrigé

Dans ce corrigé, le plan est apparent pour faciliter ta lecture et ta compréhension. Le jour J, n'oublie pas que le plan ne doit pas apparaître et que les idées directrices doivent être rédigées.

Introduction

Georges Simenon dit du personnage de roman : « Le personnage de roman, c'est n'importe qui dans la rue mais qui va jusqu'au bout de lui-même. » Le romancier suggère à travers cette phrase toute l'ambiguïté du personnage romanesque, à la fois banal et suffisamment admirable pour captiver le lecteur et l'entraîner dans une histoire. Mais faut-il toujours qu'un personnage de roman soit admirable pour intéresser le lecteur ? Le personnage de roman ne peut-il être intéressant que s'il est admirable, exceptionnel ? Nous verrons que le lecteur s'intéresse effectivement aux personnages admirables, mais que les personnages ordinaires suscitent aussi son intérêt. N'est-ce pas en réalité les représentations de l'homme dans toute sa complexité que le lecteur aime retrouver dans les personnages de roman ?

I – Un personnage admirable est un objet d'intérêt pour le lecteur

A – Héritier des épopées aux héros exceptionnels, le personnage de roman suscite l'admiration car il se distingue de l'humanité ordinaire par des qualités physiques ou morales exceptionnelles

Exemples

- ***La Princesse de Clèves*, Madame de Lafayette** *:* Madame de Chartres est un modèle de vertu et transmet de hautes valeurs morales à sa fille. La princesse de Clèves est un personnage hors du commun : sa beauté exceptionnelle et sa vertu qui suscitent l'admiration de la Cour sont admirables aussi pour le lecteur parce que ses qualités ne sont pas l'apanage du commun des mortels.

- ***Le Mystère de la chambre jaune*** ou ***Le Parfum de la dame en noir*, Gaston Leroux** : Joseph Rouletabille est un journaliste doué d'un talent de détective hors norme. Dans les romans policiers de Gaston Leroux, il suscite l'intérêt du lecteur car il se montre supérieur aux inspecteurs de police traditionnels en résolvant des énigmes complexes.

B – Les personnages admirables suscitent l'intérêt car ils élèvent le lecteur

- Le personnage admirable est un **modèle qui inspire le lecteur.**

Exemples

- ***La Princesse de Clèves*, Madame de Lafayette** : la vertu de la princesse de Clèves est mise à l'épreuve par la passion qu'elle éprouve pour le duc de Nemours. Malgré des moments de galanterie et de complicité, la princesse de Clèves résiste à la tentation de l'adultère et parvient à réprimer ses inclinations. Cette lutte victorieuse dépeint le caractère exceptionnel de la princesse de Clèves qui résiste au péché et à la faute. Sa vertu constitue un exemple admirable pour le lecteur.

• ***Mémoires d'Hadrien*, Marguerite Yourcenar** : lorsqu'il prend la tête de l'Empire romain, Hadrien fait preuve de tempérance et de prudence en pacifiant le royaume. Il mène une politique de sagesse et de mesure loin de la politique conquérante de Trajan. Sa recherche de paix, de vérité et de connaissances est digne d'admiration pour le lecteur.

C – Les personnages admirables sont plus à même d'entraîner le lecteur dans des histoires captivantes

• Les personnages aux **destinées exceptionnelles** permettent le récit d'histoires captivantes qui offrent au lecteur des moments d'évasion.

Exemple

• ***Le Comte de Monte-Cristo*, Alexandre Dumas** : Edmond Dantès est un personnage fascinant qui entraîne le lecteur dans une histoire exceptionnelle : emprisonné à tort au Château d'If à Marseille pendant quatorze ans, le héros parvient à s'évader, à trouver un trésor et à se venger de ceux qui l'ont fait enfermer. Un tel personnage emporte le lecteur dans une histoire captivante.

II – Mais le lecteur s'intéresse aussi aux personnages ordinaires

A – Parce qu'ils nous ressemblent, les personnages ordinaires favorisent l'identification et provoquent l'empathie.

Exemple

***La Chartreuse de Parme*, Stendhal** : Fabrice del Dongo est un héros passif aux qualités peu héroïques. Sur le champ de bataille de Waterloo, il est apeuré et « scandalisé de ce bruit qui lui faisait mal aux oreilles ». Le maréchal des logis le traite même de « blanc bec » sans que cela ne fasse réagir le jeune héros. Mais sa peur et sa maladresse le rendent attachant et proche du lecteur.

B – Le personnage ordinaire est un miroir de la société

• Un anti-héros intéresse aussi le lecteur car il donne à voir la **médiocrité de la société.**

• Les personnages de roman du XXe siècle ou du XXIe siècle se caractérisent ainsi souvent par leur médiocrité ou leur insignifiance.

Exemple

• ***Sérotonine*, Michel Houellebecq** : Le personnage Florent-Claude Labrouste est submergé par la dépression. Il n'est admirable en rien, enfermé dans un métier ennuyeux, consistant à rédiger des notes techniques pour le ministère de l'Agriculture. Mais ce personnage devient un miroir de notre société post-moderne, en mal d'inventivité et d'énergie vitale.

C – La proximité avec le personnage permet au lecteur de se sentir plus concerné par le message de l'auteur

Exemple

***L'Éducation sentimentale,* Flaubert** : le personnage principal, Frédéric Moreau, et son ami Deslauriers font face à la déception à la fin du roman : le temps a passé, et eux qui étaient plein d'entrain et d'espoir font un bilan médiocre de leur vie, car leurs rêves ne se sont pas réalisés. Flaubert montre au lecteur que la politique, les révolutions (celle de 1848 en l'occurrence), les amours, la réussite ne sont que du vent et du néant.

III – Ce qui intéresse surtout le lecteur, c'est que le personnage de roman est une représentation de l'homme dans toute sa complexité

A – Dans le roman réaliste et naturaliste, le personnage de roman vise à donner une image fidèle de la réalité

Exemple

***Une vie,* Maupassant** : le lecteur suit la vie de Jeanne, jeune aristocrate qui va de désillusions en échecs. Jeanne est une femme plutôt insignifiante qui est avant tout le produit de son milieu. À travers son itinéraire, Maupassant observe et étudie la condition de la femme au XIXe siècle. Le personnage est une image la plus fidèle possible de la réalité.

B – Le personnage de roman se construit au fil de la narration

- La personnalité du personnage de roman évolue au cours du récit de la même manière que l'être humain se construit et évolue au fil de sa vie. C'est cette **complexité qui intéresse le lecteur** car elle fait écho au cheminement complexe des êtres humains dans la vraie vie.

Exemple

- ***L'Étranger,* Albert Camus** : au début du roman, Meursault est un anti-héros passif, plutôt antipathique, renfermé sur lui-même. Mais il évolue tout au long de la narration. À la fin du roman, il devient l'incarnation de « l'homme révolté » contre l'ordre établi de la société, la religion, les juges. Condamné à mort, il fait preuve de lucidité et refuse de se réfugier dans la religion. Cette mutation intérieure le rend pleinement humain et intéresse le lecteur.

C – L'intérêt des personnages de roman est de refléter les différentes facettes de notre âme et de notre personnalité

Exemple

- ***La Princesse de Clèves,* Madame de Lafayette** : la princesse de Clèves est tiraillée entre le péché et la vertu. En analysant tous les mouvements de l'âme de son héroïne, Madame de Lafayette intéresse le lecteur du XVIIe siècle en lui tendant un miroir dans lequel il peut se regarder et s'interroger sur lui-même.

- Les personnages de roman forment un réseau complexe dans lequel **chaque personnage incarne un penchant de l'âme humaine.**

Exemple

- ***La Peste,* Camus** : les différents personnages du roman incarnent des réactions possibles face au mal, illustrant les différentes facettes de notre personnalité. Le père Paneloux se réfugie dans la religion, voyant la peste comme une punition divine. Cottard tente de se suicider quand le journaliste Rambert cherche tout d'abord à quitter la ville. Le médecin Rieux, quant à lui, fait preuve d'une humanité et d'une solidarité sans faille en soignant les hommes. Ces personnages, lâches ou exemplaires, reflètent les différentes facettes de l'âme du lecteur.

Conclusion

Le héros de roman n'intéresse pas forcément le lecteur parce qu'il est admirable. Un personnage ordinaire intéresse aussi le lecteur car il suscite l'identification et l'empathie. En définitive, ce qui intéresse surtout le lecteur, c'est de retrouver dans le roman des personnages qui racontent toute la complexité de l'être humain. Le personnage de roman est aussi dépositaire du regard de l'auteur sur le monde et souvent porteur d'une philosophie. À travers les péripéties de sa vie et les mouvements de son âme, le personnage de roman ne dévoile-t-il pas finalement mieux qu'un texte philosophique les valeurs d'une société et d'une civilisation ?

Sujet 3 *Mémoires d'Hadrien*, parcours : Soi-même comme un autre

« Le roman, c'est la fraternité : on se met dans la peau des autres », écrit Romain Gary dans *La nuit sera calme*. Selon vous, la première fonction d'un récit ou d'un roman est-elle de nous faire comprendre la vie des autres ?

Vous répondrez à cette question en vous fondant sur votre connaissance de l'œuvre *Mémoires d'Hadrien* de Marguerite Yourcenar, les textes étudiés pendant l'année ainsi que sur vos lectures personnelles.

Proposition de corrigé

Dans ce corrigé, le plan est apparent pour faciliter ta lecture et ta compréhension. Le jour J, n'oublie pas que le plan ne doit pas apparaître et que les idées directrices doivent être rédigées.

Introduction

Romain Gary écrit : « Le roman, c'est la fraternité : on se met dans la peau des autres ». En effet, la lecture d'un roman permet au lecteur de sortir de sa sphère individuelle et de se projeter vers les autres en s'immergeant dans la vie et les pensées de personnages fictifs. En éprouvant de la compassion pour ces derniers ou en s'identifiant à eux, le lecteur vit une expérience de fraternité et se frotte à l'altérité. S'il est vrai que le roman a pour fonction de permettre au lecteur de se mettre dans la peau des autres et de comprendre leur vie, nous verrons aussi que le roman est un instrument de distanciation avec les autres. Mais le roman ne serait-il pas finalement un moyen de s'évader de soi-même et des autres ?

I – Le roman permet de se mettre dans la peau de quelqu'un d'autre et de comprendre sa vie

A – L'auteur et le lecteur se mettent dans la peau du personnage en adoptant son point de vue

Exemple

- ***Mémoires d'Hadrien*, Marguerite Yourcenar** : ce roman est présenté comme une lettre de l'Empereur Hadrien à son successeur Marc-Aurèle. Par ce procédé, Marguerite Yourcenar nous fait entrer dans les pensées intimes de l'Empereur Hadrien qui livre les ressorts de son âme et nous permet de comprendre sa vision des choses.

LA DISSERTATION

- Marguerite Yourcenar a fait de longues recherches pour **se mettre dans la peau de son personnage.** Elle confie dans ses notes : « L'une des meilleures manières de recréer la pensée d'un homme : reconstituer sa bibliothèque. »

B – Le lecteur se met dans la peau d'un personnage de roman en s'identifiant à lui

- Le **processus d'identification** aux personnages de roman permet d'approfondir l'expérience de l'altérité.

Exemple

- ***Mémoires d'Hadrien,* Marguerite Yourcenar :** ce roman parcourt toute la vie d'Hadrien : sa jeunesse, sa formation, son ascension politique, l'exercice du pouvoir et l'approche de la mort. Le lecteur suit pas à pas le destin du personnage et découvre ses pensées. Il peut s'identifier à lui.
- La **compassion** que le lecteur peut éprouver à l'égard d'un personnage lui permet d'expérimenter le sentiment de fraternité.

Exemple

- ***Madame Bovary,* Gustave Flaubert :** Emma Bovary est une jeune femme ordinaire, rêveuse, qui croit au prince charmant des romans historiques et sentimentaux. Incapable de s'adapter à la vie plate et prosaïque que lui offre son mari Charles, elle souffre, prend des amants et s'endette. Le lecteur éprouve de la compassion et donc de la fraternité pour elle.

C – Le roman est un miroir de la vie sociale qui permet de comprendre la vie des autres

- Le roman réaliste fait une **description objective et précise de la vie des autres** et nous permet ainsi de mieux comprendre ce qu'ils vivent.

Exemple

- ***Germinal,* Zola :** Émile Zola décrit avec précision les conditions de la vie ouvrière dans les mines du Nord. Les registres tragique et épique dans ce roman suscitent l'empathie et l'admiration pour les ouvriers, créant un sentiment de fraternité avec les personnages.

II – Le roman peut aussi nous distancier des autres

A – La mise à distance par l'ironie

- Quand l'auteur se montre **ironique** vis-à-vis de son personnage, il nous invite à porter un regard distancié sur ce personnage. Cette ironie crée alors une **complicité entre l'auteur et le lecteur,** aux dépens du personnage.

Exemple

- ***La Chartreuse de Parme,* Stendhal** : Stendhal fait preuve d'une ironie affectueuse envers Fabrice Del Dongo. Emprisonné, Fabrice est émerveillé par la vue de sa cellule d'où il aperçoit Clélia dont il est amoureux. Stendhal commente ironiquement : « Notre héros se laissait charmer par les douceurs de la prison ». Il nous invite à une mise à distance avec le personnage, créant une complicité entre le narrateur et le lecteur.

B – La mise à distance par l'observation

- Pour les **écrivains naturalistes,** le roman est comme un laboratoire d'expérimentation scientifique qui permet de **comprendre les lois qui régissent la vie humaine et la vie sociale.** Le lecteur est alors un **observateur**.

Exemple

- ***Bel-Ami,* Maupassant :** Georges Duroy est un anti-héros médiocre, un arriviste sans scrupule qui utilise les femmes pour gravir les échelons de la société. Son ascension sociale reflète les mœurs de la société parisienne à la fin du XIXe siècle. Le lecteur ne fraternise pas avec Georges Duroy, personnage méprisable, mais il observe la société parisienne et le monde de la presse au XIXe siècle.

C – La mise à distance par la connaissance de soi

Exemples

- ***Bouvard et Pécuchet,* Gustave Flaubert** : les deux personnages éponymes s'expriment à travers des expressions banales qui soulignent nos préjugés. Flaubert nous invite, à travers ses personnages de fiction (c'est-à-dire les autres), à mieux nous connaître et à nous regarder avec un esprit critique.

- ***Lettres persanes,* Montesquieu** : les deux persans Usbek et Rica portent un regard faussement naïf sur l'Europe pour faire ressortir le ridicule des mœurs et institutions occidentales. Le roman amène le lecteur du XVIIIe siècle à porter sur lui-même un regard libre et à se détacher des préjugés.

III – Le roman : s'évader de soi et des autres

A – Le roman, une aventure imaginaire

- Le récit et le roman permettent de nous évader dans un monde imaginaire.

Exemples

- ***Candide,* Voltaire** : Ce récit nous place dans l'univers du conte. Même si par moment la fiction et le réel se rencontrent (désastre de Lisbonne de 1755, missions jésuites...), l'exotisme de l'épisode d'Eldorado permet au lecteur de s'évader.

- ***La mort du roi Tsongor,* Laurent Gaudé** : L'histoire nous transporte dans un univers imaginaire et utopique qui fait songer aux mythiques grands royaumes africains du Moyen Âge. Les descriptions hyperboliques et le registre merveilleux du premier chapitre ne sont pas sans faire penser à l'Eldorado de *Candide*.

B – Le roman comme expérience d'étrangeté vis-à-vis de l'autre et de soi-même

- Le roman peut aller jusqu'à abolir la notion même de personnage. Il crée alors un effet d'étrangeté et d'irréalité vis-à-vis des autres.

Exemples

- ***L'Amant,* Marguerite Duras** : Marguerite Duras adopte une écriture cinématographique, extérieure à la pensée des personnages. Les personnages comptent peu : c'est l'étrangeté qui domine.
- ***Les choses,* Georges Perec** : Dans les années 1960, un jeune couple parisien est obnubilé par l'idée d'acquérir des objets pour leur confort matériel. Les personnages disparaissent derrière la description des choses.

C – Le roman, la « musique » d'un auteur

- Le roman est davantage la rencontre avec la langue d'un auteur que la rencontre avec un personnage.

Exemples

- ***Voyage au bout de la nuit,* Céline** : Ce roman captive par la force de sa langue orale qui dénonce la guerre, la colonisation, le taylorisme.
- ***Mémoires d'Hadrien,* Marguerite Yourcenar** : On retrouve dans ce roman la musicalité de l'écriture antique à travers une écriture très classique et des épithètes homériques. Le roman permet alors de fraterniser davantage avec la voix de l' auteur que celle du personnage.

Conclusion

Le roman n'a pas pour unique fonction de permettre au lecteur de se mettre dans la peau des autres et de comprendre leur vie. Il permet aussi de porter un regard distancié sur le monde, sur la société et sur soi-même. Il donne enfin la possibilité de fraterniser avec une voix singulière, celle de l'auteur qui, à travers sa prose, dévoile sa « musique » intérieure et délivre sa propre vision de la vie. Ne pourrait-on considérer dès lors que, comme le disait Jean Ricardou en 1963, « le roman n'est désormais plus l'écriture d'une aventure mais l'aventure d'une écriture » ?

5

L'ÉPREUVE ORALE

1 Qu'attend-on de moi à l'oral de français ?

Des choses assez simples !

- **Que tu saches lire** un texte de façon expressive.
- **Que tu saches analyser** un texte littéraire.
- **Que tu saches répondre à une question de grammaire liée au programme de Première.**
- **Que tu saches défendre et justifier un point de vue personnel** sur une œuvre intégrale.

Voyons ensemble à quoi font référence ces quatre compétences.

A Savoir lire de façon expressive

« Lire » et « lire de façon expressive » sont deux choses distinctes !

L'examinateur se doute bien que tu sais lire depuis quelques années déjà.

Ce qu'il cherche à évaluer, c'est si tu sais lire un texte de façon engageante, pleine de sens, et si tu sais adresser cette lecture à un public.

C'est là-dessus que portent les 2 points consacrés à la lecture du texte.

Je te montre comment améliorer ta lecture à voix haute dans les pages suivantes.

B Savoir analyser un texte littéraire

L'analyse d'un texte littéraire à l'oral n'est pas bien différente d'une analyse à l'écrit. Elle s'appuie en effet sur les mêmes règles :

- **Tu dois répondre à un projet de lecture** annoncé dans l'introduction.
- **Tu dois faire ressortir l'implicite du texte.**
- **Tu ne dois jamais séparer le fond et la forme :** les procédés relevés sont toujours analysés et interprétés.
- **Tu dois dérouler une argumentation** pour répondre à ta problématique.

C'est plutôt une bonne nouvelle : ce que tu as acquis en travaillant le commentaire pour l'écrit va donc te servir pour l'oral.

C Réaliser l'analyse syntaxique d'une phrase

C'est une des nouveautés de la réforme : l'examinateur va te demander de faire l'analyse syntaxique d'une phrase tirée du texte à analyser.

Cette question de grammaire porte sur un **programme limitatif :** la négation, l'interrogation et les propositions subordonnées conjonctives circonstancielles. Elle est notée sur 2 points.

Pour la réussir, il te suffit de consacrer quelques heures à travailler ce programme de grammaire qui est en réalité assez simple à maîtriser.

Et même si la grammaire n'a jamais été ton fort, ne t'inquiète pas : je récapitule tout ce que tu dois savoir dans cet ouvrage.

D Défendre ton point de vue sur une œuvre intégrale

L'entretien porte sur **l'une des œuvres intégrales** lues dans l'année.

Après avoir présenté synthétiquement l'œuvre que tu as choisie, tu seras invité(e) par l'examinateur à approfondir ou nuancer ton point de vue.

Les exigences de la réforme sont très claires : on attend des élèves un **engagement** vis-à-vis de l'œuvre choisie.

Tu dois la connaître et pouvoir en parler de façon **précise.**

Mais ce n'est pas tout !

Tu dois aussi pouvoir défendre ton point de vue personnel sur cette œuvre.

Je te montre dans les pages suivantes comment te préparer efficacement à cet entretien !

Le mémo d'Amélie

L'oral de français vise à vérifier que tu as acquis les compétences suivantes :

- **Tu sais lire un texte de façon expressive.**
- **Tu sais analyser un texte littéraire.**
- **Tu maîtrises le programme de grammaire de Première.**
- **Tu sais défendre et justifier un point de vue personnel** sur une œuvre intégrale.

2 La lecture du texte : comment la réussir ?

La lecture du texte est l'occasion parfaite de gagner 2 points facilement.

Bien évidemment, lire le texte ne sera pas suffisant pour obtenir 2 points.

Il va te falloir faire une lecture expressive du texte.

Voici quatre astuces pour y parvenir.

1 Lis plus lentement

Les élèves lisent presque toujours trop rapidement.

Bien sûr, tu n'es pas dans les conditions idéales. C'est ton oral de français, tu as le visage qui chauffe, les mains moites, le stress qui monte, ce qui t'amène souvent à lire le texte à toute vitesse.

Or, il va falloir contrecarrer cette tendance !

Car savoir lire de façon expressive, c'est justement savoir **lire lentement,** en respectant toutes les pauses indiquées par la **ponctuation :** points, points-virgules, virgules, points de suspension...

Les pauses rendent ta lecture plus vivante et montrent aussi ton **plaisir de lire.**

Pense aux acteurs qui récitent des textes ou des poèmes : ils font régulièrement des pauses pour maintenir notre attention.

Sans tomber dans un jeu d'acteur exagéré, lis ton extrait lentement et **respecte scrupuleusement la ponctuation.**

Ne te préoccupe pas du temps que prend ta lecture. Si le texte est long, l'examinateur t'interrompra pour te demander de passer à l'explication de texte.

Le temps requis pour lire le texte ne doit jamais te pousser à accélérer ta lecture.

2 Mets l'accent sur les mots clés

Dans une phrase, tous les mots n'ont pas la même importance. Or les mots importants doivent être prononcés de façon plus appuyée et plus lente.

Exemple

Dans un texte ironique, les mots qui portent la charge ironique sont plus importants que les autres ; tu peux les accentuer.

Dans un dialogue de théâtre, varie le ton quand tu changes de personnage.

Enfin, si tu lis des didascalies, adopte un timbre de voix plus neutre pour les différencier des dialogues des personnages.

3 Ne lis pas tout le texte à la même vitesse

Une erreur fréquente est de lire tout le texte à la même vitesse.

Cela part généralement d'une bonne intention : tu veux montrer à l'examinateur que tu lis de façon « régulière ».

Mais lire tout un texte à la même vitesse est monotone.

En réalité, **certains passages du texte sont moins importants** que d'autres, et peuvent être lus un peu **plus rapidement.**

À l'inverse, des **phrases clés** méritent d'être lues **plus lentement.**

Par exemple, si tu lis un passage dramatique, avec du suspense, ralentis le tempo.

Certains mots sont si importants qu'il est judicieux de faire une pause juste avant de les prononcer (par exemple le dernier terme d'une gradation).

Ce sont ces variations de tempo qui montrent que tu as compris le texte et qui rendent ta lecture pleine de vie et de sens.

4 Regarde régulièrement ton examinateur

L'examinateur va également noter ta capacité à adresser ta lecture à un public (en l'occurence, lui !).

Évite de marmonner tout bas, sans lever les yeux de ta feuille.

La lecture à voix haute n'est pas destinée à toi-même : c'est un partage. Tu dois avoir l'intention de faire découvrir cette lecture à la personne devant toi.

Lève la tête régulièrement et regarde ton examinateur (si cela te gêne, regarde-le entre les deux yeux : il ne verra pas la différence).

Ces moments où tu regardes l'examinateur sont brefs, mais ce sont eux qui montrent que tu lui adresses ta lecture.

Le mémo d'Amélie

Faire une lecture expressive s'apprend ! Entraîne-toi à voix haute dans ta chambre pour être prêt(e) le jour J :

- **Lis plus lentement.**
- **Mets l'accent sur les mots clés.**
- **Ne lis pas tout le texte à la même vitesse.**
- **Lève régulièrement les yeux de ta feuille pour regarder ton examinateur.**

3 Comment réussir l'explication linéaire d'un texte ?

La première partie de l'oral consiste en l'**explication linéaire d'un texte** de ton descriptif. Une fois ton texte choisi par l'examinateur, tu as 30 minutes pour préparer ton explication.

Qu'est-ce qu'une explication linéaire ?

C'est **une analyse qui suit le mouvement du texte,** qui l'analyse donc ligne par ligne.

Cela peut sembler facile, mais ce n'est pas si évident car il y a trois maladresses à éviter :

- **L'absence de plan** et de projet de lecture.
- **La paraphrase.**
- **La juxtaposition de remarques** non liées les unes aux autres.

Comment réussir ton explication linéaire sans tomber dans ces trois pièges ?

Voici mes conseils !

Tu peux retrouver un exemple de lecture linéaire à la page 223 ainsi que de nombreuses lectures linéaires rédigées sur les œuvres du programme sur **commentairecompose.fr**.

A Fais une introduction et propose une problématique

Commence ton explication par une introduction qui situe brièvement le texte dans l'œuvre intégrale ou le parcours.

Propose ensuite une **problématique,** c'est-à-dire une question à laquelle tu te proposes de répondre et qui va servir de fil conducteur à ton analyse.

Généralement, une problématique a été abordée en classe avec ton professeur : tu peux donc la reprendre.

La problématique est essentielle car c'est elle qui va donner cohérence et unité à ta présentation. Sans elle, tes remarques et observations n'auraient pas de finalité.

Tu pourras te référer à cette problématique tout au long de ta présentation pour montrer que tu proposes un projet global d'interprétation du texte.

B Suis un plan

Une analyse linéaire n'est pas une analyse sans plan !

Dans une explication linéaire, le plan est à trouver dans le **mouvement du texte,** dans sa **structure interne.**

Pour trouver le plan, il faut donc t'interroger sur la composition du texte, son mouvement, ses étapes.

Identifie deux à quatre mouvements dans le texte qui constituent des axes d'étude pertinents et donne un titre à ces parties. Chacune de tes parties fondées sur le mouvement du texte propose en effet une orientation, une interprétation.

Exemple

Pour introduire ton plan, tu peux utiliser les phrases suivantes :

On peut distinguer deux étapes dans ce texte.

Dans la première étape, de la ligne 1 à 10, l'auteur…

Dans la seconde étape, de la ligne 11 à 23, l'auteur…

C Mêle constamment le fond et la forme

C'est la même règle que pour le commentaire, et elle est fondamentale : **mêle le fond et la forme** tout au long de ton explication en montrant que les procédés du texte (la forme) accompagnent le sens du texte (le fond).

Pour y parvenir, suis le schéma suivant :

- **Je cite le texte.**
- **J'identifie le procédé.**
- **Je l'analyse, je l'interprète.**

Pense aussi à **rapporter tes analyses à ta problématique.** C'est l'une des clés de ta réussite à l'oral : tes analyses doivent tendre vers un but, celui de répondre à la problématique.

Dois-tu commenter chaque mot du texte ?

Bien sûr que non ! En 10 minutes, tu n'en as pas le temps.

Sélectionne uniquement les citations et procédés qui soulignent la cohérence de ton interprétation.

Si l'explication est linéaire, il n'est pas interdit pour autant de **rapprocher des procédés qui apparaissent à différents endroits du texte.** L'analyse linéaire n'est pas un carcan qui t'empêche d'appréhender le texte dans sa globalité.

D Fais une courte conclusion

Pense à finir ton exposé par une courte conclusion :

- **Rappelle les étapes de ta présentation** (donc le mouvement du texte) **et répond à ta problématique.**
- **Propose une ouverture :** sur un autre texte, l'œuvre intégrale, le parcours ou un autre art.

Le mémo d'Amélie

L'explication linéaire est un exposé structuré qui répond à un projet de lecture. Voici mes conseils pour la réussir :

- **Fais une introduction et définis une problématique qui servira de fil conducteur à ton explication.**
- **Fonde-toi sur le mouvement du texte pour trouver un plan et nomme tes parties.**
- **Analyse et interprète les procédés relevés et rattache tes analyses à tes idées directrices et à ta problématique.**
- **Fais une conclusion.**

4 Comment tirer profit des 30 minutes de préparation ?

Le jour de ton oral, l'examinateur va te remettre une fiche avec :

- le texte retenu (parmi ceux de ton descriptif) pour ton explication linéaire ;
- une question de grammaire portant sur une phrase ou une partie de phrase du texte à étudier.

Tu bénéficies alors de **30 minutes de préparation.**

Comment tirer profit de ces 30 minutes ?

Voici mes conseils.

1 Commence par la question de grammaire

Si tu gardes la question de grammaire pour la fin, il y a fort à parier que tu n'auras pas le temps de l'aborder correctement.

Prends 4-5 minutes au début de ta préparation pour faire l'analyse syntaxique de la phrase proposée (je t'explique comment procéder dans les pages suivantes).

Concentre-toi ensuite sur ton explication linéaire.

2 Lis le texte à étudier deux ou trois fois avec un surligneur

Prends 5 minutes pour relire le texte. Cette lecture rapide va t'aider à te remémorer les points clés de l'extrait à étudier et à **identifier la structure interne** du texte.

Profite de cette lecture pour **surligner les citations et procédés essentiels** que tu souhaites commenter.

N'hésite pas à utiliser **plusieurs couleurs** pour rassembler visuellement les éléments dont l'analyse sera similaire.

3 Élabore ton plan au brouillon

Écris ensuite ton plan de lecture linéaire au brouillon : quelles sont les deux, trois ou quatre grandes étapes de ce texte et comment les intituler ?

4 Définis ta problématique

Ta problématique va souligner l'unité et la cohérence de ton interprétation. Elle est indispensable !

5 Prends des notes pour ta lecture linéaire

Sur ton brouillon, note l'analyse des procédés relevés (ceux que tu as surlignés dans le texte).

Quels effets produisent-ils ?

Quelle interprétation en fais-tu ?

Comment les rattaches-tu à la problématique ?

Ne rédige pas des phrases entières comme dans un commentaire.

Écris les procédés littéraires et leurs effets **sous forme de notes.**

Exemple

Au brouillon, tu peux par exemple écrire :

v. 8 : antithèse « ris/pleure » → sentiments contradictoires du poète.

À partir de ces notes, tu élaboreras des **phrases plus naturelles** à l'oral.

Les seuls passages que tu peux rédiger intégralement sont l'annonce de plan, les transitions et l'ouverture en conclusion car ce sont des moments charnières de ton exposé.

6 Organise tes feuilles de brouillon

Pour éviter de te retrouver devant l'examinateur avec dix feuilles volantes que tu retournes dans tous les sens, suis ces règles simples :

- **N'écris qu'au recto** de tes feuilles et numérote-les.
- **Utilise une feuille différente** pour l'introduction, la conclusion et chaque partie.

S'il te reste du temps en fin de préparation, tu pourras compléter proprement ton brouillon, sans qu'il soit nécessaire d'ajouter des flèches et astérisques (*) qui te feraient perdre le fil de ta présentation.

7 Surligne en couleur les passages à citer

Surligne directement dans le texte les mots et expressions à citer. C'est très important car tu n'as pas le temps de recopier toutes les citations sur ton brouillon.

8 Mets des bouchons d'oreilles

Durant tes 30 minutes de préparation, un autre élève passe son oral devant toi, ce qui est toujours perturbant.

Pour te concentrer, pense à mettre des bouchons d'oreilles. La réussite tient parfois à ce genre de détails !

Le mémo d'Amélie

Voici comment bien gérer tes 30 minutes de préparation :

- **Commence par la question de grammaire.**
- **Définis la problématique et le plan de ton explication linéaire.**
- **Surligne dans le texte les procédés à analyser.**
- **Note au brouillon tes analyses (sans rédiger des phrases entières) et rattache-les à ta problématique.**
- **Rédige l'introduction et la conclusion.**
- **Utilise des bouchons d'oreilles pour faciliter ta concentration.**

5 La question de grammaire : comment l'aborder ?

À l'oral, on va te poser une question de grammaire sur une phrase ou une partie de phrase issue du texte étudié.

Cette question de grammaire est notée sur 2 points.

Je sais que l'évocation du mot grammaire te fait souvent dresser les cheveux sur la tête, mais rassure-toi : au bac, la grammaire est plutôt l'occasion de gagner facilement 2 points à l'oral.

Et cela pour plusieurs raisons :

1. Pour le bac, la grammaire est circonscrite à un programme précis : la négation, l'interrogation et les propositions subordonnées conjonctives circonstancielles. C'est un programme restreint, facile à maîtriser en quelques heures de travail !

2. Les examinateurs posent toujours le même type de questions (nous allons le voir dans les pages suivantes). Tu peux donc t'y préparer facilement.

Le mémo d'Amélie

- La question de grammaire est notée sur 2 points.
- Elle t'est donnée au début de l'examen. Tu peux donc profiter des 30 minutes de préparation pour y répondre.
- Elle porte sur un programme précis : la négation, l'interrogation et les propositions subordonnées conjonctives circonstancielles.

6 Comment répondre à une question de grammaire sur la négation ?

Généralement, tu n'as pas de difficulté à repérer une phrase négative, qui est le contraire d'une phrase affirmative.

Exemple

Je vais à Paris. → phrase affirmative
Je **ne** vais **pas** à Paris. → phrase négative

Mais, tu le sais, il existe de multiples façons d'exprimer la négation.

Exemple

Je pourrais aussi dire :

Je **ne** vais **plus** à Paris.
Je **ne** vais **jamais** à Paris.
Je **ne** vais **qu'**à Paris.
Je **ne** vais **ni** à Paris **ni** à Rome.

Il existe donc plusieurs types de négations, et c'est là que les choses se corsent : **au bac, on va te demander d'identifier et d'analyser ces différentes négations.**

Alors, comment analyse-t-on une négation ? C'est parti :

La négation totale

Comment la reconnaître ?

Pour la reconnaître, c'est très simple : il s'agit de repérer la négation « ne... pas » ou « ne... point » qui encadre le verbe.

On dit que les négations « ne... pas » et « ne... point » sont totales car elles nient généralement la phrase entière.

Exemples : « Vous ne croiriez pas jusqu'où va sa démence. »
(*Les Fausses Confidences*, Marivaux, I, 14.)
« Les sottises ne divertissent point. »
(*Le Malade imaginaire*, Molière, II, 6.)

La négation partielle

Comment la reconnaître ?

La négation partielle se forme avec l'adverbe « ne » suivi d'un mot négatif : « ne... jamais », « ne... aucun », « ne... rien »...

On dit que la négation est partielle car elle ne porte que sur une partie de la phrase. La négation partielle peut en effet exprimer les notions de :

• **Temps.**

Exemples : « Jamais vous n'entendrez parler de son amour. »
(*Les Fausses Confidences*, Marivaux, I, 14.)
« Dis-moi, Monsieur Rémy n'est donc pas encore venu ? »
(*Les Fausses Confidences*, Marivaux, I, 2.)

• **Lieu.**

Exemple : « Et, n'étant nulle part, peut être n'importe où ! »
(Baudelaire, *Les Fleurs du Mal*, « Le voyage ».)

• **Personne ou objet.**

Exemples : « Mais, comme nous n'avons personne en main pour cela, j'ai résolu de jouer un tour de ma tête. »
(*Le Malade imaginaire*, Molière, III, 2.)
« Quoique je n'aie aucune part à ce qui vient de se passer. »
(*Les Fausses Confidences*, Marivaux, III, 8.)

La négation restrictive

Comment la reconnaître ?

La négation restrictive est ultra simple à repérer puisqu'elle n'existe que sous une seule forme : « ne… que ».

Exemple : « Monsieur Diafoirus n'a que ce fils-là pour tout héritier. »
(*Le Malade imaginaire*, Molière, I, 5.)

ASTUCE : si tu peux remplacer la négation dans une phrase par « uniquement » ou « seulement », c'est qu'il s'agit d'une négation restrictive :

Exemple :
Monsieur Diafoirus n'a que ce fils-là pour tout héritier.
→ Monsieur Diafoirus a seulement ce fils-là pour tout héritier.
→ Monsieur Diafoirus a uniquement ce fils-là pour tout héritier.

Les cas particuliers

Comment les reconnaître ?

Certains mots permettent de construire une phrase négative, notamment :

• Le mot « non » qui peut renforcer une négation ou même être utilisé comme un mot-phrase.

Exemple : « Lui ? Non vraiment. »
(*Les Fausses Confidences*, Marivaux, III, 6.)

• La conjonction de coordination « ni… ni » qui s'emploie avec « ne » pour nier plusieurs choses à la fois.

Exemple : « Monsieur Purgon, qui n'a ni femme ni enfant, lui donne tout son bien en faveur de ce mariage. »
(*Le Malade imaginaire*, Molière, I, 5.)

• La préposition « sans ».

Exemple : « Que ceux qui l'ont amené sans me consulter le remmènent. »
(*Les Fausses Confidences*, Marivaux, III, 7.)

La négation lexicale

Comment la reconnaître ?

La négation peut aussi être exprimée par des préfixes, qui font alors porter la négation sur un seul mot.

Exemples :

Anormal	**Anti**constitutionnel	**Im**possible	**In**imaginable
Irresponsable	**Mal**entendant	**Més**entente	**Non**-respect

Le mémo d'Amélie

À l'oral, on peut te demander d'analyser la négation dans une phrase.
On attend alors de toi :

- **D'identifier si la négation est totale, partielle ou restrictive.**
- **De repérer les négations lexicales.**

7 Comment répondre à une question de grammaire sur l'interrogation ?

L'interrogation est sans doute le point de grammaire le plus simple du programme.

Quand on te demande d'étudier ou d'analyser l'interrogation, on attend de toi deux choses :

1. Que tu identifies si l'interrogation est directe ou indirecte.
2. Que tu identifies si l'interrogation est totale ou partielle.

Ces distinctions sont très simples à mettre en œuvre :

1 Interrogation directe ou indirecte

L'interrogation directe

Comment la reconnaître ?

L'interrogation est directe lorsqu'elle se termine par un point d'interrogation et comporte (la plupart du temps) une inversion sujet-verbe.

Exemple : « Que **voulez-vous** que je dise **?** »
(*Juste la fin du monde*, Lagarce, I, 6.)

L'interrogation indirecte

Comment la reconnaître ?

L'interrogation est indirecte lorsqu'une proposition interrogative indirecte est subordonnée à une proposition principale comportant un verbe interrogatif (se demander, s'interroger...).

L'interrogative indirecte a deux particularités :
- Elle se termine par un point.
- Elle ne comporte pas d'inversion sujet-verbe.

Exemple :
Interrogative directe : Qu'as-tu appris de lui ?
Interrogative indirecte : « **Si on me demande ce que tu m'as appris de lui,** je dirai ce dont nous sommes convenus. »
(*Les Fausses Confidences*, Marivaux, II, 12.)

En fait, nous avons déjà vu la notion d'interrogation directe et indirecte aux pages 108 et 162, quand je t'ai montré comment formuler ta problématique dans un commentaire ou une dissertation.

Souviens-toi :

- **Interrogative directe :** Comment cet incipit dresse-t-il le portrait d'une cour somptueuse ? *(Inversion sujet-verbe et point d'interrogation.)*

- **Interrogative indirecte :** Nous nous demanderons comment cet incipit dresse le portrait d'une cour somptueuse. *(Pas d'inversion sujet-verbe et un point.)*

Dans tes devoirs, fais particulièrement attention à ne pas mélanger interrogative directe et indirecte. Une erreur à ce niveau-là serait lourdement sanctionnée puisqu'il s'agit d'un des trois points de grammaire à maîtriser parfaitement pour le bac.

2 Interrogation totale ou partielle

Tu sais désormais construire une interrogation directe ou indirecte.

Il ne reste plus qu'à distinguer interrogation totale et partielle !

L'interrogation totale

Comme son nom l'indique, l'interrogation totale porte sur la totalité de la phrase.

Comment la reconnaître ?

J'ai une astuce toute simple : demande-toi si on peut répondre par oui ou par non à la question.

Si c'est le cas, il s'agit toujours d'une interrogation totale !

Exemple 1 : « Vous êtes-vous aperçue qu'il ait manqué de probité ? »
(*Les Fausses Confidences*, Marivaux, III, 6.)
Tu peux répondre par oui ou par non. Il s'agit donc d'une interrogation totale.

Exemple 2 : « N'étais-je pas beau hier quand j'ai pris la parole ? »
(*Le Rouge et le Noir*, Stendhal.)
Tu peux répondre par oui ou par non. Il s'agit donc d'une interrogation totale.

L'interrogation partielle

L'interrogation partielle porte sur une partie de la phrase.

Comment la reconnaître ?

- L'interrogation partielle contient toujours un mot interrogatif (pourquoi, comment, lequel, qui, que, quoi, quels, quelle...).

- On ne peut pas y répondre par oui ou par non.

Exemple 1 : « Que feront-ils de moi lorsque je ne serai plus là ? »
(*Juste la fin du monde,* Lagarce, I, 10.)
Cette question contient un mot interrogatif : que. Tu ne peux pas y répondre par oui ou par non. Il s'agit d'une interrogation partielle.

Exemple 2 : « Où donc est-elle ? »
(*Le Malade imaginaire*, Molière, II, 5.)
Cette question contient un mot interrogatif : où. Tu ne peux pas y répondre par oui ou par non. Il s'agit d'une interrogation partielle.

Exemple 3 : « [...] et son amour, au désespoir, lui fait trouver moyen de s'introduire dans la maison de sa bergère pour apprendre ses sentiments, et savoir d'elle la destinée à laquelle il doit se résoudre. »
(*Le Malade imaginaire*, Molière, II, 5.)
Cette question indirecte comporte un mot interrogatif : laquelle. Tu ne peux pas y répondre par oui ou par non. Il s'agit d'une interrogation partielle.

Le mémo d'Amélie

À l'oral du bac, on peut te demander d'analyser une interrogation. Tu dois alors déterminer si l'interrogation est :

- directe ou indirecte

et

- totale ou partielle.

Pense à toujours justifier ta réponse (présence ou non du point d'interrogation, de l'inversion sujet-verbe...).

8 Comment répondre à une question de grammaire sur les propositions subordonnées conjonctives circonstancielles ?

Es-tu pétrifié(e) à la simple lecture du titre de ce chapitre ?

Détends-toi : tu utilises des propositions subordonnées conjonctives circonstancielles tous les jours, et tu t'en portes très bien !

Il s'agit tout simplement de propositions subordonnées qui ont une fonction de complément circonstanciel, c'est-à-dire qui **précisent les circonstances de l'action :** temps, lieu, but, conséquence, concession, condition...

Exemple

Dès que tu es prêt, appelle-moi.
→ **Proposition subordonnée circonstancielle de temps.**

Il faut protéger la planète **puisqu'il en va de notre survie.**
→ **Proposition subordonnée circonstancielle de cause.**

Bien que le français ne soit pas sa matière préférée, il a travaillé et obtenu une très bonne note à l'examen.
→ **Proposition subordonnée circonstancielle de concession.**

Au bac, on te demande d'identifier ces propositions et surtout de **préciser les circonstances qu'elles expriment.**

Ces circonstances sont au nombre de sept : temps, cause, conséquence, but, concession, condition, comparaison.

La proposition subordonnée conjonctive circonstancielle de temps

Comment la reconnaître ?

Elle commence généralement par : quand, dès que, lorsque, aussitôt que, depuis que, pendant que, au moment où...

Exemple : « Cette gravité des Asiatiques vient du peu de commerce qu'il y a entre eux : ils ne se voient que **lorsqu'ils y sont forcés par la cérémonie**. » (*Lettres persanes*, Montesquieu.)

La proposition subordonnée conjonctive circonstancielle de cause

Comment la reconnaître ?

Elle commence généralement par : parce que, puisque, vu que, comme…

Exemple : « C'est une chose à laquelle nous n'attachons aucune importance **puisqu'elle est inutile à notre vie**. »
(*Essais*, Montaigne.)

La proposition subordonnée conjonctive circonstancielle de concession

Comment la reconnaître ?

Elle commence généralement par : quoique, bien que…

Exemple : « Un loup rempli d'humanité
(S'il en est de tels dans le monde)
Fit un jour de sa cruauté
Quoiqu'il ne l'exerçât que par nécessité
Une réflexion profonde. »
(« Le Loup et les Bergers », *Fables*, La Fontaine.)

La proposition subordonnée conjonctive circonstancielle de but

Comment la reconnaître ?

Elle commence généralement par : pour que, afin que…

Exemple : « Ô Seigneur ! ouvrez-moi les portes de la nuit
Afin que je m'en aille et que je disparaisse ! »
(« Veni, Vidi, vixi », *Les Contemplations*, Victor Hugo.)

La proposition subordonnée conjonctive circonstancielle de conséquence

Comment la reconnaître ?

Elle commence généralement par : si bien que, de sorte que...

Exemple : « [...] il caressa ses chiens d'une manière **si** offensante pour les hommes **que je ne pouvais me lasser de l'admirer**. »
(*Lettres persanes*, Montesquieu.)

La proposition subordonnée conjonctive circonstancielle de condition

Comment la reconnaître ?

Elle commence généralement par : si, à condition que, à moins que...

Exemple : « **Si j'étais que de vous**, mon fils, je ne la forcerais point à se marier, et je sais bien ce que je ferais. »
(*Le Malade imaginaire*, Molière, II, 6.)

La proposition subordonnée conjonctive circonstancielle de comparaison

Comment la reconnaître ?

Elle commence généralement par : plus... que, moins... que, aussi... que, ainsi que..., de même que...

Exemple : « En recevant la robe et le bonnet de médecin, vous apprendrez tout cela, et vous serez après **plus habile que vous ne voudrez**. »
(*Le Malade imaginaire*, Molière, III, 14.)

L'examinateur pourra te demander de transformer une proposition subordonnée conjonctive circonstancielle en groupe nominal.

Exemple

Transformation de la proposition subordonnée circonstancielle de cause en groupe nominal complément circonstanciel de cause :

« C'est une chose à laquelle nous n'attachons aucune importance puisqu'elle est inutile à notre vie [...]. »
(*Essais*, Montaigne.)

→ C'est une chose à laquelle nous n'attachons aucune importance en raison de son inutilité.

À l'inverse, il pourrait te demander de transformer un complément circonstanciel en proposition subordonnée.

Exemple

Transformation du complément circonstanciel de condition en proposition subordonnée conjonctive circonstancielle de condition :

« Il était quand je l'eus de grosseur raisonnable :
J'aurai le revendant de l'argent bel et bon. »
(« La Laitière et le Pot au lait », *Fables*, La Fontaine.)

→ J'aurai, si je le revends, de l'argent bel et bon.

Le mémo d'Amélie

Pour le bac, tu dois être capable d'identifier les propositions subordonnées conjonctives circonstancielles et de préciser les circonstances qu'elles expriment :

- **Temps**
- **Cause**
- **Conséquence**
- **But**
- **Concession**
- **Condition**
- **Comparaison**

Entraîne-toi aussi à transformer des compléments circonstanciels en propositions subordonnées circonstancielles et vice versa. C'est un exercice fréquemment proposé par les examinateurs !

9 L'entretien : comment réussir ma présentation de l'œuvre intégrale ?

Lors de la seconde partie de l'oral, tu présenteras à l'examinateur l'œuvre que tu as choisie parmi celles étudiées en classe ou proposées par ton professeur au titre des lectures cursives obligatoires.

Cette présentation de l'œuvre ne dure que 2 ou 3 minutes et va servir de point de départ à l'entretien.

Comment la réussir ?

Voici mes conseils.

1 Présente l'œuvre (1 minute)

Présente l'œuvre de façon synthétique :

- Son titre et son auteur
- Son époque et son contexte.
- Présente brièvement les thèmes clés de l'œuvre.

2 Expose les raisons de ton choix (1 à 2 minutes)

Le nouveau programme est très clair : les élèves doivent s'investir personnellement dans la préparation de l'oral et justifier leurs choix et leurs points de vue sur les œuvres.

Pour y parvenir, pose-toi les questions suivantes :

- Pourquoi, parmi les œuvres lues dans l'année, as-tu choisi cette œuvre plutôt qu'une autre ? Qu'est-ce qui a guidé ton choix ?
- Que t'a apporté la lecture de cette œuvre ?

Attention ! On ne te demande pas tes goûts (j'aime ou je n'aime pas), mais une capacité à **justifier tes choix et tes points de vue** (qu'as-tu aimé et pourquoi ? Qu'as-tu moins aimé et pourquoi ? Qu'est-ce qui t'a intéressé(e) dans cette œuvre ? Qu'as-tu appris ?).

3 Sois synthétique

En 2 minutes, tu n'as pas le temps de livrer une étude approfondie d'une œuvre intégrale. Tu es donc noté(e) sur ta capacité de synthèse : choisis **uniquement les idées clés** que tu souhaites faire passer.

Si tu te montres trop bavard(e) et si tu ne vas pas droit à l'essentiel, l'examinateur sera obligé de t'interrompre pour mener l'entretien et tu n'obtiendras pas tous les points pour la présentation de l'œuvre.

Le mémo d'Amélie

La seconde partie de l'oral commence par une courte présentation de l'œuvre que tu as choisi de présenter à l'entretien (2 à 3 minutes). Pour réussir ta présentation :

- **Présente l'œuvre, son contexte et ses thèmes principaux (1 minute).**
- **Explique les raisons pour lesquelles tu as choisi cette œuvre parmi celles lues dans l'année (1 à 2 minutes).**

10 L'entretien : comment répondre efficacement ?

L'entretien porte sur l'œuvre que tu as choisi de présenter parmi celles étudiées en classe ou proposées par ton professeur au titre des lectures cursives obligatoires.

Une fois ta présentation de l'œuvre terminée, l'examinateur va rebondir sur tes propos en te demandant d'approfondir certains aspects, de nuancer ou d'étoffer ton point de vue.

Voici les fondamentaux pour réussir cet entretien.

1 Donne des réponses précises et argumentées

Pour réussir l'entretien, il y a une règle d'or : tes réponses doivent être détaillées et se fonder le plus possible sur des passages précis de l'œuvre.

L'entretien n'est en effet pas là pour vérifier que tu as lu l'œuvre. Pour l'examinateur, c'est déjà acquis !

L'entretien est là pour vérifier ta compréhension de l'œuvre et évaluer ta capacité à **défendre ta lecture et argumenter ton point de vue** sur celle-ci.

Or défendre un point de vue, ce n'est pas affirmer un goût (ou un dégoût) pour une œuvre : c'est proposer une réflexion argumentée, précise et illustrée sur cette œuvre.

Autrement dit, si tu te contentes d'affirmer tes goûts (« J'ai beaucoup aimé tel thème »), tu n'auras aucun point.

Tu dois toujours **démontrer ton point de vue** (« Ce que j'ai aimé dans cette œuvre, c'est que tel thème est traité de façon originale car... On le voit très bien au chapitre 10 lorsque... »).

C'est comme dans une dissertation : chaque idée doit être illustrée par un exemple précis.

Défendre une lecture personnelle est un véritable travail argumentatif.

2 Montre-toi ouvert(e) au dialogue

N'essaie pas de « plaquer » sur chaque question un cours ou des développements appris sur l'œuvre.

Montre-toi au contraire ouvert(e) au dialogue.

Pour cela, prends en compte les questions de l'examinateur, et nuance tes propos s'il te demande de revenir sur certains points de ta réflexion.

L'entretien est un moment où tu dois **échanger avec l'examinateur** et non être dans une posture de récitation de cours.

Essaie de trouver un juste milieu entre connaissances à restituer et spontanéité dans tes réponses.

3 Établis des liens entre l'œuvre étudiée et d'autres œuvres ou d'autres arts

Une partie de la note porte sur ta capacité à faire le lien entre l'œuvre lue et les autres champs du savoir.

Une œuvre littéraire n'est pas un objet coupé du monde. Elle s'inscrit dans un contexte et elle dialogue avec d'autres œuvres et d'autres champs du savoir (l'histoire, la géographie, la biologie, la philosophie, la politique...).

Il y a des chances pour que l'examinateur t'invite à faire des liens entre l'œuvre présentée et d'autres textes étudiés dans l'année ainsi que d'autres champs du savoir. Sois-y préparé(e) !

4 Soigne ton expression orale

C'est une évidence mais mieux vaut la rappeler : l'examinateur note la qualité de ton expression orale.

Fais des phrases complètes et syntaxiquement correctes. Utilise un vocabulaire courant à soutenu.

Fais attention aux fautes de français rédhibitoires !

Exemple

Voici quelques exemples de fautes de français rédhibitoires.

Le redoublement de sujet

« Ce livre, ~~il~~ montre », au lieu de « Ce livre montre ».

« Victor Hugo, ~~il~~ dénonce le travail des enfants », au lieu de « Victor Hugo dénonce »

L'oubli du « ne » de la négation

« L'auteur Ø veut pas faire de compromis » au lieu de « l'auteur ne veut pas faire de compromis ».

L'emploi de « malgré que » (qui n'est pas français) au lieu de bien que (+ subjonctif)

« Bien que je ne sois pas habitué à lire de la poésie, j'ai beaucoup apprécié ce recueil. »

Les tics de langage

Supprime les « euuuuh » trop fréquents, les « ouais », ou « 'fin voilà » qui remplacent la ponctuation.

L'ÉPREUVE ORALE

Le mémo d'Amélie

L'entretien à l'oral porte sur une œuvre intégrale que tu as choisie. Assure-toi de savoir :

- **Justifier ton point de vue sur l'œuvre.**
- **Répondre aux questions sur l'œuvre de façon précise et illustrée.**
- **Être ouvert(e) au dialogue.**

11 Comment faire une fiche de lecture ?

Pour préparer l'entretien, réalise une fiche de lecture approfondie sur l'œuvre que tu as choisi de présenter.

Voici le canevas que je te conseille d'adopter pour ta fiche.

1 Note le titre, l'auteur et le genre

Mentionne sur ta fiche de lecture le titre de l'œuvre, son auteur et son genre.

En quelques phrases, situe l'œuvre dans son contexte historique et littéraire.

En d'autres termes, replace l'œuvre dans un mouvement littéraire et regarde si l'ouvrage est lié à un contexte culturel ou historique particulier (monarchie absolue, guerre, etc.).

Évite la biographie détaillée de l'auteur ou les rappels historiques de 3 pages. La fiche de lecture n'est pas un article Wikipédia ! Pour qu'elle te serve le jour de l'oral, elle doit être synthétique car tes réponses à l'oral doivent être courtes.

2 Analyse brièvement les thèmes de l'œuvre

Quels sont les thèmes de l'œuvre ?

Les thèmes n'ont rien à voir avec le résumé du livre. Il s'agit des sujets et problèmes abordés.

Regarde comment je m'y prends quand j'analyse les thèmes d'une œuvre intégrale dans cet ouvrage p. 19 à 88.

3 Résume l'œuvre en un paragraphe

Résume l'œuvre en un paragraphe, comme si tu rédigeais la quatrième de couverture.

Écarte les intrigues secondaires, **va droit au but.**

Ce court résumé t'aidera à te remémorer l'œuvre mais aussi à répondre rapidement à d'éventuelles questions portant sur l'intrigue.

4 Liste les personnages

Liste les personnages principaux en soulignant leur **rôle** et leurs **caractéristiques.** Qu'apportent-ils au récit ? Que représentent-ils ?

Ne fais pas une liste de personnages de trois pieds de long. Une ou deux phrases pour camper les personnages clés suffisent.

Cette liste te permettra de **te référer précisément aux personnages par leur nom** et d'avoir en mémoire quelques adjectifs les qualifiant.

5 Étudie le décor

Le décor est soigneusement choisi par l'auteur. Il participe à **l'atmosphère générale** de l'œuvre.

Quel est ce décor ? Que symbolise-t-il ? Change-t-il au cours de l'œuvre ? Que nous apprend-il sur les personnages ou sur le thème de l'ouvrage ?

6 Qualifie le style de l'auteur

Caractérise le **style de l'auteur** et analyse l'**effet qu'il produit,** comme je le fais dans les fiches de lecture présentes dans cet ouvrage p. 19 à 88.

Quel type de phrases l'auteur utilise-t-il (phrases courtes, amples, rapides) ? Quel niveau de langage ? Quels procédés littéraires caractérisent son écriture ?

Note éventuellement **une ou deux citations** courtes.

7 Réfléchis au message critique, moral ou philosophique de l'œuvre

Réfléchis à la portée de l'œuvre. Au-delà de l'intrigue, qu'a voulu nous transmettre l'auteur ? **Quel message** fait-il passer ?

Le livre dresse-t-il une critique de certaines personnes, d'un milieu particulier, d'un type de comportement ? L'œuvre délivre-t-elle un **message philosophique ?**

Cette partie est essentielle car elle va te permettre de montrer ta compréhension subtile de l'œuvre et de défendre ton point de vue sur celle-ci.

8 Fais le bilan : quel est le lien entre cette œuvre et ton programme ?

- On arrive au plus important ! Demande-toi :
- Quel est le lien de l'œuvre avec le parcours au programme ?
- Pourquoi, parmi les 8 œuvres lues dans l'année, as-tu choisi de présenter cette œuvre ?
- Qu'as-tu apprécié dans cette œuvre et pourquoi ?
- Qu'as-tu moins aimé et pourquoi ?

Travaille **ton point de vue personnel** sur l'œuvre car c'est ce qui sera valorisé lors de l'entretien.

Le mémo d'Amélie

Pour préparer efficacement ton entretien avec l'examinateur :

- **Fais une fiche de lecture sur l'œuvre que tu as choisi de présenter à l'oral.**
- **Travaille ton point de vue personnel sur cette œuvre et réfléchis aux raisons pour lesquelles tu l'as choisie plutôt qu'une autre.**

6

AU SECOURS, JE SUIS STRESSÉ(E) !

1 Au secours, faut-il faire des fiches ?

T'est-il déjà arrivé d'apprendre un cours ou une analyse de texte pour te rendre compte, trois mois plus tard, que tu as presque tout oublié ?

Si c'est le cas, tu as tout à gagner à faire des fiches.

Mais avant d'apprendre comment les faire, voici quelques fondamentaux à connaître pour que tes fiches te servent vraiment.

A C'est le fait de FAIRE les fiches TOI-MÊME qui compte

Une fiche n'est utile que si tu la fais toi-même : c'est ce que montrent toutes les études en pédagogie.

Quand tu fais un exercice de maths ou une dissertation de français, tu sais qu'il ne sert à rien de recopier le travail d'un camarade ou de consulter directement un corrigé. **Seul le fait de faire les exercices te garantit de progresser.**

Pour les fiches, c'est la même chose : si tu veux qu'elles te servent à quelque chose, **fais-les toi-même.**

B Une fiche n'est pas un recopiage du cours

Faire une fiche t'oblige à passer le cours au tamis pour en extraire l'essentiel et le structurer à ta façon.

C'est donc un exercice qui te demande de réfléchir activement face à ton cours.

Cela ne veut pas dire que ta fiche ne suivra pas l'ordre du cours, mais fais attention à ce qu'elle n'en devienne pas un recopiage passif.

Demande-toi : quels sont les éléments essentiels du cours ? Ceux qu'il faut absolument retenir pour le bac ?

Il te faut extraire ces éléments, les organiser et, éventuellement, les reformuler avec tes mots.

C Fais des fiches courtes

La tentation, quand on commence à réaliser ses premières fiches au lycée, est de recopier 80 % de son cours dans sa fiche, en supprimant uniquement quelques exemples ou détails.

Or le but d'une fiche est d'extraire **l'essentiel du cours**, ce qu'il faut retenir coûte que coûte pour l'examen. Une bonne fiche, c'est donc une fiche qui ne garde en général que **30 % du cours**.

Bien sûr, cela demande un peu d'entraînement. Mais une fois la méthode acquise, elle te servira pendant toutes tes études. Cela vaut le coup, non ?

Le mémo d'Amélie

Faire des fiches est très utile à condition de les faire toi-même, en réfléchissant à leur composition, sans recopier passivement le cours.

2 Au secours, je ne sais pas faire des fiches !

Je vais te donner deux techniques pour faire des fiches utiles, efficaces et faciles à mémoriser.

A Technique n° 1 : la technique QQQOCP

La technique QQQOCP consiste à te poser six questions clés sur ton cours et à y répondre. Ces six questions sont les suivantes :

1. Qui ?
2. Quoi ?
3. Quand ?
4. Où ?
5. Comment ?
6. Pourquoi ?

Comme je te le disais dans le chapitre précédent, **une fiche est une véritable composition :** tu sélectionnes et organises les éléments du cours dans une nouvelle forme plus facilement mémorisable.

Comment sélectionner les informations importantes à retenir ?

En te posant les six questions ci-dessus et en y répondant.

Voici les deux étapes pour faire tes fiches avec la méthode QQQOCP :

Étape 1 : Relis ton cours en cherchant les réponses aux six questions.

Étape 2 : Rassemble tes réponses dans une fiche.

Imaginons une fiche sur un mouvement littéraire : le surréalisme.

Tu trouveras sur mon site commentairecompose.fr un cours sur le surréalisme.

Au lieu de suivre mot à mot l'organisation de mon cours, pose-toi les six questions QQQOCP :

1. Qui ?
2. Quoi ?
3. Quand ?
4. Où ?
5. Comment ?
6. Pourquoi ?

Trouve les réponses dans mon cours et inscris-les sur ta fiche.

Exemple

Le surréalisme

1 Qui ?

André Breton : le « pape » du surréalisme avec son *Manifeste du surréalisme*.

Poésie : Éluard et Aragon.

Peinture : Magritte, Dalí, Man Ray, Chirico.

2 Quoi ?

Un mouvement littéraire de la première moitié du XXe siècle...

... qui touche tous les arts : la littérature, la peinture, la sculpture...

... et veut aller au-delà des apparences.

3 Quand ?

Apollinaire invente le terme « surréaliste » en 1917.

Apogée du surréalisme dans l'entre-deux-guerres.

Prend fin dans les années 1960 avec la mort d'André Breton.

4 Où ?

En Europe.

5 Comment ?

En explorant l'amour fou et passionnel.

En explorant l'inconscient et le rêve.

En ayant recours à des images insolites : antithèses, oxymores, hypallages...

En adoptant une grande liberté formelle : écriture automatique, vers libre, absence de ponctuation, collages...

6 Pourquoi ?

Sentiment de révolte et d'horreur après la Première Guerre mondiale.

Influence du dadaïsme né en 1916 : goût pour le scandale et la révolte.

Pour accéder directement à la pensée (l'inconscient est découvert par Freud au début du siècle).

Pour s'engager en politique et « changer la vie ».

Voilà, ta fiche est prête !

Tu constates que **cette fiche est beaucoup plus courte que mon cours.** Sa réalisation t'a demandé de **« remâcher »** mon cours pour y trouver les réponses aux questions posées.

L'avantage de cette méthode, c'est qu'elle te pousse à **lire activement ton cours,** comme un enquêteur qui recherche des indices pour répondre à ses questions.

La méthode QQQOCP fonctionne très bien pour les cours de fond en français (sur les mouvements littéraires, les œuvres intégrales...) mais aussi dans toutes les matières (économie, histoire-géo...).

B Technique n° 2 : Le *mind mapping*

Le *mind mapping* – ou carte mentale en français – permet d'**organiser ta fiche de manière spatiale et visuelle, sous forme de schéma.**

C'est le psychologue Tony Buzan qui a créé cet outil et ses avantages sont surprenants.

En effet, une *mind map* fait fonctionner les deux hémisphères de ton cerveau en même temps : l'hémisphère droit qui traite les mots et la logique, et l'hémisphère gauche qui traite les formes, les couleurs et l'espace.

Résultat : faire une *mind map* mobilise ces deux hémisphères et améliore tes capacités de réflexion, de compréhension et de mémorisation.

Ça te tente d'essayer ?

Voici comment réaliser une *mind map* :

1. Prends une feuille au format paysage et écris ton sujet de cours au milieu de la page.

2. Fais partir des branches sur lesquelles tu inscris les parties du cours (I., II., III.).

3. De ces branches, tu peux faire partir d'autres branches (les sous-parties A, B, C) et ainsi de suite pour chacune de ces branches (1, 2, 3).

4 Ajoutes-y des dessins et de la couleur si tu le souhaites.

Les couleurs ne sont pas là pour « faire joli » mais parce que notre cerveau retient les informations grâce au sens et au plaisir. Tu mémorises donc mieux ta *mind map* si tu la colores et l'illustres !

Exemple

Voici un exemple de *mind map* sur le surréalisme :

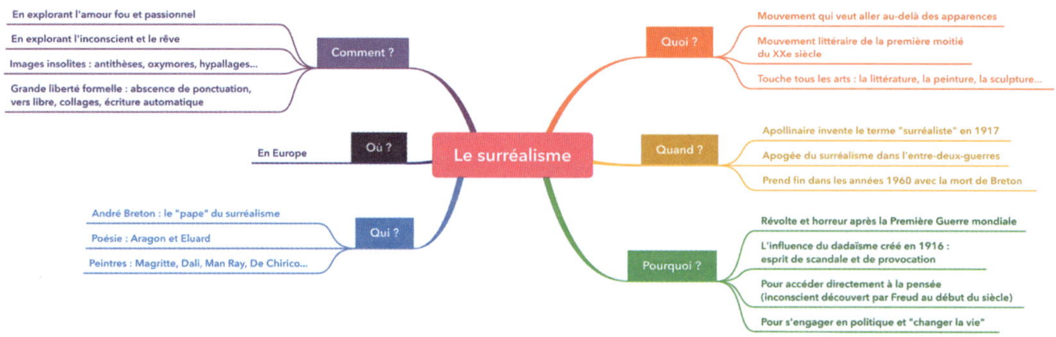

Dans l'exemple ci-dessus, j'ai utilisé les six questions QQQOCP pour former les branches de ma carte mentale.

Mais tu peux aussi utiliser la structure du cours (I, II, III puis A, B, C) pour construire les ramifications de ta carte. C'est particulièrement efficace pour une analyse de texte à mémoriser à l'oral.

Quelques conseils pour réussir tes *mind maps* :

- **Reste bref (brève)** en écrivant uniquement les mots clés dans ta *mind map*.
- **Écris sur les branches** et non au bout de ces dernières. Le regard est en effet naturellement guidé par les branches pour cueillir l'information.

Les avantages des *mind maps* :

- Exposer les informations sous **une forme arborescente** correspond davantage au fonctionnement de notre cerveau, qui établit spontanément des liens entre les idées. En reproduisant sur ta feuille ce fonctionnement, tu améliores ta compréhension et ta mémorisation du cours.
- N'hésite pas à utiliser des **logiciels gratuits** comme Xmind pour réaliser tes *mind maps*. Tu pourras alors facilement déplacer, ajouter ou retrancher des branches à ta carte mentale et la rendre ainsi ultra modulable.

Le mémo d'Amélie

Teste différentes façons de faire tes fiches pour adopter celle qui te convient le mieux. Deux techniques sont très efficaces :

- **La méthode QQQOCP : tu te poses 6 questions sur ton cours (Qui ? Quoi ? Quand ? Où ? Comment ? Pouquoi ?) et tu rassembles tes réponses dans ta fiche.**
- **La *mind map* ou carte mentale qui t'aide à visualiser les informations de façon spatiale sur un schéma.**

3 Au secours, je ne sais pas faire des fiches pour mes lectures linéaires !

Pour tes lectures linéaires, je te conseille de réaliser des fiches classiques toutes simples.

Notes-y :

- Quelques phrases d'introduction (auteur, contexte, œuvre).
- Les 2 à 4 mouvements du texte.
- Des procédés clés associés à des analyses.
- Une conclusion et une ouverture.

Pour le développement, ne rédige pas des phrases entières. Privilégie une prise de notes synthétique et use de flèches et signes divers pour synthétiser l'essentiel.

Exemple

Prenons le portrait de Julien Sorel dans *Le Rouge et le Noir* de Stendhal :

« Eh bien, paresseux ! tu liras donc toujours tes maudits livres, pendant que tu es de garde à la scie ? Lis-les le soir, quand tu vas perdre ton temps chez le curé, à la bonne heure. »

Julien, quoique étourdi par la force du coup, et tout sanglant, se rapprocha de son poste officiel, à côté de la scie. Il avait les larmes aux yeux, moins à cause de la douleur physique, que pour la perte de son livre qu'il adorait.

« Descends, animal, que je te parle. » Le bruit de la machine empêcha encore Julien d'entendre cet ordre. Son père qui était descendu, ne voulant pas se donner la peine de remonter sur le mécanisme, alla chercher une longue perche pour abattre des noix, et l'en frappa sur l'épaule. À peine Julien fut-il à terre, que le vieux Sorel, le chassant rudement devant lui, le poussa vers la maison. Dieu sait ce qu'il va me faire ! se disait le jeune homme. En passant, il regarda tristement le ruisseau où était tombé son livre ; c'était celui de tous qu'il affectionnait le plus, *Le Mémorial de Sainte-Hélène*.
Il avait les joues pourpres et les yeux baissés. C'était un petit jeune homme de dix-huit à dix-neuf ans, faible en apparence, avec des traits irréguliers, mais délicats, et un nez aquilin. De grands yeux noirs, qui, dans les moments tranquilles, annonçaient de la réflexion et du feu, étaient animés en cet instant de l'expression de la haine la plus féroce. Des cheveux châtain foncé, plantés fort bas, lui donnaient un petit front, et dans les moments de colère, un air méchant. Parmi les innombrables variétés de la physionomie humaine, il n'en est peut-être point qui se soit distinguée par une spécialité plus saisissante. Une taille svelte et bien prise annonçait plus de légèreté que de vigueur. Dès sa première jeunesse, son air extrêmement pensif et sa grande pâleur avaient donné l'idée à son père qu'il ne vivrait pas, ou qu'il vivrait pour être une charge à sa famille. Objet des mépris de tous à la maison, il haïssait ses frères et son père ; dans les jeux du dimanche, sur la place publique, il était toujours battu.

Stendhal, *Le Rouge et le Noir,* partie I, chapitre 4, 1830.

Sur mon site, j'ai rédigé une analyse linéaire de ce passage :
https://commentairecompose.fr/le-rouge-et-le-noir-portrait-julien-sorel/

Si tu étudies ce passage pour l'oral, il ne faudrait pas chercher à apprendre par cœur mon analyse.

Pour la retenir, tu dois extraire uniquement l'essentiel dans une fiche. Voici un exemple :

Stendhal écrit *Le Rouge et le Noir* en 1830, à un moment où la France sort de la période de la **Restauration** sous Louis XVIII et Charles X et **entre dans une période de monarchie constitutionnelle** sous Louis Philippe, roi des Français. **Stendhal,** admirateur de Napoléon et qui a eu une carrière militaire, **déteste la Restauration et la monarchie.** ***Le Rouge et le Noir*** apporte le témoignage de cette transition historique à travers l'itinéraire de **Julien Sorel,** un personnage individualiste et énergique qui gravit les échelons de la société.

Présente l'auteur, l'époque et l'œuvre intégrale. Sélectionne uniquement des éléments utiles à l'analyse du texte étudié.

En quoi cet extrait campe-t-il le portrait d'un héros complexe ?

Propose une problématique qui va servir de fil conducteur à ton analyse.

I – L'opposition entre le père et le fils

(Les deux premiers paragraphes)

L'analyse étant linéaire, note le mouvement du texte sur ta fiche.

A – Une opposition théâtralisée

• **Parole paternelle dépréciative :** « Eh bien paresseux ! »
→ opposition entre le père et le fils.

• **Parler familier** du père à travers le **polyptote** (« liras », « livres », « Lis-les ») → parole circulaire, répétitive + le **père Sorel emploie certains mots pour d'autres** comme « scie » pour « scierie ».

Utilise des flèches et des signes pour raccourcir ta pensée.

• **Tournure orale** du père : « Descends animal **que** je te parle »
→ paroles d'un homme d'action.

Ne rédige pas des phrases entières : note uniquement l'essentiel.

• **Julien** est absorbé par sa lecture. **Position en hauteur**
→ aspire à s'élever par l'effort intellectuel.

• **Registre tragique** avec **champ lexical de la violence**
→ rend Julien sympathique car il est victime.

Le champ lexical de la violence est simple à retrouver dans le texte. Il n'est donc pas utile de le recopier : tu le retrouveras facilement pendant les 30 minutes de préparation.

• « étourdi » et « tout sanglant » font penser aux combats **épiques → résistance physique du héros.**

B – De nombreux symboles

• **Champ lexical de la machine →** la scierie est un espace hostile, bruyant et **menaçant** pour l'homme.

• **Analogie humoristique** entre la chute de Julien chassé par le « vieux Sorel » et la chute d'Adam poussé par Dieu hors du paradis terrestre → **parodie du péché originel →** Julien sort **de l'enfance** pour se plonger dans le monde adulte.

• **Perte du livre** sur Napoléon dans le ruisseau → Julien voue un culte à l'empereur + symbolise le renoncement aux rêves de l'enfance.

Pas besoin de noter toutes les citations car elles sont faciles à retrouver dans le texte.

PAS DE STRESS !

II – Le portrait de Julien Sorel : un portrait ambigu (Le dernier paragraphe)

Nomme tes parties pour structurer ta présentation.

A – Une faiblesse apparente

- Portrait aux termes **péjoratifs** : « baissés », « petit », « faible »... → traits **féminins.**
- Opposition entre l'**apparence** et la **réalité intérieure : « en apparence ».**

B – Julien, un personnage ambigu

Tu peux définir des sous-parties mais ce n'est pas obligatoire.

- Personnage **hors du commun** : traits « **irréguliers** », « **saisissante** ».
- Originalité du personnage avec adverbe d'intensité « extrêmement ».
- Regard animé de « **feu** » et de « **haine** » → **prédateur au regard perçant**, prêt à saisir la moindre opportunité pour réussir.
- **Champ lexical de la sauvagerie qui** tend à **animaliser** Julien : « aquilin », « grands yeux noirs », « feu »... → potentiel de violence, capacité à **s'adapter** à un monde impitoyable.
- « Il haïssait ses frères et son père » → incarne l'**ingratitude**, l'**infidélité.**
- Mais il suscite aussi l'**empathie** → personnage **dramatiquement intéressant.**

Ne note pas toutes les citations car elles sont simples à retrouver dans le texte.

Conclusion

À travers ce portrait contrasté, plein de **paradoxes,** Stendhal campe un héros complexe.

Julien Sorel n'est pas l'incarnation de la grandeur et de la pureté, mais un personnage ambigu, fait d'ombre et de lumière.

Il apparaît ainsi comme le produit du **romantisme,** avec ses contrastes et ses oppositions.

Rappelle la problématique et réponds-y.

J'ouvre ici sur le mouvement littéraire. Tu peux aussi élargir sur l'œuvre intégrale ou sur un autre texte de ton descriptif.

4 Au secours, je ne retiens rien !

Assieds-toi bien sur ta chaise car j'ai une annonce importante à te faire : **notre cerveau est programmé pour effacer les informations que l'on reçoit.**

Oui, tu as bien lu : ton cerveau ne retient pas tout ce que tu vois ou entends mais, au contraire, efface rapidement la majorité des informations qui se présentent à toi.

Les neurosciences ont ainsi montré qu'au bout de 24 heures, notre cerveau efface 75 % des informations de la journée précédente, et 83 % de ces mêmes informations au bout d'une semaine seulement.

Le souci (tu l'as peut-être constaté), c'est que **le cerveau efface TOUT sans distinction.**

Alors comment lui faire comprendre que tu veux retenir pour le mois de juin ce cours sur les mouvements littéraires ou cette analyse de texte ?

Voici deux méthodes qui marchent bien :

- **Méthode 1 :** Réactiver tes connaissances.
- **Méthode 2 :** Actionner ton profil d'apprentissage.

A La magie de la réactivation

Le seul moyen de se souvenir à long terme d'une information est de la réactiver plusieurs fois à intervalles réguliers.

Pourquoi ?

Parce que lorsque nous présentons la même information plusieurs fois à notre cerveau, il la classe comme « importante » et la stocke dans notre mémoire à long terme.

C'est ce qu'on appelle la méthode de la réactivation, qui est d'une puissance incroyable si tu la mets en place tout au long de l'année.

Des neuroscientifiques nous indiquent le calendrier à suivre pour tirer au mieux profit de notre mémoire.

J + 1 1re réactivation du cours

Cette première étape est essentielle : **pour mémoriser un cours, relis-le dès le lendemain.** Si tu attends plus de 24 heures, tu auras oublié la majorité de ce qu'il fallait retenir. Chaque jour, prends 10 ou 15 minutes pour relire tes cours de la veille.

J + 7 2e réactivation du cours

Une semaine après ton cours, relis-le une deuxième fois.

Cette réactivation à J + 7 va envoyer un signal à ton cerveau : « Cette information est importante. Garde-la en stock. »

Une relecture de quelques minutes peut faire l'affaire. Ce qui compte, c'est de réactiver cette connaissance au bout de 7 jours pour lui éviter de tomber dans l'oubli.

J + 30 3e réactivation du cours

Un mois après, réactive de nouveau ton cours.

À partir de la troisième réactivation, ton cerveau comprend que **l'information est vraiment importante et mérite d'être mémorisée à long terme**. Il va la prendre plus au sérieux et la stocker 3 à 4 mois de plus pour voir si elle sert de nouveau.

J + 3 mois 4e réactivation du cours

Réactive alors ton cours 3 mois plus tard (si tu attends plus longtemps, ton cerveau effacera les informations).

Cette quatrième réactivation ancre l'information dans ton cerveau pour 6 ou 7 mois supplémentaires. Ce n'est pas rien !

J + 6 mois 5e réactivation du cours

Avec une cinquième réactivation, tu es parti(e) pour te souvenir très longtemps des informations mémorisées.

Mes conseils pour réussir tes réactivations :

- **Réactiver tes connaissances,** c'est relire attentivement ton cours ou ta fiche. Ne t'en fais pas une montagne : selon la taille de ton cours, cela ne te prendra que quelques minutes à un quart d'heure. C'est rapide et facile à mettre en place.
- **Planifie toutes tes séances de réactivation** dans ton agenda pour ne pas les oublier.

Cette technique de la réactivation requiert un peu d'organisation mais est très efficace. Essaie-la. Tu seras surpris(e) du résultat !

B Actionne ton profil d'apprentissage

Sais-tu que l'on mémorise mieux une information si elle est associée à une sensation ou une émotion ?

Tu as peut être déjà entendu parler de la madeleine de Proust qui illustre parfaitement ce propos. Le narrateur d'*À la recherche du temps perdu* mange une madeleine dont le goût et l'odeur le replongent dans des souvenirs d'enfance.

Ce phénomène de la madeleine de Proust est très connu des neuroscientifiques : à partir d'une sensation, il est fréquent de pouvoir retrouver des souvenirs.

Or, cela fonctionne aussi avec un cours…

Si tu mobilises tes sens au moment où tu apprends ton cours, si tu y mets de l'humour et de la couleur, tu vas créer des connexions neuronales fortes qui te permettront de te souvenir de ton cours plus facilement.

Voici des astuces concrètes pour y parvenir en fonction de ton profil d'apprentissage :

- **Si tu es visuel(le),** c'est-à-dire si la vue est ton sens dominant pour apprendre : essaie d'imaginer et de visualiser ton cours sous forme d'images, de photos ou d'un film projeté à l'écran. Tu peux aussi essayer d'écrire les mots clés du cours sur une feuille, avec des couleurs ou des dessins.
- **Si tu es auditif(ve),** c'est-à-dire si tu mémorises mieux en écoutant les paroles et les sons : rappelle-toi la voix du professeur. Te souviens-tu de ses intonations ? Tu peux aussi t'enregistrer pour te réécouter lire le cours.

- **Si tu es verbal(e),** c'est-à-dire si tu retiens mieux les informations en t'entendant parler et en les répétant à haute voix : mets-toi dans la peau d'un journaliste ou d'un conférencier qui explique le cours à voix haute face à un auditoire.
- **Si tu es kinesthésique,** c'est-à-dire si tu as besoin de mouvement pour apprendre : bouge en apprenant ta leçon. Tu peux par exemple lire tes leçons en marchant dans ta chambre ou même jouer ton cours comme une pièce de théâtre. N'hésite pas à y mettre de l'humour !

Tu ne sais pas quel est ton meilleur profil d'apprentissage ?

Même si l'on a souvent un profil d'apprentissage dominant (visuel, auditif...), nous sommes réceptifs à toutes ces façons d'apprendre.

Essaie chacune de ces techniques et tu trouveras celle qui marche le mieux pour toi.

Le mémo d'Amélie

Ton cerveau efface tout, très vite ! Pour mémoriser tes cours et tes analyses de texte pour le bac, voici deux méthodes efficaces à combiner :

- **Réactive tes connaissances** à J + 1, J + 7, J + 30, J + 3 mois et J + 6 mois.
- **Fais appel à tes sens** (vue, ouïe, mouvements...) quand tu apprends un cours afin de mieux l'ancrer dans ta mémoire.

5 Au secours, je n'arrive pas à lire une œuvre intégrale !

Ta lecture quotidienne se cantonne-t-elle aux 2 minutes de déchiffrage de la boîte de céréales du petit déjeuner ?

Tu t'affoles à l'idée de devoir lire 8 œuvres intégrales cette année ?

Rassure-toi, j'ai quelques astuces dans mon sac pour faire passer sans douleur la lecture des 8 œuvres intégrales au programme.

A Lis une analyse de l'œuvre AVANT de lire l'œuvre

Cela peut te paraître surprenant, mais je te conseille de lire mes résumés et explications sur les œuvres littéraires avant de lire les œuvres en question.

Tu trouveras une analyse des œuvres au programme dans le chapitre 2 de cet ouvrage et sur mon site commentairecompose.fr.

Il faut comprendre une chose : un classique littéraire n'est pas une série ou un feuilleton dont on aimerait maintenir le suspense jusqu'à la fin.

Connaître ce qui va arriver au personnage principal ne va pas gâcher ta lecture car l'intérêt d'une œuvre littéraire ne réside pas dans le suspense de l'histoire mais dans les intentions de l'auteur et la façon dont il transmet ses intentions.

Quels sont le sens de l'œuvre, ses indices cachés, sa portée symbolique ?

En quoi l'œuvre s'inscrit-elle dans un contexte littéraire qu'elle illustre ?

C'est cela qu'on te demande de comprendre au bac de français.

Or, il n'est pas facile de faire attention à ces points lors d'une première lecture de l'œuvre...

C'est là que tu comprends l'intérêt de lire un résumé et une analyse de l'œuvre avant de lire l'œuvre : cette préparation fait office de « première lecture » et te permet d'aborder l'œuvre plus facilement et avec un œil plus averti.

B Prévois des plages horaires de lecture de 30 minutes

Je vais peut-être te décevoir, mais la croyance selon laquelle on peut faire plusieurs choses en même temps est fausse.

Et cela vaut aussi pour toi : si tu lis en regardant la télé-réalité, Facebook ou en écrivant tes textos, tu n'arriveras pas à venir à bout de ton œuvre intégrale !

Pour avancer dans ta lecture, **mets ton portable en mode avion et lis au moins 30 minutes d'affilée.** Trente minutes, c'est le minimum pour t'immerger vraiment dans une œuvre et la comprendre.

C Prépare un planning de lecture

Anticiper son temps de lecture, c'est l'astuce « anti-découragement » pour ceux qui n'aiment pas lire.

Le principe est simple : lis une page en te chronométrant, puis multiplie ce chiffre par le nombre de pages. Tu obtiens alors une estimation du temps nécessaire pour lire l'ouvrage.

Par exemple, si tu mets en moyenne 70 secondes, c'est-à-dire 1 minute et 10 secondes, pour lire une page de *L'Étranger* de Camus, sachant que ce livre fait 180 pages, tu calculeras qu'il te faut 12 600 secondes (70 × 180) pour lire ce roman, soit 210 minutes, c'est-à-dire environ 3 h 30. Ce n'est pas tant que ça finalement !

Prévois alors **des plages horaires de lecture dans ton agenda**, par exemple 7 séances de 30 minutes de lecture.

Le mémo d'Amélie

Même si tu n'es pas un(e) grand(e) lecteur(trice), je t'assure que la lecture de 8 œuvres dans l'année n'est pas si difficile si tu mets en place les bons réflexes :

- **Lis un résumé et une analyse de l'œuvre** avant d'entamer sa lecture.
- **Quand tu lis, fais-le au moins pendant 30 minutes** sans distraction.
- **Planifie des plages horaires de lecture** dans ton agenda.

6 Au secours, je suis stressé(e) !

Quand tu te sens stressé(e), as-tu remarqué que les gens ont une tendance compulsive à te donner des conseils qu'il est trop tard pour appliquer : « il fallait t'y prendre plus tôt », « il faut mieux t'organiser dans l'année », etc.

Évidemment, si tu as une tendance pathologique à préparer tes examens la veille au soir à 22 heures, tu ne te mets pas dans des conditions idéales pour arriver serein(e) à l'examen.

Mais le stress n'est pas toujours lié à un manque d'organisation.

Même très bien préparés, nous ressentons du stress face aux devoirs à rendre, aux évaluations, aux examens, aux choix d'orientation...

Pour naviguer sereinement parmi tout ça, il faut t'offrir chaque jour un sas de « décompression » où tu cesses de te projeter dans le futur pour t'ancrer quelques minutes dans le moment présent.

Comment faire précisément ?

Il y a deux courts exercices que je conseille à mes élèves et qui les aident à être plus sereins au quotidien : le « scan corporel » et l'attention à la respiration.

On trouve de nombreuses études scientifiques sur ces exercices (que l'on appelle exercices de pleine conscience) et il est prouvé qu'ils améliorent l'attention, la concentration, la confiance en soi, la créativité et diminuent le stress et la dépression.

Encore plus surprenant : une pratique de quelques minutes par jour suffit à produire des effets.

Intéressant, non ?

Il y a juste une règle d'or à respecter : quand tu fais l'un de ces exercices, mets ton téléphone en mode avion. Eh oui, le but de ces exercices est de t'offrir une bulle de décompression et de déconnexion : ton téléphone ne doit pas se mettre à vibrer pendant que tu les fais.

Tu as envie d'essayer ? Tu vas voir, ça ne prend pas beaucoup de temps.

Voici les deux exercices. Tu pourras choisir chaque jour celui que tu préfères ou les alterner selon tes envies.

A Le scan corporel

Cet exercice se nomme « scan corporel » car **ta conscience va balayer chaque partie de ton corps comme le rayon X d'un scanner.**

Pourquoi faire cela ?

Car en prenant conscience de tes sensations corporelles, tu t'ancres dans le moment présent, tu calmes ton esprit, tu améliores ton attention et diminues ton stress.

Voici comment procéder.

Allonge-toi au calme sur un tapis de sol ou sur ton lit et ferme les yeux.

Inspire et expire profondément 4 ou 5 fois avec le ventre en portant ton attention sur ton ventre qui se gonfle et se dégonfle. Prends le temps d'inspirer et d'expirer. Tu peux par exemple compter 5 secondes pour l'inspiration et 5 secondes pour l'expiration.

Prends conscience des points de contact de ton corps avec le matelas. Ressens le poids de ton corps sur le matelas.

Puis porte ton attention sur ton pied gauche. Ressens-le entièrement : les orteils, la plante du pied, le dessus du pied.

Déplace ton attention à la cheville, puis au mollet, au tibia, au genou, à l'arrière et à l'avant de la cuisse.

Observe les sensations que tu ressens dans chacune de ces parties du corps.

Tu peux ressentir des picotements, une sensation de froid, de chaud, une douleur, des fourmillements... Toutes les sensations sont possibles. Ne cherche pas à les changer ou à les faire partir. Observe juste ce qui est là, ressens-le, puis passe à la partie du corps suivante.

Fais la même chose avec ta jambe droite : tes orteils, puis ton pied, ton mollet, ton tibia, ton genou, etc., jusqu'en haut de la cuisse.

« Scanne » ensuite les autres parties de ton corps : le ventre, la poitrine, le bas du dos, les omoplates, les épaules.

Déplace ensuite ton attention sur tes bras, en commençant par les doigts et en remontant jusqu'aux épaules.

Prends autant de temps que tu le souhaites pour balayer les différentes parties de ton corps. Il n'y a pas d'urgence ! **L'essentiel est de prendre conscience de tes sensations et de les observer quelques secondes.**

Termine en étant attentif(ve) aux sensations de ton visage et de ton cuir chevelu.

Une fois toutes les parties de ton corps « scannées », ouvre les yeux, étire-toi et reprends le cours de tes activités.

B L'attention à la respiration

Voici le deuxième exercice que je te propose.

Assieds-toi sur une chaise, le dos droit (légèrement décollé du dossier de ta chaise), les pieds au sol, les épaules détendues, les mains posées sur les cuisses et ferme les yeux.

Sens le contact de tes pieds avec le sol puis le contact de tes mains sur tes cuisses. Tu ressens peut-être des picotements, du froid, une sensation de lourdeur, de chaleur… Tes sensations changent de moment en moment : observe-les telles qu'elles sont, sans chercher à les maintenir ni à les changer.

Au bout de quelques minutes, place ton attention au niveau des narines et ressens l'air qui entre et qui sort juste en dessous de la narine. Porte tout simplement attention à ta respiration, à ce filet d'air qui entre et sort de tes narines.

Tu vas te rendre compte que tu perds souvent la sensation de ta respiration car tes pensées t'entraînent ailleurs. Dès que tu t'en aperçois, prends-en simplement conscience (« Tiens, je me suis laissé distraire par mes pensées. »). Ramène alors calmement ton attention à ta respiration et à la sensation de l'air qui entre et sort par tes narines.

Au bout de quelques minutes, ouvre les yeux, étire-toi et reprends le cours de tes activités.

Pratique l'attention à la respiration sans chercher la performance : ce n'est pas un exercice qui se « réussit », c'est une expérience qui se vit à l'instant T.

Le mémo d'Amélie

Pratique le scan corporel ou l'attention à la respiration chaque jour ne serait-ce que quelques minutes : tu ressentiras des effets bénéfiques sur ton humeur et ton attention.

Bien sûr, ne cherche pas dans ces exercices une « recette miracle » qui t'immuniserait à jamais contre le stress. Mais ces petits exercices vont t'aider à bien mieux gérer ton stress et ton attention au quotidien. Essaie-les : ils sont vraiment utiles !

7 Au secours, je panique (juste avant un examen) !

Les exercices précédents t'aident à réduire ton stress et à améliorer ton attention sur le long terme.

Mais que faire face à un pic de stress intense, juste avant un examen par exemple, quand tu ne peux pas t'allonger devant tout le monde pour faire un scan corporel ?

En cas d'urgence, je te conseille deux techniques efficaces :

- **t'étirer ;**
- **respirer profondément par le ventre.**

Ça te paraît trop facile ?

Pourtant, s'étirer et respirer profondément ont des effets immédiats sur le stress.

La raison est simple : corps et esprit sont intimement liés.

En parvenant à détendre ton corps, tu vas immédiatement aider ton esprit à se calmer.

Voici comment t'y prendre.

A Des étirements simples

Étirements des muscles latéraux du cou

Assis(e) ou debout, le menton légèrement rentré, penche ta tête d'un côté pour amener ton oreille vers ton épaule.

N'essaie pas de lever ton épaule : c'est ta tête qui se penche vers ton épaule.

Fais ce mouvement 4 ou 5 fois en expirant profondément, des deux côtés.

Étirement de la nuque

Assis(e) ou debout, le dos droit, rentre ton menton dans la poitrine en expirant profondément.

Sens-tu un étirement dans la nuque et le haut du dos ? C'est bon signe : c'est que tu te relâches.

Inspire en redressant la tête.

Fais ce mouvement 4 ou 5 fois.

Étirement et relâchement de tout le corps

Debout, inspire profondément en levant tes bras au-dessus de ta tête et en t'étirant en arrière, bras et jambes tendus. Tu vas sentir un étirement le long des jambes, du ventre et de la poitrine.

Puis expire profondément en étirant ton dos en avant jusqu'à ce que tes mains touchent le sol de chaque côté des pieds, tête vers les genoux.

Dans cette position, la tête en bas, les jambes tendues (sinon tu ne t'étires pas), inspire et expire profondément 3 fois. À chaque expiration, relâche complètement le haut du corps tout en gardant les jambes tendues.

Puis redresse-toi en déroulant ton dos vertèbre par vertèbre.

Répète ce mouvement autant de fois que tu le souhaites. Il te permet d'étirer et de relâcher en quelques secondes toutes les parties du corps : jambes, buste, dos, cou, bras. C'est ce qui le rend si efficace face à une montée de stress !

B La respiration par le ventre

Nous avons tendance à respirer avec la cage thoracique (le haut du corps), alors que la respiration « par le ventre » alimente mieux nos cellules en oxygène et chasse les toxines : elle est donc plus efficace pour calmer les angoisses.

Comment respirer « par le ventre » ?

Le principe est simple :

1 **Quand tu sens le stress monter,** inspire par le nez jusqu'à ce que l'air fasse gonfler ton ventre puis ta poitrine (sans dégonfler ton ventre).

2 **Lorsque tes poumons sont remplis** au maximum, expire lentement par le nez ou la bouche en rentrant le ventre pour faire sortir l'air.

3 **Tu peux poser une main sur ton ventre** pour le sentir se gonfler à chaque inspiration et se dégonfler à chaque expiration.

Cet exercice est simplissime, discret mais efficace en cas de montée de stress.

Le mémo d'Amélie

Tu te sens envahi(e) par le stress ?

Dans ces moments-là, fais quelques étirements et respirations profondes par le ventre.

C'est en agissant directement sur ton corps que tu vas réduire ton stress.

8 Au secours, je n'arrive pas à être attentif(ve) en cours !

« SOIS ATTENTIIIIIIIF(VE) ! »

Le cri de Mme Fabela, la professeure de français, vient de t'arracher à ta rêverie.

Elle te demande de répéter ce qu'elle vient de dire. Toute la classe te regarde.

Euh... Tes joues s'empourprent... Tu n'as aucune idée du sujet du cours...

Tu as l'impression d'avoir déjà vécu cette situation ?

Rassure-toi : il est difficile d'être attentif toute la journée et il ne faut pas culpabiliser de ne pas y arriver tout le temps.

Mais ne te laisse pas dépasser par les cours par manque d'attention.

Ton temps est une donnée précieuse, et vu que tu dois passer plusieurs heures par jour en classe, autant que ces heures servent à quelque chose.

Avant d'entrer dans le vif du sujet, il faut déjà comprendre ce qu'est l'attention.

On est attentif quand nos pensées sont en accord avec ce qui se passe à l'extérieur de nous.

Imaginons que ton professeur fait un cours sur le romantisme. Tu es attentif(ve) si tes pensées sont en lien avec ce cours : les explications de ton professeur font naître dans ton esprit des images et des questions en rapport avec le romantisme.

Au contraire, si tes pensées divaguent et t'entraînent loin, c'est que tu n'es pas attentif(ve) à ce qui se passe autour de toi.

Alors comment parvenir à maintenir cet état d'attention plus facilement et plus longtemps ?

Voici trois astuces.

A Astuce 1 : identifie POURQUOI tu veux être attentif(ve)

Avant d'entreprendre une tâche, quelle qu'elle soit, prends 5 secondes pour identifier pourquoi tu veux être attentif(ve).

Par exemple :

- Je veux être attentif(ve) pendant 20 minutes pour mémoriser mon analyse de texte pour le prochain bac blanc.
- Je veux être attentif(ve) pendant l'heure de cours pour avoir moins de travail à la maison et être mieux préparé(e) pour le DS du mois prochain.
- Je veux être attentif(ve) à la correction de cette dissertation pour repérer mes erreurs et ne plus les refaire.

Identifier pourquoi tu vas être attentif(ve) ne prend que 5 secondes.

Mais cette opération mentale est ESSENTIELLE car ton cerveau a besoin de comprendre l'intérêt de ce qu'il entreprend pour s'immerger pleinement dans une tâche.

B Astuce 2 : prends rapidement connaissance du cours avant d'y assister

Les neuroscientifiques ont fait une découverte fascinante : **pour apprendre, notre cerveau a besoin de sans cesse comparer ce qu'on lui dit à ce qu'il sait déjà.**

Quand tu écoutes un cours, ton cerveau compare donc ce qu'il entend à ce qu'il connaît et fait une multitude d'allers-retours pour ajuster ses connaissances.

Cela veut dire que tu apprends bien plus efficacement sur un sujet qui t'est déjà familier que sur un sujet dont tu ne connais rien.

Vois-tu comment tirer profit de cette découverte ?

C'est simple : **prépare rapidement ton cours AVANT le cours.**

« Sympa ce livre qui nous ajoute du travail en plus », t'entends-je marmonner.

Promis, ce conseil te fera en réalité gagner beaucoup de temps.

Exemple

Reprenons notre exemple : ton professeur de français vous a prévenus qu'il commencerait la semaine suivante une séquence sur le romantisme.

Le week-end, prends 15 minutes pour :

- **regarder ma vidéo** sur le romantisme sur commentairecompose.fr ;
- **ou lire le chapitre sur le romantisme** dans ton manuel scolaire.

Quinze minutes sont suffisantes pour arriver en classe avec quelques connaissances sur le sujet, auxquelles tu pourras rattacher le cours de ton professeur.

Or, c'est cette courte préparation qui va te permettre d'être plus attentif(ve) et intéressé(e) en cours.

C Astuce 3 : entraîne ton attention

Te souviens-tu des deux exercices de « décompression » p. 232, le scan corporel et l'attention à la respiration ?

En plus de calmer ton stress et favoriser ton sommeil, ces exercices **améliorent ta faculté d'attention.**

Je les ai découverts vers mes 25 ans, et j'aurais adoré que quelqu'un m'en parle plus tôt, quand j'avais ton âge. C'est pourquoi j'ai tenu à te les faire découvrir dans ce livre. Teste-les : ces exercices sont vraiment précieux !

Le mémo d'Amélie

L'attention est comme un muscle qui se travaille !
Pour l'améliorer, suis ces 3 conseils :

- **Avant chaque tâche, identifie la raison pour laquelle tu souhaites être attentif(ve).**
- **Prépare ton cours à l'avance (même rapidement).**
- **Pratique l'exercice du scan corporel et/ou celui de l'attention à la respiration le plus souvent possible.**

9 Au secours, je suis souvent fatigué(e) !

Tu luttes pour ne pas t'endormir au cours d'histoire de M. Michon, tu as développé des cernes de panda, tu bâilles tout au long du dîner en jetant un œil sur les réseaux sociaux et tes parents sentent que tu ne t'intéresses pas du tout à leurs questions…

Tu vas me dire que les journées sont trop courtes pour te coucher tôt et que tu as envie de profiter de tes soirées – et tu n'as pas tort –, mais il existe de nombreux moyens naturels pour doper ton énergie et ton cerveau – sans pour autant te coucher avec les poules.

A Mange mieux !

Ce que tu manges a une influence CAPITALE sur ta fatigue, ton système immunitaire mais aussi sur tes capacités cognitives !

Suis donc les recommandations de Santé Publique France.

Augmente ta consommation de :

- légumineuses (pois chiches, lentilles, haricots, pois cassés, soja...) ;
- céréales complètes (pain, pâtes et riz complets, quinoa, sarrasin...) ;
- noix, amandes, noisettes, pistaches... ;
- fruits et légumes.

Évite les aliments qui ralentissent l'activité du cerveau et de la mémoire :

- Les sucres raffinés (sucre blanc, sodas, gâteaux et viennoiseries, céréales du petit déjeuner) dont l'ingestion entraîne une surproduction d'insuline et provoque une hypoglycémie au bout de 15 minutes (traduction : les sucres raffinés te fatiguent et t'empêchent de te concentrer).
- La viande et les viandes transformées (charcuterie, saucisses, jambon, salami...), ces dernières ayant été classées par ailleurs comme cancérogènes par l'OMS.

Mets en place des réflexes simples pour substituer aux aliments nocifs des aliments qui te donnent de l'énergie et te protègent :

- Demande à tes parents de remplacer les céréales blanches par des céréales complètes : par exemple, du pain, des pâtes et du riz complets.
- Diminue ta consommation de viande au profit des légumineuses (pois chiches, lentilles, soja, haricots, pois cassés...).
- Mange tous les jours des fruits et des légumes.

Ça te semble difficile ? Tu n'es pas obligé(e) de changer drastiquement ton alimentation du jour au lendemain. **Introduis ces nouvelles habitudes au fur et à mesure,** en prenant plaisir à varier tes assiettes et à essayer de nouveaux aliments.

B Dors mieux !

Le sommeil est primordial pour permettre à ton cerveau de récupérer et de se développer. La raison est simple : **c'est pendant la nuit que le cerveau active les connexions neuronales qui aident à la mémorisation et à l'apprentissage.**

Tu ne peux donc pas te passer de bonnes nuits de sommeil si tu veux réussir tes études.

Bien sûr, on l'a déjà dit, tu n'as pas envie de te coucher à 20 heures avec une tisane et des chaussettes en poil de lama.

Mais figure-toi que ce n'est pas du tout ce que j'allais te conseiller.

Voici ce que je te propose pour bénéficier d'un sommeil réparateur tout en profitant de tes soirées.

1 Prévois 8 heures de sommeil

Si tu te lèves à 7 heures, couche-toi au plus tard à 23 heures. Tu te lèves à 6 heures ? Alors couche-toi à 22 heures. La base, c'est de prévoir 8 heures de sommeil tous les jours car, en-deçà, tu ne peux pas être au sommet de ta forme.

2 Déconnecte-toi des écrans 40 minutes avant de te coucher

La lumière blanche et bleue des écrans (ordinateur, téléphone, tablette...) trompe ton horloge biologique et retarde ton sommeil d'au moins une heure.

Le matin, les écrans ne posent donc pas de problème puisqu'ils te réveillent, mais le soir, ils perturbent ton rythme naturel et même si tu ne t'en rends pas compte, ils réduisent la qualité de ton sommeil et donc de ta mémoire.

Heureusement, des études montrent que si tu te déconnectes des écrans 40 minutes avant de te coucher, ton sommeil s'améliore : meilleur endormissement, moins de réveils nocturnes, sommeil de meilleure qualité...

L'astuce n'est donc pas de te priver d'écran durant toute la soirée (ce serait un peu difficile), mais uniquement durant les 40 minutes qui précèdent ton coucher.

40 minutes, ce n'est pas tant que ça finalement !

Durant ces 40 minutes, consacre-toi à des **activités qui ne nécessitent aucun écran.** Par exemple :

- une douche ou un bain ;
- un scan corporel ;
- la relecture de tes fiches ;
- 20-30 minutes de lecture-plaisir.

Seule règle d'or : éteins ton ordinateur et ne regarde plus ton téléphone portable jusqu'au lendemain matin.

C Fais du sport !

Le sport libère dans ton cerveau des endorphines aux vertus euphorisantes, anxiolytiques, antalgiques et favorise un sommeil profond. Pas étonnant si certains sont accros.

Toi aussi, pratique une activité sportive, quelle qu'elle soit. Si tu ne trouves aucun sport à ton goût, marche le plus souvent possible.

Le mémo d'Amélie

Être en forme n'est pas un bonus dans la vie, c'est une base pour réussir. Pour prendre soin de toi :

- **Augmente ta consommation de céréales complètes, de fruits et légumes, de noix, de graines et légumineuses.**
- **Diminue ta consommation de sucres raffinés et de viande.**
- **Fais du sport.**
- **Améliore ton sommeil en te déconnectant des écrans 40 minutes avant de te coucher et en terminant ta journée par des activités relaxantes.**

Si tu n'arrives pas à appliquer tous ces conseils d'un coup, ne te décourage pas : garde-les à l'esprit et introduis ces nouvelles habitudes en douceur, petit à petit.

Rome ne s'est pas fait en un jour !

7

La boîte à questions

Il est normal de te poser beaucoup de questions à l'approche des épreuves et il n'existe pas de questions « bêtes » : toutes les questions qui te tracassent méritent d'être posées.

J'ai donc essayé de répondre ici aux questions les plus fréquentes :

- **Comment doit-on s'habiller à l'oral ?**
- **Que faut-il apporter avec soi le jour J ?**
- **Combien de pages doit faire ma copie ?**
- **Que se passe-t-il avec mes notes si je redouble ?**
- **etc.**

Si tu as d'autres questions, tu peux me les poser par email sur amelie@commentairecompose.fr : j'essaierai de te répondre et j'ajouterai ta question dans les prochaines éditions de cet ouvrage.

?

Combien de pages doit faire une copie de bac ?

Il n'existe pas d'instructions officielles concernant la longueur de ton devoir.

Mais ne te fais pas d'illusion : un commentaire ou une dissertation de deux pages ne serait pas assez approfondi pour satisfaire aux exigences de l'examen.

Pour être dans les clous, ton devoir doit faire **entre une et deux copies doubles**.

Mais **c'est toujours la qualité qui prime sur la quantité** et le remplissage ne rapporte pas de points. Au contraire, les copies trop bavardes ou redondantes agacent les correcteurs ; ne cherche pas à gonfler artificiellement ton devoir. **Bannis la paraphrase, évite les répétitions, coupe les phrases trop longues.**

Bref, **soigne la qualité de ton écrit** sans te focaliser sur la longueur de ta copie !

Faut-il obligatoirement faire des plans en trois parties ?

Contrairement à une idée reçue, le plan en trois parties n'est pas une exigence pour un commentaire.

En revanche, ton correcteur va faire attention au nombre de sous-parties : il en attend au moins 6 dans ton devoir.

Ces **6 sous-parties** peuvent se répartir de deux façons :

- 2 grandes parties de 3 sous-parties chacune **(2 × 3)** ;
- ou 3 grandes parties de 2 sous-parties chacune **(3 × 2)**.

En ce qui concerne la dissertation, un plan en trois parties est davantage attendu, mais il n'est pas obligatoire.

Comment savoir si le sujet de dissertation va tomber sur l'une des œuvres intégrales que j'ai étudiées ?

Le jour de l'épreuve écrite, trois sujets de dissertation seront proposés pour l'objet d'étude sélectionné, un sujet par œuvre intégrale et parcours au programme.

Si tu tombes par exemple sur l'objet d'étude « Le théâtre du XVIIe au XXIe siècle », trois sujets de dissertation seront proposés : un sujet pour *Le Malade imaginaire* de Molière, un sujet pour *Les Fausses Confidences* de Marivaux et un autre pour *Juste la fin du monde* de Lagarce. Tu choisiras donc l'un des trois sujets.

Est-ce que lire des résumés des œuvres suffit ?

Tu dois parfaitement maîtriser les œuvres intégrales au programme pour l'écrit – surtout si tu choisis la dissertation ! – et pour l'oral. Tu ne peux donc pas te passer de leur lecture.

En revanche, rien ne t'empêche de lire des **résumés et analyses d'autres œuvres que celles au programme** pour enrichir ta culture littéraire.

Les références variées sont appréciées dans les copies de dissertation et tu peux, dans un devoir, te référer à d'autres œuvres dont tu as lu seulement quelques extraits ou un résumé.

? Peut-on s'aider d'Internet ?

On trouve beaucoup de ressources sur Internet mais fais attention à deux points.

❶ Utilise des ressources fiables et de qualité (publiées par des professeurs).

Sur mon site commentairecompose.fr, tu trouveras fiches d'auteurs, fiches de lecture, vidéos sur les mouvements littéraires, commentaires rédigés, etc.

Tu peux ainsi approfondir tes connaissances et utiliser mes analyses de texte pour compléter tes fiches pour l'oral.

❷ Ne plagie pas de corrigés en ligne dans tes devoirs maison.

Non seulement ton professeur s'en rendrait compte (et tu risques le zéro), mais tu raterais en plus l'opportunité de t'entraîner à l'écrit.

Si tu utilises Internet pour un devoir maison, voici mes conseils :

- Prends des notes sur ce que tu trouves (des idées d'analyse, des mots clés), mais sans recopier des phrases entières.
- Ferme ton ordinateur et construis ton devoir en t'aidant de tes notes, mais sans les recopier telles quelles. Rédige ton devoir avec tes propres mots.

? À quoi sert le carnet de lecture ?

Le carnet de lecture t'aide à construire un rapport personnel avec les œuvres lues dans l'année.

Ton professeur va te demander d'y effectuer un travail individuel, en consignant par exemple :

- Tes impressions de lecture au fil de l'œuvre.
- Tes impressions sur les personnages.
- Des citations qui t'ont marqué(e).
- Ton point de vue justifié sur l'œuvre.
- La sélection de tes passages préférés.
- Ta réflexion sur certains thèmes.
- Tes idées d'illustrations ou de mises en scène.

Ce carnet de lecture est donc un outil très souple, un **objet personnel** que tu vas remplir au fil de l'année, **en suivant les consignes de ton professeur.**

C'est aussi un outil précieux, en fin d'année, pour relire tes notes et **préparer ta présentation de l'œuvre de ton choix à l'oral.**

Le carnet de lecture peut être évalué par ton enseignant, dans le cadre du contrôle continu, mais il n'est pas communiqué à l'examinateur le jour de l'oral.

Quand vais-je connaître la date de mon passage à l'oral de français ?

Tu vas recevoir par courrier au mois de mai une convocation avec la date et l'heure de ton oral de français.

Le plus souvent, les oraux commencent juste après les écrits (aux alentours du 20 juin) et se poursuivent jusqu'au 4 juillet environ.

Dans certaines académies, l'oral a lieu avant les écrits (mais c'est plus rare).

Peut-on demander à changer de texte le jour de l'oral ?

L'examinateur a choisi un texte qui ne te plaît pas ? N'essaie pas de le faire changer d'avis !

Aucune raison – grève prolongée, professeur absent, invasion par les schtroumpfs – ne viendra à bout de son choix.

Tous les textes mentionnés sur ton descriptif sont censés avoir été travaillés. Accepte (avec le sourire) le choix de l'examinateur !

Dois-je apprendre toutes mes lectures linéaires par cœur ?

Non, et heureusement !

Les examinateurs n'apprécient pas le par cœur qui donne souvent l'impression que l'élève répète l'analyse de son enseignant sans l'avoir comprise.

Un des enjeux du nouveau programme est d'ailleurs d'éviter cet écueil grâce à la lecture linéaire qui t'amène à rendre compte de ta compréhension du texte sans te référer à un plan préalable appris par cœur.

Par ailleurs, n'oublie pas que tu bénéficies de 30 minutes de préparation le jour J. Tu n'as donc pas besoin de tout apprendre par cœur : tu auras largement le temps de retrouver les procédés dans le texte lors de la demi-heure de préparation.

Comment s'habiller pour l'oral de français ?

La règle est de choisir une tenue correcte et neutre, une tenue passe-partout.

Tu n'es pas encore en vacances : oublie les shorts, les minijupes, les débardeurs et les tongs.

Tu ne passes pas un concours de beauté : si tu te maquilles, fais-le sobrement, évite les talons aiguilles et les décolletés.

Tu ne passes pas une épreuve de sport : laisse le jogging à la maison. Pour autant, pas besoin de dépenser tes économies dans un costume-cravate ou un tailleur en flanelle.

Adopte une tenue de tous les jours, simple et neutre : un tee-shirt à manches, un jean ou un pantalon classique, des tennis ou des ballerines : tout cela fera très bien l'affaire.

À partir du moment où l'examinateur ne prête pas attention à ta tenue vestimentaire, c'est que tu es bien habillé(e) pour l'oral !

Que faut-il apporter le jour de l'oral de français ?

Voici les 5 choses à apporter IMPÉRATIVEMENT le jour de l'oral.

1 Ta convocation

Vers le mois de mai, tu vas recevoir par la poste ta convocation. Garde-la précieusement et apporte-la le jour de l'oral.

2 Une pièce officielle d'identité

Ce peut être ta carte d'identité ou ton passeport. Quoi qu'il en soit, la pièce d'identité est obligatoire pour que l'examinateur s'assure d'interroger la bonne personne !

3 Le descriptif d'activités

Il t'a été remis par ton professeur entre les mois d'avril et de juin.

4 Les textes pour l'explication linéaire en double exemplaire

Tous les textes qui peuvent faire l'objet de la première partie de l'épreuve (l'explication linéaire) doivent être apportés en double exemplaire le jour de l'oral.

Veille à ce que tes textes ne portent aucune annotation.

5 L'œuvre intégrale choisie pour l'entretien

Apporte aussi l'**œuvre intégrale que tu as sélectionnée pour l'entretien.** Même s'il est rare de l'utiliser pendant l'entretien, l'examinateur pourrait avoir besoin de la feuilleter.

Pense aussi à certains détails qui faciliteront ton oral :

• Une grosse montre ou un minuteur

Réussir son oral de français, c'est avant tout bien maîtriser son temps : maîtriser son temps de préparation (30 minutes c'est très court) et maîtriser le temps consacré à l'explication linéaire (10 minutes).

Il te faut donc un moyen fiable de mesurer ton temps. Le mieux est un petit minuteur électronique.

ATTENTION : tu ne pourras pas utiliser ton téléphone portable comme minuteur. Les portables sont impérativement éteints et rangés dans ton sac lors de l'oral.

• Des bouchons d'oreilles

Tu n'imagines pas à quel point la réussite au bac de français peut reposer sur des petits détails. Et notamment celui-ci : les bouchons d'oreilles.

Difficile sans eux de ne pas être happé pendant tes 30 minutes de préparation par la prestation du copain devant toi. Des bouchons d'oreilles te permettront de rester concentré.

- **Des surligneurs de plusieurs couleurs**

En 30 minutes, pas le temps de rédiger un commentaire au brouillon. Il te faut prendre des notes efficaces et surligner directement les citations dans ton texte.

Dois-je lire les didascalies à l'oral ?

Généralement, on considère que les didascalies d'un texte théâtral ne se lisent pas. Tu dois uniquement les prendre en compte pour choisir le ton approprié lors de la lecture des répliques.

Mais certains professeurs conseillent de lire les didascalies. Pour eux, elles font partie intégrante du texte, notamment pour les extraits appartenant au théâtre de l'absurde où les didascalies constituent parfois plus de la moitié du texte.

Alors, que faire ?

Le plus simple est de **demander à ton examinateur**, juste avant de débuter ta lecture, s'il souhaite que tu lises les didascalies.

Sois simple et souriant(e) : « Je vais procéder à la lecture du texte. Souhaitez-vous que je lise les didascalies ? »

En revanche ne lis jamais le nom des personnages avant les répliques. C'est le changement de ton qui permet de comprendre que tu changes de personnage.

Lors de l'oral, j'ai l'impression de me répéter. Est-ce normal ?

C'est **normal de te répéter un peu.** La présentation de ton exposé oral suit le schéma suivant :

1. Introduction : voici ce que je vais dire.
2. Développement : voici ce que je suis en train de dire.
3. Conclusion : voilà ce que je viens de dire.

Ce schéma – introduction, développement, conclusion – t'amène à **répéter** plusieurs fois les **idées directrices** de ta présentation.

Ces répétitions structurent ta lecture linéaire. Elles montrent à ton jury que tu sais exactement où tu vas. Ce sont des points de **repère.**

Pour autant, le **contenu de ta lecture linéaire ne doit pas se répéter.**

Dans chaque sous-partie, développe une **idée distincte,** commente de **nouveaux procédés,** fais **avancer la réflexion.**

Que se passe-t-il si je redouble ma Première ?

Le redoublement de ton année de Première annule les notes obtenues lors des épreuves anticipées.

Seules les notes obtenues aux épreuves l'an prochain compteront pour toi.

Le conseil d'Amélie

Même si tu redoubles, passe les épreuves du bac de français cette année : c'est un entraînement inestimable. Peu importe les notes obtenues, elles ne compteront pas pour toi et elles ne reflètent ton niveau qu'à un instant T. Tu auras une année supplémentaire pour progresser !

Que se passe-t-il si je suis malade le jour du bac ?

L'Éducation nationale a tout prévu ! Une session de remplacement est organisée chaque année au mois de septembre pour les élèves qui n'ont pas pu passer les épreuves en juin.

Mais attention, ton absence au mois de juin doit être due à une **force majeure** (maladie, accident) : un justificatif (comme un certificat médical) est obligatoire.

Aucune chance de participer à la session de remplacement si tu ne t'es pas présenté(e) à l'examen en juin sans raison valable.

Illustrations : Océane Meklemberg

Crédits photographiques : **p. 19** © Photothèque Hachette ; **p. 25** © DeAgostini/Leemage ; **p. 26** © Photothèque Hachette ; **p. 31** © RMN-Grand Palais (musée d'Orsay) / Jean-Gilles Berizzi ; **p. 32** © Photothèque Hachette ; **p. 37** © akg-images ; **p. 38** © Shutterstock/Georgios Kollidas ; **p. 43** © ©Photo Josse/Leemage ; **p. 44** © Photothèque Hachette ; **p. 48** © Bibliothèque Nationale, Paris, France/Bridgeman Images ; **p. 49** © Photothèque Hachette ; **p. 53** © Leemage ; **p. 54** © Photothèque Hachette ; **p. 58** © Bridgeman Images/Leemage ; **p. 59** © Photothèque Hachette ; **p. 63** © Costa/Bridgeman Images ; **p. 64** © Louis Monier/Bridgeman Images ; **p. 70 (d)** © Shutterstock/ steve estvanik ; **p. 70 (g)** © Photo Josse/Leemage ; **p. 71** © Shutterstock ; **p. 76** © BridgemanImages ; **p. 77** © Photothèque Hachette ; **p. 82** © akg-images / André Held ; **p. 83** © Michel QUENNEVILLE ; **p. 88** © Pascal Victor/ArtComPress via Leemage.